Neue Materialien des Bayerischen Neolithikums

Würzburger Studien zur
Vor- und Frühgeschichtlichen Archäologie

Herausgeber
Frank Falkenstein und
Heidi Peter-Röcher

Band 2

Neue Materialien des Bayerischen Neolithikums

Tagung im Kloster Windberg vom 21. bis 23. November 2014

herausgegeben von
Joachim Pechtl, Thomas Link und Ludwig Husty

Würzburg
University Press

Würzburger Studien zur Vor- und Frühgeschichtlichen Archäologie

Herausgegeben vom Lehrstuhl für Vor- und Frühgeschichtliche Archäologie
Institut für Altertumswissenschaften

Herausgeber
Frank Falkenstein und Heidi Peter-Röcher

Schriftleitung
Gabriele Albers und Marcel Honeck

Layout
Thomas Link

Finanzielle Förderung

Gesellschaft
für
Archäologie
in
Bayern e.V.

Landkreis
Straubing-Bogen
Tradition und Zukunft

FÖRDERVEREIN FÜR KULTUR UND FORSCHUNG
BOGEN-OBERALTAICH E.V.

Impressum

Julius-Maximilians-Universität Würzburg
Würzburg University Press
Universitätsbibliothek Würzburg
Am Hubland
D-97074 Würzburg
www.wup.uni-wuerzburg.de

© 2016 Würzburg University Press
Print on Demand

ISSN 2367-0681 (print)
ISSN 2367-069X (online)
ISBN 978-3-95826-044-3 (print)
ISBN 978-3-95826-045-0 (online)
urn:nbn:de:bvb:20-opus-139407

Inhalt

Vorwort

In Jahr 2014 standen zwei wichtige Jubiläen der bayerischen Neolithforschung an: 1964 veröffentlichte R. A. Maier seinen Aufsatz „Die jüngere Steinzeit in Bayern", die erste – und bis heute unübertroffene – Gesamtdarstellung des bayerischen Neolithikums. Erst 1994 – also drei Jahrzehnte später – erfolgte mit der Publikation der Ergebnisse einer im Kloster Windberg abgehaltenen Arbeitstagung ein erneuter Ansatz zu einer diachronen Betrachtung der bayerischen Jungsteinzeit[1].

Seither sind zwar etliche umfangreiche Einzelstudien (und noch mehr Vorberichte) zu neolithischen Materialien publiziert worden, doch ist ein eklatanter Mangel an übergreifenden und interpretierenden Auswertungen zu verzeichnen. Allerdings stoßen derartige Versuche auch schnell auf unüberwindliche Schwierigkeiten, welche zu einem erheblichen Teil durch den bescheidenen Publikationsstand des Quellenmaterials bedingt sind – ein Zustand, der durch die Einstellung der „Fundchronik" in den Bayerischen Vorgeschichtsblättern seit 2006 noch verschärft wurde.

So ist es gegenwärtig für keine Periode des Neolithikums möglich, die zeitliche und räumliche Variabilität des archäologischen Fundstoffes im Bereich der bayerischen Landesfläche hinreichend zu beschreiben. Dies betrifft schon die vergleichsweise gut erforschten Altsiedellandschaften etwa im Maindreieck, im Ries oder im Gäuboden, erst recht aber peripher gelegene Siedlungsräume.

Bevor weitergehende Auswertungen möglich sind, müssen also erst einmal archäologische Hausaufgaben erledigt werden. Dabei hilft es wenig, altbekannte Typentafeln und besondere Einzelstücke zum wiederholten Male abzubilden. Vielmehr müssen neue Materialien editiert werden, sinnvollerweise in der Form von Gesamtvorlagen geschlossener Fundeinheiten. Insbesondere die Vorlage und synoptische Betrachtung kleiner, ungestörter Komplexe aus den verschiedenen Landschaftsräumen Bayerns verspricht ein hohes Erkenntnispotential. Zwangsläufig wird dabei die Keramik im Vordergrund stehen, doch sind selbstverständlich auch alle anderen Fundgattungen adäquat zu berücksichtigen.

Die Jubiläen der genannten Werke sollten daher zum Anlass genommen werden, der bayerischen Jungsteinzeitforschung im Rahmen einer neuen Arbeitstagung im Kloster Windberg einen neuen Impuls zu geben: Anknüpfend an die Ergebnisse von 1994 sollten die chronologische und chorologische Variabilität des Fundmaterials erneut diachron diskutiert werden.

In der praktischen Arbeit sind einzelne, gut publizierte Typinventare meist hilfreicher als schwer nachvollziehbare Seriationen großer und oftmals vermischter Materialien. Ausdrückliches Ziel der Tagung war es daher, bislang unpublizierte Komplexe vorzulegen, die möglichst aus allen Landesteilen des Freistaats Bayern stammen und zeitlich den Bogen von der LBK bis zu den Becherkulturen spannen sollten.

Das zweitägige Programm mit insgesamt 21 Vorträgen (s. folgende Seiten) kam diesem zugegebenermaßen sehr hoch gesteckten Ziel erfreulich nahe und gab viel Stoff für Diskussionen an den beiden Abenden im Kloster Windberg und darüber hinaus. Als besonders fruchtbar erwies sich dabei, dass viele Kolleginnen und Kollegen Funde als Anschauungsmaterial mit zur Tagung bringen konnten. Das chronologisch aufgebaute Tagungsprogramm war in Blöcke von 2–4 Vorträgen gegliedert, an die sich jeweils eine offene Diskussionsrunde im Plenum mit der Begutachtung der ausgelegten Materialien anschloss.

Im vorliegenden Band sind leider nicht, wie dies sicherlich wünschenswert gewesen wäre, alle, sondern nur neun der 2014 in Windberg gehaltenen Vorträge vereint. Dennoch hoffen wir, dass der Band einen Beitrag zur besseren Kenntnis des bayerischen Neolithikums zu liefern vermag.

Im Sinne der allgemeinen und leichten Verfügbarkeit und in Übereinstimmung mit dem 2014 in Windberg versammelten Plenum haben wir bewusst den Weg der Open-Access-Publikation gewählt.

---

1   M. Nadler/A. Zeeb u. a., Südbayern zwischen Linearbandkeramik und Altheim: ein neuer Gliederungsvorschlag. In: H.-J. Beier (Hrsg.), Der Rössener Horizont in Mitteleuropa [1994] 127–189.

Als Partner hierfür konnten wir den Lehrstuhl für Vor- und Frühgeschichtliche Archäologie und den Universitätsverlag der Universität Würzburg gewinnen. Unser herzlicher Dank für die Aufnahme in die Schriftenreihe „Würzburger Studien zur Vor- und Frühgeschichtlichen Archäologie" gilt Prof. Dr. Frank Falkenstein, Prof. Dr. Heidi Peter-Röcher und Kristina Hanig.

Weder die Tagung noch der Tagungsband wären ohne finanzielle Förderung möglich gewesen – hierfür gebührt unser Dank der Gesellschaft für Archäologie in Bayern, dem Landkreis Straubing-Bogen sowie dem Förderverein für Kultur und Forschung Oberalteich.

Den Autorinnen und Autoren des vorliegenden Bandes und den Teilnehmerinnen und Teilnehmern der Tagung danken wir für ihr Engagement und hoffen, dass sie alle auch in Zukunft der Neolithforschung in Bayern noch zahlreiche neue Impulse geben werden!

Aufgrund des regen Interesses und der durchweg positiven Rückmeldungen wurde bereits am Ende der Tagung 2014 beschlossen, eine regelmäßige Wiederholung der Arbeitstreffen zu „Neuen Materialien des Bayerischen Neolithikums" anzustreben. Die zweite Tagung wird vom 18. bis 20. November 2016 im Kloster Windberg stattfinden. Wieder wird es das Ziel sein, kollektiv neues Material zu erschließen, eine rege Diskussion in Gang zu setzen und letztendlich die Quellenbasis für die archäologische Forschung zu erweitern.

Im Oktober 2016   Joachim Pechtl   Thomas Link   Ludwig Husty

Klausurtagung

Neue Materialien des Bayerischen Neolithikums

Kloster Windberg, 21. bis 23. November 2014

Tagungsprogramm

Freitag, 21.11.2014		
bis 14:15	Anreise, Zimmerbelegung	
14:30–15:00	**Kaffee**	
15:00–15:15	Thomas Link / Joachim Pechtl / Ludwig Husty	Begrüßung, Organisatorisches
15:15–18:00 *(mit Pause)*	Anna-Leena Fischer	Älteste Bandkeramik im Ries *(20 Min.)*
	Rita Beigel	Spuren einer ältestbandkeramischen Siedlung bei Rothenburg o. d. Tauber *(20 Min.)*
	Judith Ehrmann	Eine Gräbergruppe und eine Siedlung der Ältesten Bandkeramik bei Wallmersbach, Stadt Uffenheim, Lkr. Neustadt/Aisch-Bad Windsheim, Mittelfranken *(15 Min.)*
	Daniela Hofmann / Joachim Pechtl	Die ältestbandkeramische Siedlung von Niederhummel (Lkr. Freising) – Ergebnisse der Grabung 2008 *(25 Min.)*
	Anneli O'Neill / Heiner Schwarzberg	Neue Erkenntnisse zur linearbandkeramischen Siedlung Stadel, Oberfranken *(20 Min.)*
18:15–19:00	**Abendessen**	
19:15–20:30	Jessica Siller	Grenzgebiete? Kulturelle Identitäten nördlich und südlich des Thüringer Waldes zur Zeit der LBK *(15 Min.)*
	Plenum	Diskussion Block 1: LBK, Materialauslage
ab 20:45	**Gemütliches Beisammensein**	

Samstag, 22.11.2014		
8:00–8:45	**Frühstück**	
9:00–10:25	Silviane Scharl	Nonnhof und Seulohe – neue Erkenntnisse zum Silexabbau in der mittleren Frankenalb *(15 Min.)*
	Stefan Suhrbier	Aufgelesen – Die Funde der Feldbegehungen im Siedlungsbereich der Kreisgrabenanlage Ippesheim, Mittelfranken *(15 Min.)*
	Karin Riedhammer	Typologie und Chronologie des Südostbayerischen Mittelneolithikums unter besonderer Berücksichtigung der Fundplätze Straubing-Lerchenhaid (Grabung 1980–82) und Geiselhöring-Süd *(25 Min.)*
10:30–11:15	**Klosterführung**	
11:20–12:00	Florian Eibl	Ausgewählte Befunde des Mittel- und Jungneolithikums aus Südostbayern *(25 Min.)*
12:15–13:00	**Mittagessen**	
13:15–13:30	Ludwig Kreiner	Neues aus dem neolithischen Reichstorf, Gem. Eichendorf *(15 Min.)*
13:30–14:15	Plenum	Diskussion Block 2: Mittelneolithikum, Materialauslage
14:15–14:45	Ingo Bürger	Ein frühjungneolithischer Befund aus Westmittelfranken *(20 Min.)*
14:45–15:15	**Kaffee**	

	Daniel Meixner	Neolithische Hausgrundrisse unter einer römischen villa rustica bei Gaimersheim, Lkr. Eichstätt (Oberbayern)
15:15–18:15 (mit Pause)	Ludwig Husty	Die münchshöfenzeitliche Doppelgrabenanlage von Riedling und weitere Münchshöfener Erdwerke im Landkreis Straubing-Bogen *(25 Min.)*
	Caroline v. Nicolai	Mauern „Wollersdorfer Feld" – eine Siedlung der Münchshöfener Kultur im Landkreis Freising *(20 Min.)*
	Barbara Limmer / Harald Krause	Publizierte und unpublizierte Altfunde und Materialien aus Altenerding-Fuchsberg – Neubewertung eines altbekannten Fundkomplexes des Jungneolithikums *(25 Min.)*
	Regina Feuerer / Thomas Saile	Altheim, ein jungneolithisches Erdwerk in Niederbayern *(20 Min.)*
18:15–19:00	**Abendessen**	
19:15–19:45	Peer Fender	Irlbach „Am Auwald" – Ein Erdwerk der Altheimer Gruppe *(20 Min.)*
19:45–20:45	Plenum	Diskussion Block 3: Jungneolithikum, Materialauslage
ab 21:00	**Gemütliches Beisammensein**	

Sonntag, 23.11.2014		
8:00–8:45	**Frühstück und Räumen der Zimmer**	
9:00–10:30	Thomas Link	Neue Feldforschungen zur spät-/endneolithischen Siedlung auf dem Alten Berg bei Burgerroth *(25 Min.)*
	Martin Nadler	Die spätneolithische Palisadenanlage Gollhofen *(20 Min.)*
	Miriam Kehl	Neue Bestattungen aus der Glockenbecherkultur in der Münchner Schotterebene *(20 Min.)*
10:30–11:15	Plenum	Diskussion Block 4: Spät- und Endneolithikum, Materialauslage
11:15–12:00	Plenum	Abschlussdiskussion, Organisatorisches
12:15–13:00	**Mittagessen**	
ab 13:00	**Abreise / Möglichkeit zum Besuch des Gäubodenmuseums**	

Die Tagung wurde ermöglicht durch die finanzielle Unterstützung der Gesellschaft für Archäologie in Bayern, des Landkreises Straubing-Bogen und des Fördervereins für Kultur und Forschung Oberaltteich.

Gesellschaft für Archäologie in Bayern e.V.

Landkreis
Straubing-Bogen
Tradition und Zukunft

FÖRDERVEREIN FÜR KULTUR UND FORSCHUNG
BOGEN-OBERALTAICH E.V.

Organisation

Joachim Pechtl
Thomas Link
Julius-Maximilians-Universität Würzburg
Lehrstuhl für Vor- und Frühgeschichtliche Archäologie
Residenzplatz 2, Tor A
97070 Würzburg

Ludwig Husty
Kreisarchäologie Straubing-Bogen
Klosterhof 1
94327 Bogen

J. Pechtl / T. Link / L. Husty (Hrsg.), Neue Materialien des Bayerischen Neolithikums. Tagung im
Kloster Windberg vom 21. bis 23. November 2014. Würzburger Studien zur Vor- und
Frühgeschichtlichen Archäologie 2 (Würzburg 2016) 11–36.

Die Keramik der Grabung 2008 in der ältestlinienbandkeramischen Siedlung von Niederhummel, Lkr. Freising

Joachim Pechtl und Daniela Hofmann

Zusammenfassung

Im Rahmen einer Forschungsgrabung der Universität Cardiff wurde im Jahr 2008 eine kleinere Fläche in der bekannten Siedlung der ältesten LBK in Niederhummel, Lkr. Freising, archäologisch untersucht. Das keramische Fundmaterial dieser Grabung wird hier abschließend vorgelegt und vergrößert somit den publizierten Materialbestand aus der Zeit der bäuerlichen Landnahme in Südbayern erheblich. Zwar sind die Möglichkeiten der Auswertung aufgrund des Umfangs und der Erhaltung des Materials beschränkt, dennoch kann eine zeitliche Einordnung ganz an den Beginn der linienbandkeramischen Sequenz im Isartal plausibel gemacht werden. Überregional betrachtet entspricht dies dem Beginn der späten Phase der ÄLBK. Das Material weist in hohem Maße regionalspezifische Charakteristika auf. Im internen Vergleich können strukturelle Unterschiede der verschiedenen Fundinventare aufgezeigt werden, woraus gefolgert wird, dass Materialien von mindestens drei Haushalten erfasst wurden.

Abstract

In the course of a research excavation undertaken by Cardiff University, a small trench was opened in the well-known Earliest LBK settlement of Niederhummel, district of Freising, in 2008. The present contribution constitutes the final report of the pottery from this intervention and considerably increases the body of published material for the initial phase of the agricultural colonisation of southern Bavaria. Although the possibilities for further analysis remain limited, due to the small quantity and the state of preservation of the material, it is possible to suggest its chronological attribution to the very beginning of the LBK sequence in the Isar valley. From an inter-regional perspective, this corresponds to the start of the late phase of the Earliest LBK. The assemblage shows very strong regional characteristics. An intra-site spatial comparison revealed structural differences between the assemblages from different features, suggesting that material belonging to at least three households has been recovered.

Einleitung

Der Fundplatz Niederhummel ging bereits in den frühen 1990er Jahren in die Literatur ein, als Mitglieder des Archäologischen Vereins Freising unter der Leitung von Erwin Neumair eine erste Sondagegrabung durchführten (Engelhardt u. a. 1991). Diese schien deshalb angebracht, weil Oberflächenfunde hier nur Material der ältesten Stufe der LBK erbracht hatten und somit die Hoffnung bestand, von späteren Siedlungsphasen ungestörte Befunde dokumentieren zu können. Obwohl die Grabungsschnitte nicht groß genug waren, um mögliche Hausgrundrisse zu erfassen, konnten ein Grubenofen und mehrere Siedlungsgruben freigelegt werden, die tatsächlich nur ältestbandkeramisches Material enthielten (Engelhardt u. a. 1991). Das Silexinventar wies sogar Anklänge an mesolithische Traditionen auf (Engelhardt 1991).

Dieser vielversprechende Befund bot beste Voraussetzungen, um einige grundlegende Fragen der Bandkeramikforschung neu anzugehen. Für das 2007 und 2008 von der Universität Cardiff durchgeführte Projekt standen vor allem zwei Aspekte im Vordergrund: Zum einen sollte die Zusammensetzung ältestbandkeramischer Gemeinschaften näher untersucht werden. Dies beruhte auf der Prämisse, dass gerade die Ausbreitungsphase der LBK eine große gesellschaftliche Herausforderung darstellte. Wird beispielsweise davon ausgegangen, dass einwandernde Bauern und ortsansässige, zur neolithischen Lebensweise ‚übergetretene' Jäger und Sammler gemeinsam in multi-traditionellen Gemeinschaften lebten (z. B. Whittle 2003; Zvelebil 2004; Gronenborn 2007), dann könnten sich zwischen einzelnen Haushalten, je nach der Zusammensetzung der Mitglieder, durchaus Unterschiede im Artefaktspektrum oder gar in der Wirtschaftsweise zeigen. Dies könnte sich auch in unterschiedlicher Nutzung der Bereiche im und um das Haus niederschlagen. Doch selbst wenn man davon ausgeht, dass ein Großteil der ersten Siedler wohl aus dem Südosten einwanderte (Hofmann 2015), bleibt die Hypothese, dass diese Migrationsbewegung durch die Kooperation und/oder den Wettbewerb zwischen unterschiedlichen gesellschaftlichen Gruppen (in der Literatur oft unter dem Begriff ‚Clans' zusammengefasst) vorangetrieben wurde, deren Identität sich ebenfalls im Verzierungsspektrum der Keramik oder in anderen Aspekten der materiellen Kultur spiegeln könnte (Fridrich 2005; Strien 2009; Petrasch 2010). Um dies näher untersuchen zu können, ist es allerdings nötig, einige grundlegende Faktoren besser zu verstehen, vor allem taphonomische Prozesse und die Datierung der ältesten LBK. Das Material aus den Längsgruben bandkeramischer Häuser (und anderen umliegenden Befunden) wird oft dazu herangezogen, die Häuser selbst zu datieren, Aussagen zur sozialen Zugehörigkeit ihrer Bewohner zu treffen und gelegentlich auch, um Vorschläge für die Nutzung verschiedener Bereiche im und um das Haus zu machen (z. B. Boelicke 1982; Last 1998). Allerdings wird nach wie vor diskutiert, wie lange solche Gruben überhaupt offen standen – wurden sie relativ schnell nach der Errichtung des Gebäudes verfüllt (z. B. Stäuble 1997; Stäuble/Wolfram 2012), dann findet sich in ihnen wohl weitgehend älteres Material, das wenig Auskunft über das Entstehungsdatum oder gar die Laufzeit oder Nutzung der Gebäude und ihres Umfeldes gibt. Werden Gruben allerdings lange offen gelassen, dann könnten sie ‚wahre Logbücher' (Coudart 1998, 73) sein, in denen sich zumindest über mehrere Jahre Material ansammeln kann, das zur Datierung des Gebäudes nutzbar ist und Einblicke in Aktivitätszonen gibt. Wahrscheinlich ist die endgültige Zusammensetzung des Fundmaterials aus Gruben das Ergebnis verschiedener und äußerst komplexer Prozesse, denen wir uns bisher nur teilweise nähern konnten (z. B. Drew 1988; Sommer 1991; Wolfram 2008). Diese Thematik sollte in Niederhummel vor allem durch den Einsatz naturwissenschaftlicher Methoden (Mikromorphologie, Bodenchemie), aber auch durch entsprechende Untersuchungen am Fundmaterial aufgegriffen werden.

Zum anderen ist auch die Datierung der ältesten LBK noch umstritten. Selbst wenn oft das pauschale Anfangsdatum 5500 v. Chr. genannt wird, so sieht die Geschichte der bandkeramischen Ausbreitung im Detail differenzierter aus (siehe z. B. Pechtl 2009a). Es bleibt also zu klären, wann einzelne Siedlungen entstanden, wie lange sie genutzt wurden und wie schnell sich auch in den typologisch vergleichsweise einheitlichen ältestbandkeramischen Töpfereierzeugnissen Veränderungen zeigen. Diese Frage hat in den letzten Jahren nichts an Aktualität verloren, vor allem, da immer mehr ^{14}C-Daten jünger ausfallen als das konventionell veranschlagte Ende der ältesten LBK um 5300 v. Chr[1]. In Niederhummel sollten daher auch ^{14}C-Proben an kurzlebigem Material genommen werden, um zu dieser Diskussion beitragen zu können.

Grundlegend für all diese Fragestellungen ist eine detaillierte Untersuchung der Keramik, die durch Formenspektrum und Verzierung eine chronologische und chorologische Differenzierung erlaubt, durch ihren Erhaltungszustand wesentliche Informationen zur taphonomischen Geschichte des Fundplatzes beitragen kann und schließlich auch eine tragende Rolle für die Identifikation von Identitätsgruppen spielt. Sie steht daher auch im Vordergrund des vorliegenden Beitrages.

Die Ausgrabungen 2008

Nachdem geophysikalische Prospektionen im Jahr 2007 langgrubenartige Befunde in Niederhummel aufzeigten, wurde im Jahre 2008 ein etwa 40 x 20 m großer Schnitt angelegt, in welchem insgesamt 10 Befunde erfasst wurden (Abb. 1). Im Zentrum der Fläche liegen die beiden schon magnetometrisch nachgewiesenen parallelen Langgruben (Befunde F und G). Außerdem konnten zwei Grubenkomplexe (Befunde C und E), einige isolierte Gruben (Befunde B, H, I, und K), ein Wandgräbchen (Befund D) und

---

1   Z. B. Stäuble 2005; Bofinger 2005, 112–127; Pettitt/Hedges 2008; Neugebauer-Maresch/Lenneis 2013.

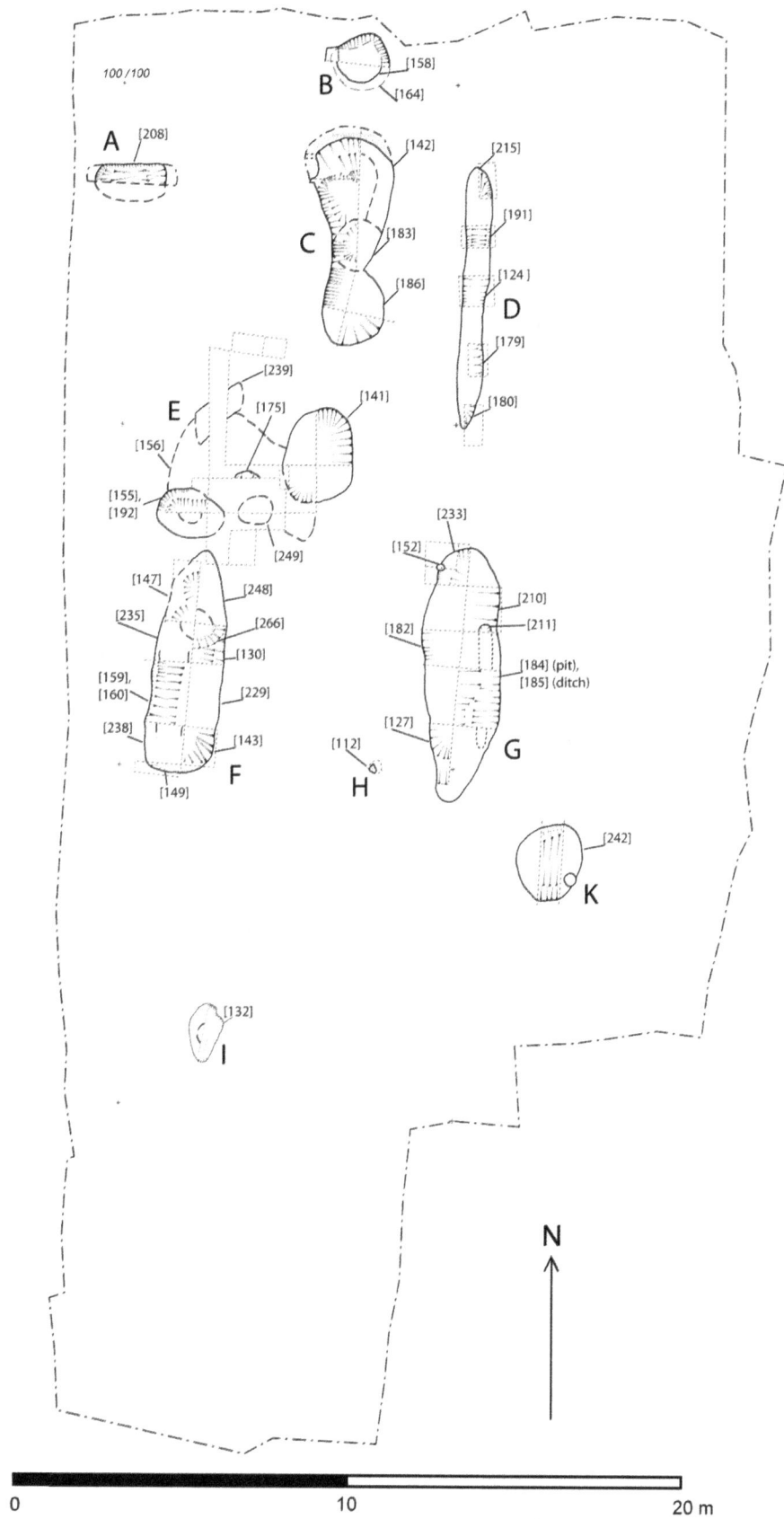

Abb. 1. Gesamtplan der Ausgrabungen in Niederhummel im Jahr 2008. Verändert nach H. Mason.

ein fundfreier Baumwurf (Befund A) aufgedeckt werden. Im Verlauf der Grabung zeigte sich, dass allerdings nicht der Innenbereich eines Hauses, sondern die Freifläche zwischen zwei Gebäuden aufgedeckt worden war. Dies ergab sich aus der Lage der charakteristischen Wandgräbchen in den Langgruben, die gewöhnlich auf der dem Gebäude zugewandten Seite angelegt wurden (Stäuble 2005).

Der Rahmen einer universitären Forschungsgrabung ermöglichte es, die Befunde in einem komplexen Grabungssystem fein zu untergliedern und die Funde sowohl nach natürlichen Schichten als auch nach Schnittkästen getrennt zu bergen. Um statistisch aussagekräftige Fundmengen zu gewinnen, erschien es aber für die Vorlage der Keramik sinnvoll, diese Untereinheiten jeweils bis auf Ebene der einzelnen Gesamtbefunde zusammenzufassen.

Aus den tiefer erhaltenen Gruben wurden im Laufe der Grabung mikromorphologische Proben genommen (Richard Macphail, London), während die Fläche systematisch auf Phosphate beprobt wurde (John Crowther, Lampeter; Zwischenergebnisse siehe Hofmann 2009; Hofmann u. a. 2012). Zusätzlich wurde mindestens eine Bodenprobe aus jedem Befund vor Ort auf Makroreste geschlämmt (Amy Bogaard, Oxford). Eine erste kleine ^{14}C-Probenserie dieser Makroreste erbrachte insgesamt drei Daten aus zwei Befunden, die zwischen 5360 und 5220 v. Chr. fallen. Einer statistischen Analyse nach (Seren Griffiths, Oxford) könnten alle drei Daten dasselbe Ereignis widerspiegeln und damit auf eine kurze Belegungszeit hinweisen, doch muss dieses Ergebnis noch mit weiteren Proben abgesichert werden. Hinweise zur Nutzung der Gefäßkeramik erbrachte die Untersuchung einer kleinen Probenserie von Scherben auf Fettrückstände (Selaque u. a. 2012).

Abgesehen von der Keramik, die im Folgenden näher vorgestellt werden soll, wurden einige wenige Stücke Felsgestein (Britta Ramminger, Hamburg), geringe Mengen an Hüttenlehm und etwa 25 geschlagene Steingeräte (Inna Mateiciucová, Brno) geborgen. Zwar kann hier keine Gesamtpublikation der Grabung erfolgen, doch wird zumindest der wichtige Teilkomplex der Keramik ausführlich bearbeitet und es kommen alle zeichenwürdigen Stücke zu Abbildung.

Aufnahme und Quellenbasis

Im Fokus dieser Untersuchung steht das ältestbandkeramische Material der Grabung, während die wenigen jüngeren Funde nur kursorisch behandelt werden, zumal sie sich einer näheren typologischen Ansprache weitgehend entziehen. Da im Rahmen des Gesamtprojektes insbesondere taphonomische Aspekte von großem Interesse sind, wurde der aufwendige und für linienbandkeramische Materialien unübliche Weg beschritten, die Datenbankaufnahme auf dem Niveau von Einzelscherben durchzuführen und diese erst in einem zweiten Schritt – sofern möglich – zu „Gefäßeinheiten" zusammenzufassen. Allerdings ist das hier vorgelegte ältestbandkeramische Keramikmaterial durch eine recht einheitliche Machart, eine mäßige formtypologische Varianz sowie eine geringe Verzierungsquote geprägt und weist zudem einen bescheidenen Erhaltungszustand auf – eine Kombination von Faktoren, welche die Suche nach zusammengehörigen Scherben ganz erheblich erschwert. Als „Scherben" wurden alle Stücke mit einem Mindestgewicht von 0,5 g gewertet. Sofern direkte Anpassungen an frischen Brüchen vorlagen, wurden die Fragmente vor der Aufnahme geklebt und als Einheit aufgefasst. In einem nächsten Schritt dienten alle jene Stücke zur Definition von Gefäßeinheiten, welche mindestens ein form- oder verzierungstypologisch ansprechbares Merkmal aufweisen, insbesondere also Ränder, Hälse, Böden, Handhaben und verzierte Stücke. Für alle Gefäßeinheiten erfolgte innerhalb der einzelnen Befundinventare eine intensive Suche nach weiteren zugehörigen Scherben, welche nicht unbedingt direkte Anpassungen aufweisen müssen. Eine befundübergreifende Suche dagegen erschien wenig erfolgversprechend, da in diesem Fall aufgrund der gleichartigen Machart nur direkte Anpassungen eine hinreichende Sicherheit der Zuweisung zur selben Gefäßeinheit gewährleistet hätten.

Insgesamt wurden während der Grabung 910 Keramikscherben mit einem Gesamtgewicht von 8159 g geborgen. 87 Stück (9,6 %) davon wurden beim Oberbodenabtrag entdeckt. Diese datieren überwiegend in die älteste LBK (54 Scherben), daneben liegen aber auch 32 sicher oder mutmaßlich bronzezeitliche Scherben sowie ein mittelalterlich/frühneuzeitliches Randfragment vor. Der große Rest der Funde (823 Scherben; 90,4 %) entstammt den Befundverfüllungen, wobei hier nur sehr wenig nachbandkeramisches

Material vorliegt (3,5 %), nämlich 24 metallzeitliche Fragmente, drei mittelalterlich/frühneuzeitliche Scherben und zwei nicht datierbare Stücke. Das metallzeitliche Material konzentriert sich auf drei kleineren Gruben, nämlich die Befunde B, I und K, die damit sicher nachbandkeramisch datieren, aber nur schwer näher angesprochen werden können[2]. Die mittelalterlich/frühneuzeitlichen Funde verteilen sich jeweils einzeln über zwei sicher altneolithische Befunde (C und F) sowie den metallzeitlichen Befund K und sind somit als seltene, aber eben vorhandene jüngere Intrusionen zu werten. Abgesehen von diesen beiden jungen Stücken enthielten die ältestbandkeramischen Befunde (C, D, E, F, G und H) somit jeweils rein altneolithische Inventare. Bemerkenswert ist dabei aber, dass 17 Scherben (2,1 %) aus diesen Inventaren der Machart und teilweise auch der Typologie nach der entwickelten LBK zuzuweisen sind. Vor allem die beiden Grubenkomplexe C und E und die beiden Längsgruben F und G sind als materialreiche Befunde somit eindeutig in die älteste LBK zu datieren, gleiches gilt aber auch für das Gräbchen D und die kleine Grube H. Daneben sind einzelne altneolithische Scherben auch in einer metallzeitlichen Grube (Befund K) vorhanden. Aufgrund der guten Abgrenzbarkeit hinsichtlich der Machart gegenüber den jüngeren am Fundplatz vertretenen Stufen können zudem die bandkeramischen Funde aus dem Oberboden in die folgende Auswertung einbezogen werden. Es stehen daher 831 ältestbandkeramische Scherben mit einem Gesamtgewicht von 7789 g zur Verfügung.

Taphonomie

Das gesamte ältestbandkeramische Fundmaterial ist stark zerscherbt. Zwar liegen einzelne Stücke mit bis zu 13,1 cm maximaler Länge und bis zu 192 g Gewicht vor, im Mittel aber beträgt die Scherbenlänge nur 3,4 cm und das Gewicht liegt bei 9,7 g. Dabei sind die Kanten bei 73 % der Scherben völlig verrundet und bei weiteren 24 % deutlich verrundet, sodass nur 4 % keine oder nur eine schwache Kantenrundung aufweisen. Zur Bewertung der Oberflächenerhaltung wurde geschätzt, welcher Anteil der äußeren Seite der Scherben noch mit originaler Oberfläche bedeckt ist. Tatsächlich weisen 65 % der Scherben keinerlei Merkmale auf, die diesbezüglich überhaupt eine sichere Aussage ermöglichen, und man darf davon ausgehen, dass bei diesen Stücken die originalen Oberflächen regelhaft vollständig zerstört sind. Von den verbleibenden Scherben tragen gerade einmal 29 % mehr als hälftig Originaloberfläche, wohingegen 42 % keine oder nur geringe Reste der Originaloberflächen aufweisen. Die Parameter Zerscherbungsgrad, Kantenverrundung und Oberflächenerhaltung belegen somit klar, dass die Keramik erheblichen mechanischen und wohl auch physikalisch-chemischen Belastungen ausgesetzt war.

In diesem Zusammenhang sind zwei Beobachtungen von Interesse: Erstens zeigt sich, dass zwischen der maximale Länge und der Dicke von Scherben ein klarer Bezug besteht (Abb. 2), wobei zudem eine Abhängigkeit von der Machart auffällt. Erwartungsgemäß sind also Scherben gröber gefertigter und dickwandigerer Gefäße tendenziell auch großstückiger erhalten. Dies legt nahe, zufällig wirkende mechanische Einflüsse für die Fragmentierung verantwortlich zu machen. Zweitens weisen die Scherben aus dem Oberboden zwar fast durchgehend völlig verrundete Bruchkanten auf (96 %), sind aber mit durchschnittlich 3,0 cm maximaler Länge und 7,0 g Gewicht nur geringfügig kleiner als die Scherben aus Befundverfüllungen. Somit ist zwar belegt, dass die Lagerung im Pflughorizont zu zusätzlichen Beeinträchtigungen der Erhaltung führte, im Umkehrschluss ergibt sich daraus aber auch, dass die generell sehr starke Fragmentierung mutmaßlich bereits vor der Einbettung der Scherben in schützende Sedimente erfolgte.

Von den 97 definierten Gefäßeinheiten datieren 92 in die älteste LBK, 3 in die entwickelte LBK und je eine ist metallzeitlich beziehungsweise spätmittelalterlich/frühneuzeitlich. Die ältestbandkeramischen Gefäßeinheiten bestehen aus jeweils 1–45 Scherben mit einem Mittelwert von 2,6 Scherben, wobei aber

2   Erhaltungsbedingt wurde das Material aus den Gruben ebenso wie jenes aus dem Oberboden überwiegend nach der Machart den Metallzeiten zugewiesen. Es liegt nur ein schlecht erhaltenes Randstück eines kleinen Schälchens aus Befund B vor, welches urnenfelderzeitlich oder schon hallstattzeitlich sein dürfte (Abb. 3A). Eine Wandscherbe weist eine auffallend grobe Magerung auf, was auf die mittlere Bronzezeit verweisen könnte. Für Hilfe bei der Datierung dieser Stücke danken wir herzlich M. Schussmann (Würzburg).

nur 33 % der Gefäßeinheiten mehr als eine Scherbe umfassen. Das Gewicht beträgt im Mittel 35,9 g pro Gefäßeinheit. Die Einzelscherben der Gefäßeinheiten besitzen im Mittel somit ein Gewicht von 13,8 g und eine maximale Länge von 4,2 cm. Diese deutlich überdurchschnittlichen Werte zeigen, dass die identifizierbaren Gefäßeinheiten tendenziell aus vergleichsweise gut erhaltenen Scherben bestehen. Die an sich banale Vermutung, dass die Wahrscheinlichkeit, typologisch ansprechbare Merkmale überhaupt erkennen und somit eine Gefäßeinheit definieren zu können, stark von der Erhaltung der Scherben selbst abhängt, kann also klar bestätigt werden. So gehören zwar nur 29 % der ältestbandkeramischen Scherben einer Gefäßeinheit an, ihr Gewichtsanteil am Gesamtbestand beträgt aber 42 %. Da – wie erläutert – die Scherbenerhaltung ihrerseits unter anderem auch von Machart und Scherbendicke abhängig ist, besteht die Gefahr, dass

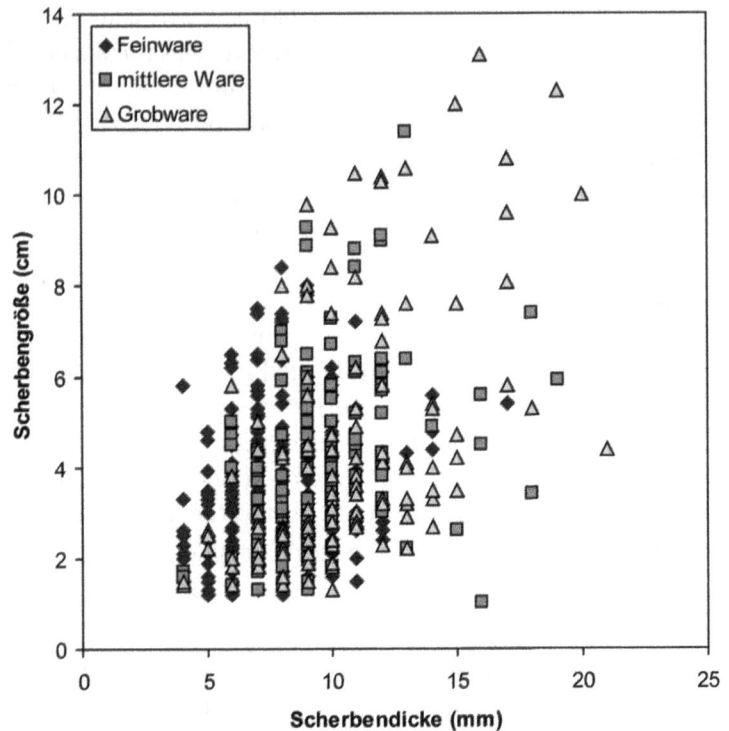

Abb. 2. Verhältnis von Länge und Dicke ältestbandkeramischer Einzelscherben in Abhängigkeit von der Machart.

tendenziell gröber gemachte Gefäße überproportional im Bestand der identifizierbaren Gefäßeinheiten vertreten sind und so eine Verzerrung des ehemaligen Typenspektrums vorliegt. Und tatsächlich ist ein deutlicher Unterschied zwischen Scherben von Gefäßeinheiten und Restscherben hinsichtlich der Machart festzustellen: Bei den Gefäßeinheiten hat Feinware einen Anteil von 39 % der Scherben, auf mittlere Ware entfallen 33 % und auf Grobware 28 %. Bei den Restscherben hingegen entfallen 57 % auf Feinware, 19 % auf mittlere Ware und 23 % auf Grobware. Offenbar sind also bei den Gefäßeinheiten Gefäße feiner Machart unterrepräsentiert, vor allem solche mittlerer Machart jedoch überrepräsentiert.

Insgesamt muss aber betont werden, dass auch die Gefäßeinheiten schlecht erhalten sind: So liegt kein einziges Gefäß auch nur annähernd vollständig vor, nicht einmal ein einziger durchgehender Profilverlauf ist vorhanden und der Umfang ist zumeist höchstens zu einem Sechstel erhalten, lediglich bei einzelnen Stücken bis maximal zu einem Drittel. Regelhaft sind somit also nur noch geringe Fragmente der ehemaligen Gefäße überliefert.

Aus den genannten Beobachtungen kann gefolgert werden, dass keinerlei in-situ-Funde ganzer oder zumindest weitgehend vollständiger Gefäße in ihrem ehemaligen primären Funktionszusammenhang beziehungsweise gezielte Gefäßdeponierungen vorliegen. Ebenso wenig sind sekundäre Verwendungen größerer Gefäßpartien etwa zur Anlage von Scherbenpflastern vorhanden. Auch eine regelhaft praktizierte Müllbeseitigung in Gruben ist auszuschließen, da dies wenigstens zur Ablagerung größerer Gefäßpartien mit gut erhaltenen Brüchen geführt hätte. Stattdessen ist für den ältestbandkeramischen Fundbestand davon auszugehen, dass es sich durchweg um Material handelt, das länger oberflächennah gelagert war und dabei mechanischen und physikalisch-chemischen Einflüssen ausgesetzt war. Ein Großteil wird während dieser Zeit auch zu einem gewissen Maße räumlich verlagert worden sein. Dies führte zur weitgehenden Trennung von zueinander gehörigen Scherben. Die erhaltenen Stücke gelangten schließlich wohl eher zufällig in als Sedimentfallen wirkende Bodenvertiefungen und wurden dort durch schützende Sedimente konserviert, sodass ab diesem Zeitpunkt nur noch einzelne Brüche durch Erddruck sowie lagerungsbedingte Erosionserscheinungen der Bruchkanten und Oberflächen auftraten.

Im engeren Sinn können die Fundinventare aus den einzelnen Befundverfüllungen somit keinesfalls als „geschlossene Funde" betrachtet werden, da ihre Vergesellschaftung zu einem gewissen Grad zufällig ist und ihre gemeinsame Sedimentation ein unter Umständen langwieriger Prozess war. Andererseits darf aufgrund der weichen und sehr porösen Machart der Keramik angenommen werden, dass derartige Scherben nur wenige Jahre den auf oder nahe der Bodenoberfläche wirkenden Verwitterungseinflüssen – insbesondere der Frostsprengung – standhalten. Insofern ist zu postulieren, dass die Akkumulation verschiedener Scherben in einzelnen Gruben jeweils zeitnah erfolgte und die Stücke aus einem ähnlichen zeitlichen und räumlichen Kontext stammen – in einer weit gefassten Definition also doch als „geschlossen" bezeichnet werden können.

Interessant ist nun, ob es bezüglich der Scherbenerhaltung und somit mutmaßlich der Verfüllungsgeschichte Unterschiede zwischen den verschiedenen altneolithischen Befunden gibt. Dabei erweisen sich die vier großen und materialreichen Befunde (C, E, F, G) als erstaunlich einheitlich in ihren Charakteristika. Die beiden Grubenkomplexe C und E stimmen, was das mittlere Scherbengewicht, die mittlere Scherbenlänge und die Anteile stark verrundeter Bruchkanten anbelangt, fast gänzlich überein (Befund C: 10,1 g, 3,5 cm, 65 %; Befund E: 10,5 g, 3,4 cm, 74 %). Die Längsgrube F ähnelt dem, hat aber einen etwas höheren Anteil stark verrundeter Bruchkanten (9,9 g, 3,7 cm, 83 %). Das Inventar der Längsgrube G besteht demgegenüber aus geringfügig kleineren Scherben, die aber hinsichtlich des Anteils der stark verrundeten Bruchkanten wieder eher den Grubenkomplexen entspricht (8,4 g, 3,3 cm, 65 %). Man darf also postulieren, dass sich die Längsgruben und Grubenkomplexe weitgehend ähneln, was ihre jeweilige Verfüllungsgeschichte anbelangt, wobei zu mutmaßen ist, dass diese Gruben längerfristig offen standen und allmählich natürlich zusedimentiert wurden. Das Wandgräbchen D weist demgegenüber vergleichsweise kleinteilige Keramik auf (7,3 g, 3,1 cm, 73 %), was darauf deuten könnte, dass bei seiner vorauszusetzenden künstlichen Verfüllung bereits länger an der Oberfläche liegendes Material umgelagert wurde. Dem widerspricht scheinbar der Pfosten H mit seinem überdurchschnittlich großteiligen Fundmaterial (12,2 g, 4,2 cm). Allerdings umfasst dieses Inventar nur 5 Scherben – darunter eine mäßig große, welche die Statistik dominiert – die allesamt starke Kantenrundung aufweisen. Die Mutmaßung, dass Baubefunde prinzipiell andersartige Verfüllungsprozesse durchlaufen als Längsgruben und Grubenkomplexe, ist anhand des keramischen Fundmaterials also nur bedingt überprüfbar und zu bestätigen.

Die 17 der entwickelten LBK zugeschriebenen Scherben weisen eine ähnlich schlechte Erhaltung auf. Als Maximalwerte sind ein Gewicht von 15 g und eine Länge von 4,9 cm belegt, die Mittelwerte liegen aber bei 4,4 g beziehungsweise 2,7 cm. 88 % zeigen gänzlich verrundete Bruchkanten, die restlichen 12 % zumindest deutlich abgerundete. Die Oberflächenerhaltung kann lediglich bei fünf Stücken beurteilt werden, wovon vier keine oder nur geringe Reste der Originaloberfläche besitzen. Vermutlich wirkten auf die Erhaltung dieser Scherben ganz ähnliche Faktoren wie auf den Bestand an Scherben der ältesten LBK, sodass weder für eine gleichzeitige Einbettung noch für die Annahme einer späteren Intrusion stichhaltige Argumente beizubringen sind. Entsprechend werden bei der nachfolgenden typologischen Beschreibung sowohl die ältestbandkeramischen (ÄLBK) als auch die jüngerbandkeramischen (LBK) Funde einbezogen, aber getrennt beschrieben.

Machart

In die Beschreibung der Machart gehen Beobachtungen an 831 ÄLBK-Scherben ein. Eine Trennung nach Warenarten ist sehr problematisch, da die Machart insgesamt recht einheitlich ist und gänzlich fließende Übergänge zwischen gröberen und feineren Waren bestehen. 96 % sind organisch gemagert, wobei feinere Partikel typisch sind, die eher fadenförmige Hohlräume beim Ausbrennen hinterlassen. Rund ein Drittel der Stücke weist aber daneben oder ausschließlich auch gröbere organische Bestandteile auf. In aller Regel ist neben der organischen Magerung auch feiner, glimmerhaltiger Sand erkennbar. In abnehmender Häufigkeit und insgesamt in meist geringer Dichte sind zudem gröbere mineralische Einschlüsse vorhanden (Einteilung der Größenklassen und Schätzvorlage für Mengenanteile nach Schreg 1998, 41). So weisen 12 % der Scherben gröberen Sand auf, 8 % feinen Kies und 6 % gröberen Kies. Typisch ist, dass fast alle Scherben auch das charakteristische seifige Griffgefühl verursachen, welches auf einen hohen Schluffanteil in der Töpfermasse hinweist. 4 % der Scherben zeigen nur mineralische Magerung, werden aber wegen der sonstigen Ähnlichkeit mit den organisch gemagerten Stücken ebenfalls als ältestbandkeramisch eingestuft – sie könnten freilich typologisch ebenso der entwickelten LBK zugewiesen werden. Eine mäßige Magerungsmenge (geschätzt rund 30 % Anteil) ist bei 73 % der Scherben festzustellen. Hohe Magerungsanteile (ca. 50 %) weist rund ein Viertel der Scherben auf, eine schwache Magerung (um 10 %) dagegen ist ausgesprochen selten (etwa 1 % der Scherben). Wertet man die Merkmale Magerungsmenge und Magerungsbestandteile gemeinsam, so ist rund ein Viertel der Scherben als grobkeramisch zu bezeichnen, Feinwaren machen gut die Hälfte aus und dazwischen ist ein breites Übergangsfeld von hier als „mittlere Waren" bezeichneten Macharten.

Die Scherbendicke kann bei 560 ältestbandkeramischen Stücken gemessen werden und liegt im Bereich von 4–21 mm. Der Durchschnitt beträgt 8,9 mm und 57 % der Scherben liegen in dem schmalen Bereich zwischen 7–10 mm. Eine vergleichsweise dickwandige Fertigung ist somit als charakteristisch herauszustellen. Die Behandlung der Außenoberfläche ist bei 189 Stücken beurteilbar. Demnach sind diese bei 47 % roh belassen, bei 10 % verstrichen, bei 5 % grob geglättet und bei 37 % fein geglättet. Auf den Scherbeninnenseiten ergibt sich eine ganz ähnliche Verteilung, wobei hier Verstrich etwas häufiger ist (15 %), wohingegen grobe Glättung und rohe Oberflächen entsprechend seltener sind (3 % bzw. 44 %).

Die Brandhärte ist durchweg als weich zu bezeichnen (mit Fingernagel ritzbar). Außen fällt die Brandfarbe bei 61 % der Fälle eher dunkel bräunlich-gräulich aus (A9–11; Bestimmung nach C. E. C.). Hellere bräunlich-beige Töne weisen 26 % auf (C8–11, D9–11), ins rötliche Spektrum reichen dagegen etwa 12 % (E9–10, F9, H11). Auf den Innenseiten findet sich ein ganz ähnliches Farbspektrum, wobei die dunklen bräunlich-gräulichen Farben mit 68 % etwas häufiger sind, die bräunlich-beigen Töne etwa gleich oft vorkommen (27 %) und die rötlichen Töne seltener auftreten (6 %). Im Bruch zeigen rund drei Viertel der Scherben dunkle Farben, ein Viertel weist helle auf. Der Brand erfolgte somit bei einer vergleichsweise geringen Temperatur und war allenfalls schlecht geregelt, wobei tendenziell dunkle Brennfarben bevorzugt wurden.

Bei den 17 LBK-Scherben handelt es sich durchweg um Feinwaren mit einer mäßig starken Magerung aus glimmerhaltigem Feinsand. Nur vereinzelt sind zusätzlich gröberer Sand, Feinkies oder feine organische Bestandteile nachzuweisen. Die meisten Stücke besitzen trotz der Sandmagerung noch den typisch seifigen Charakter, der auf den hohen Schluffanteil hindeutet. Soweit erkennbar, wurden die meisten Gefäße außen fein geglättet, einmal ist aber auch eine rohe Oberfläche vorhanden. Innen sind nur Glättungen nachweisbar. Die Brandhärte ist weit überwiegend als weich zu klassifizieren, lediglich bei 13 % als hart. Die Oberflächen sind sowohl außen als auch innen regelhaft bräunlich-gräulich gefärbt (A9–A10), nur vereinzelt sind auch hellere Beigetöne vorhanden (C9). Im Bruch dagegen sind sowohl helle als auch dunkle Farben häufig.

Formtypologie und Metrik

Aufgrund der schlechten Erhaltung sind der Analyse des Formenspektrums enge Grenzen gesetzt. Von den 92 Gefäßeinheiten (GE) der ÄLBK ist die Gesamtform bei 35 Gefäßen sicher bestimmbar und bei weiteren 12 immerhin wahrscheinlich zu identifizieren, sodass zu 47 Gefäßen eine Aussage getroffen werden kann[3].

Die kleinste Gruppe (19 %) hiervon bilden die Flaschen, denen 9 GE anhand der Halsform relativ sicher zuzuordnen sind (Abb. 4,1–2; 6,1–2; 8,1; 10,1–4). Es handelt sich offenbar durchweg um s-förmig geschweifte Flaschen mit einem mehr oder weniger ausbiegenden, vereinzelt auch fast senkrechten Rand (Form 101). Tatsächlich dürfte die Zahl der Flaschen aber noch größer sein, da einige große Henkel vorliegen (z. B. Abb. 7,1; 8,9–10; 11,5–6), wie sie regelhaft nur an Flaschen vorkommen.

---

3   Zur typologischen Klassifikation der Keramik wird der modifizierte Katalog nach Pechtl 2009b verwendet.

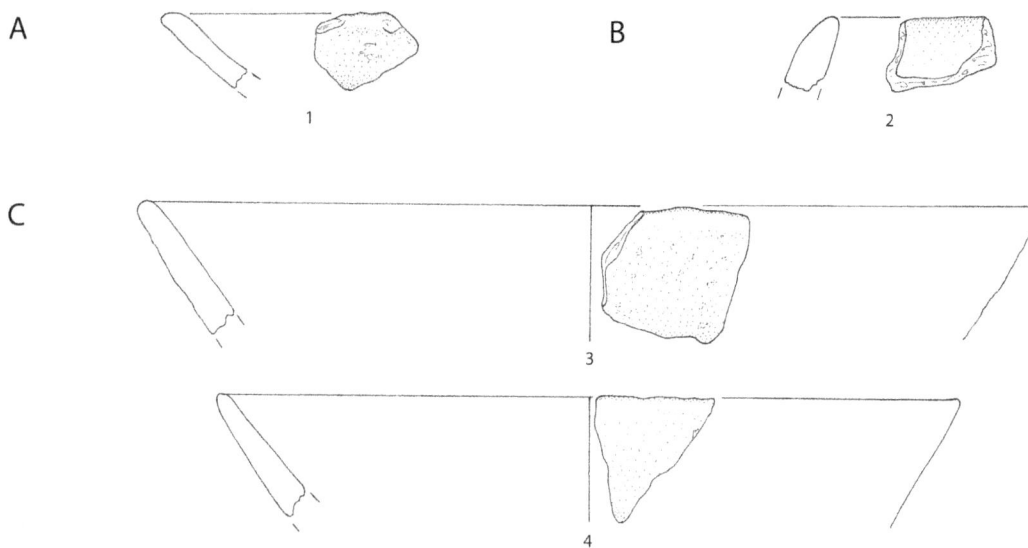

Abb. 3. A Inventar aus Befund B, metallzeitliche Schale; B Inventar aus Befund K, Kumpf der ältesten LBK; C Inventar aus Befund D, Schalen der ältesten LBK. M 1:2. Zeichnungen: M. Honeck.

Mit 26 % Anteil etwas häufiger sind Kümpfe, wobei hier eine erstaunliche Variabilität im Detail herrscht, sodass zwar mindestens sechs Varianten unterschieden werden können, bei denen aber die exakte Grenzziehung oft nicht möglich ist. Zwei Kümpfe besitzen einen runden Bauch in Kombination mit einem insgesamt s-förmigen Oberteil, welches eine gerade Schulter sowie einen leicht einziehenden Rand aufweist (Form 241; Abb. 8,6; 9,1). Zwei Stücke können mutmaßlich der als typisch für die ÄLBK geltenden Form doppelkonischer Kümpfe mit einem relativ scharfen Bauchumbruch und einem abgesetzten Rand zugewiesen werden (Form 240; Abb. 6,8; 8,8). Außerdem gibt es zwei Exemplare mit kugeliger Form (Form 202; Abb. 11,3–4), einen Kumpf mit stark gerade einziehendem Oberteil (Form 206; Abb. 6,11), einen mit s-förmig einziehendem Oberteil und senkrecht stehendem Rand (Form 209; Abb. 11,2) sowie einen mit s-förmigem Oberteil und einziehendem Rand (Form 216; Abb. 8,7). Unsicher bleibt die Bestimmung weiterer zu fragmentarisch erhaltener Kümpfe. Außerdem ist anzunehmen, dass einige der gedellten oder gesattelten Handhaben von größeren Kümpfen stammen.

Weitaus am häufigsten sind Schalen verschiedener Formen (55 %). Hier dominieren mit 15 Exemplaren konische Schalen mit weitgehend gestreckter oder leicht gebogener Wandung deutlich (Form 306; Abb. 3,3–4; 4,3–7.9.11; 6,5–6; 8,2; 10,5–7) gegenüber drei Stücken mit kräftigerer Rundung der Wandung (Form 303; Abb. 4,8; 10,9.20). Außerdem gibt es zwei s-förmig geschweifte Schalen (Form 304, Abb. 6,4; 8,3) und eine Knickwandschale (Form 316; Abb. 6,7).

Die Randform ist bei 39 GE zu erkennen, wobei es sich durchweg um einfache und nur tendenziell zu differenzierende Randausbildungen handelt. Mit 62 % sind einfache gerundete Ränder vertreten (Rand 11; z. B. Abb. 3,3), mit 31 % innen ausgedünnte Ränder (Rand 51; z. B. Abb. 8,5) sowie mit 8 % mehr oder weniger spitze Ränder (Rand 21 und 12, z. B. Abb. 6,6; 10,4).

Die Bodenform kann bei 17 GE bestimmt werden. Davon handelt es sich zu 71 % um Flachböden mit leicht gerundetem Übergang zur Wandung (Boden 12; z. B. Abb. 7,5). Bei 18 % sind abgeflachte Böden mit deutlicher Rundung zur Wand hin belegt (Boden 11; z. B. Abb. 7,3). Außerdem ist je ein Flachboden mit scharfkantigem Umbruch zur Wandung (Boden 13, Abb. 7,4) sowie ein Hohlfuß (Boden 16; Abb. 5,10) vorhanden.

Die Existenz von Handhaben ist für 28 GE gesichert, wobei deren Form tatsächlich nur in 18 Fällen bestimmbar ist. Weitlichtige Henkel sind mit fünf Belegen die häufigste Variante, allerdings kann nur in zwei Fällen eine jeweils senkrechte Orientierung bestimmt werden (Handhabe 311, Abb. 7,1; 8,9–10; 11, 5–6). An gelochten Formen ist sonst nur noch eine einfache Öse zu verzeichnen, deren Orientierung unklar bleibt (Handhabe 201?; Abb. 11,7). Bei den Knubben dominieren rundliche Knubben mit vier

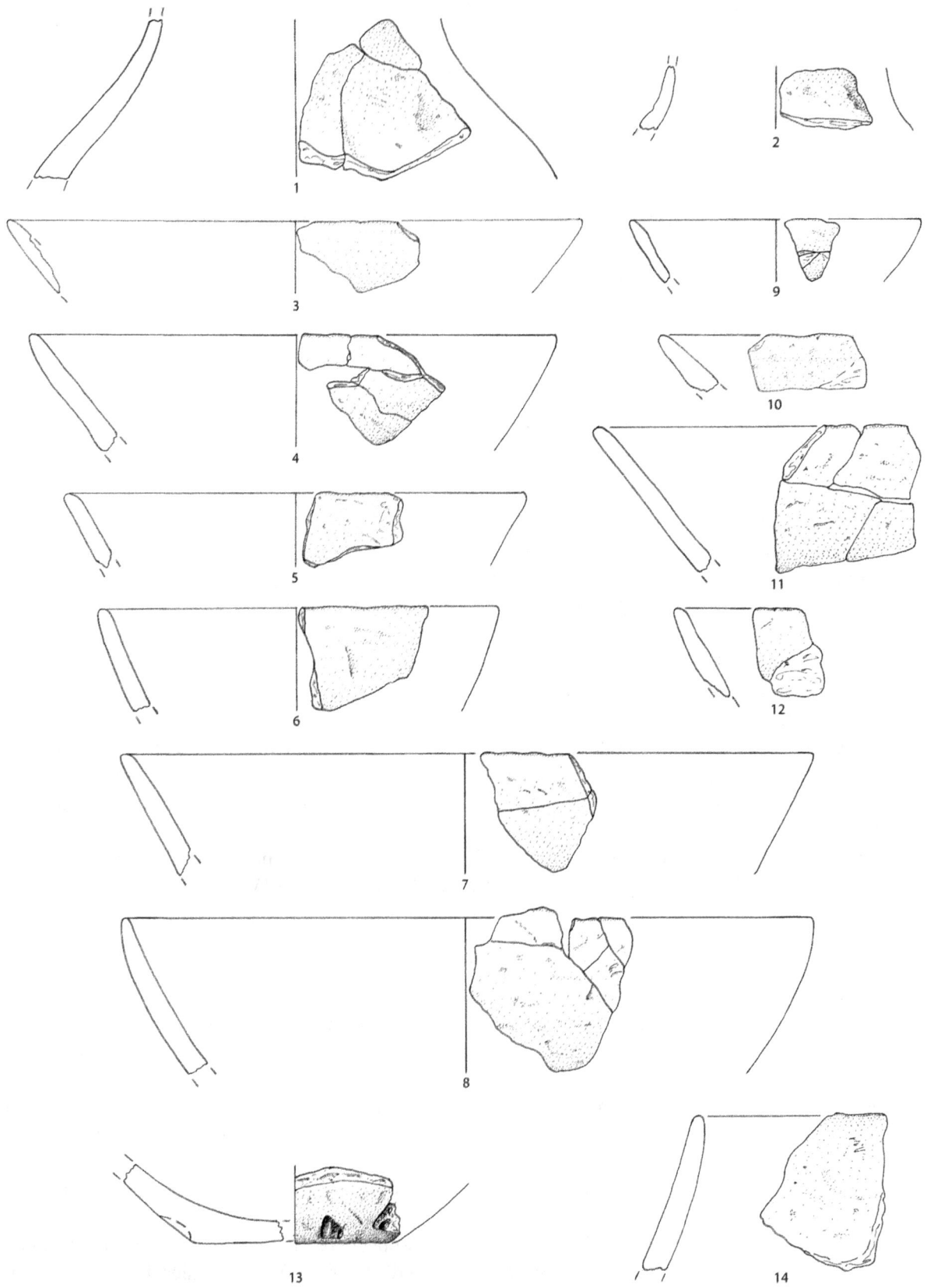

Abb. 4. Funde aus Befund C, älteste LBK. 1–2 Flaschen, 3–13 Schalen, 14 Kumpf. M 1:2. Zeichnungen: M. Honeck.

Abb. 5. Funde aus Befund C, älteste LBK. 1–8: Handhaben und Handhabenansätze, 9–10: Böden. M 1:2. Zeichnungen: M. Honeck.

Nachweisen (Handhabe 101; Abb. 5,4; 6,10; 8,6.8). Diese Form ist darüber hinaus auch als Doppelknubbe vorhanden (Handhabe 160; Abb. 5,5). Je zweimal belegt sind querstehende ovale Knubben (Handhabe 109, Abb. 7,2; 11,10) und ovale gesattelte Knubben (Handhabe 138; Abb. 5,1–2). Als Einzelstücke kommen eine runde gedellte Knubbe (Handhabe 128; Abb. 11,8) sowie eine runde tief gesattelte Knubbe (Handhabe 161; Abb. 8,12) vor. Die Anbringungsposition der Handhaben kann lediglich in drei Fällen mit ausreichender Sicherheit bestimmt werden, nämlich jeweils am Bauchumbruch (Abb. 8,6.8; 11,10).

Das Formenspektrum insgesamt kann dahingehend charakterisiert werden, dass es – mit Ausnahme des Hohlfußgefäßes – aus durchweg sehr einfachen, wenig akzentuierten Formen besteht. Es beschränkt sich dabei auf nur drei Grundformen, die allerdings recht variantenreich und somit wenig genormt ausgeführt werden. Typisch sind flache Bodenbildungen.

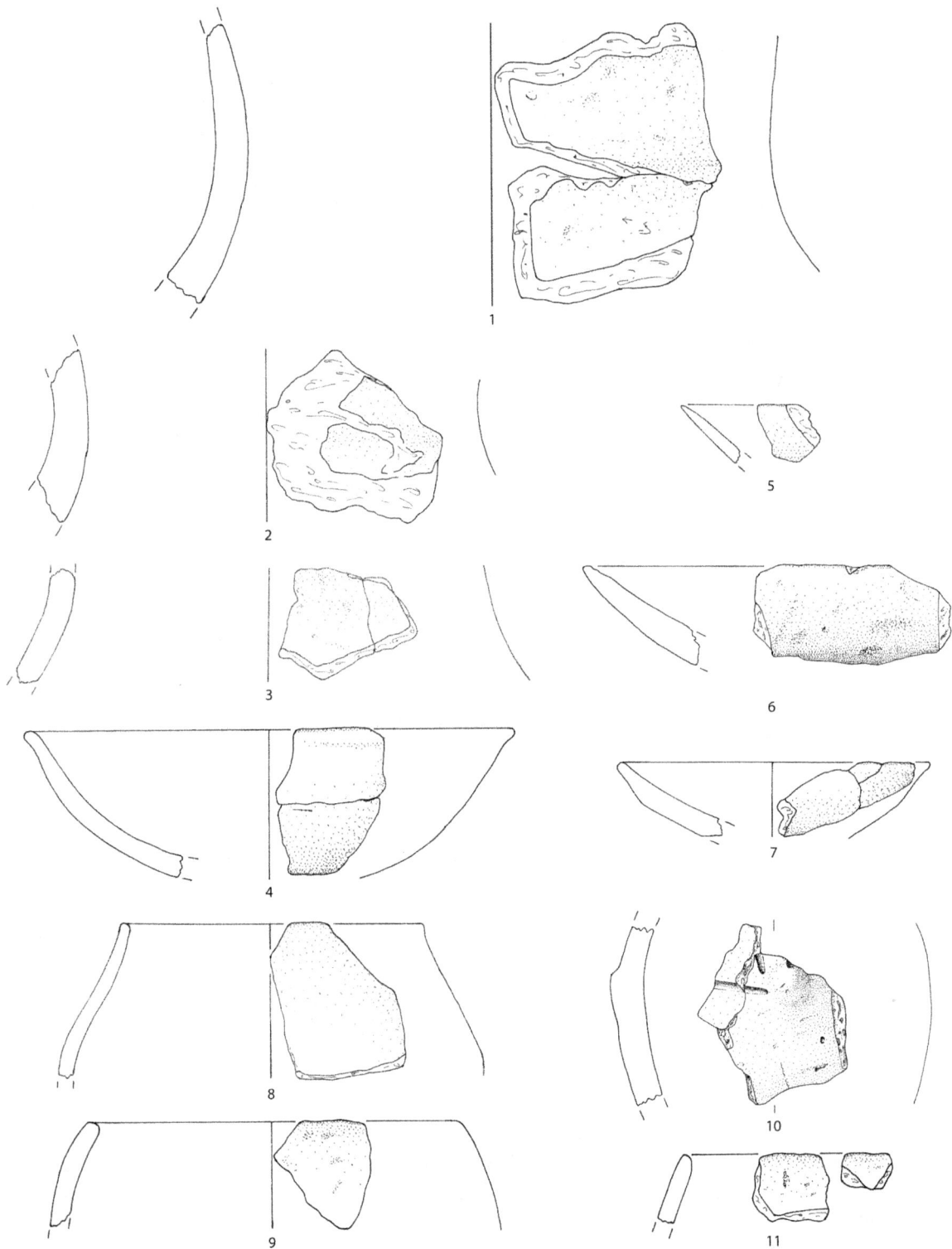

Abb. 6. Funde aus Befund E, 1–10 älteste LBK, 11 entwickelte LBK, 1–3 Flaschen, 4–7 Schalen, 8–11 Kümpfe, M 1:2. Zeichnungen: M. Honeck.

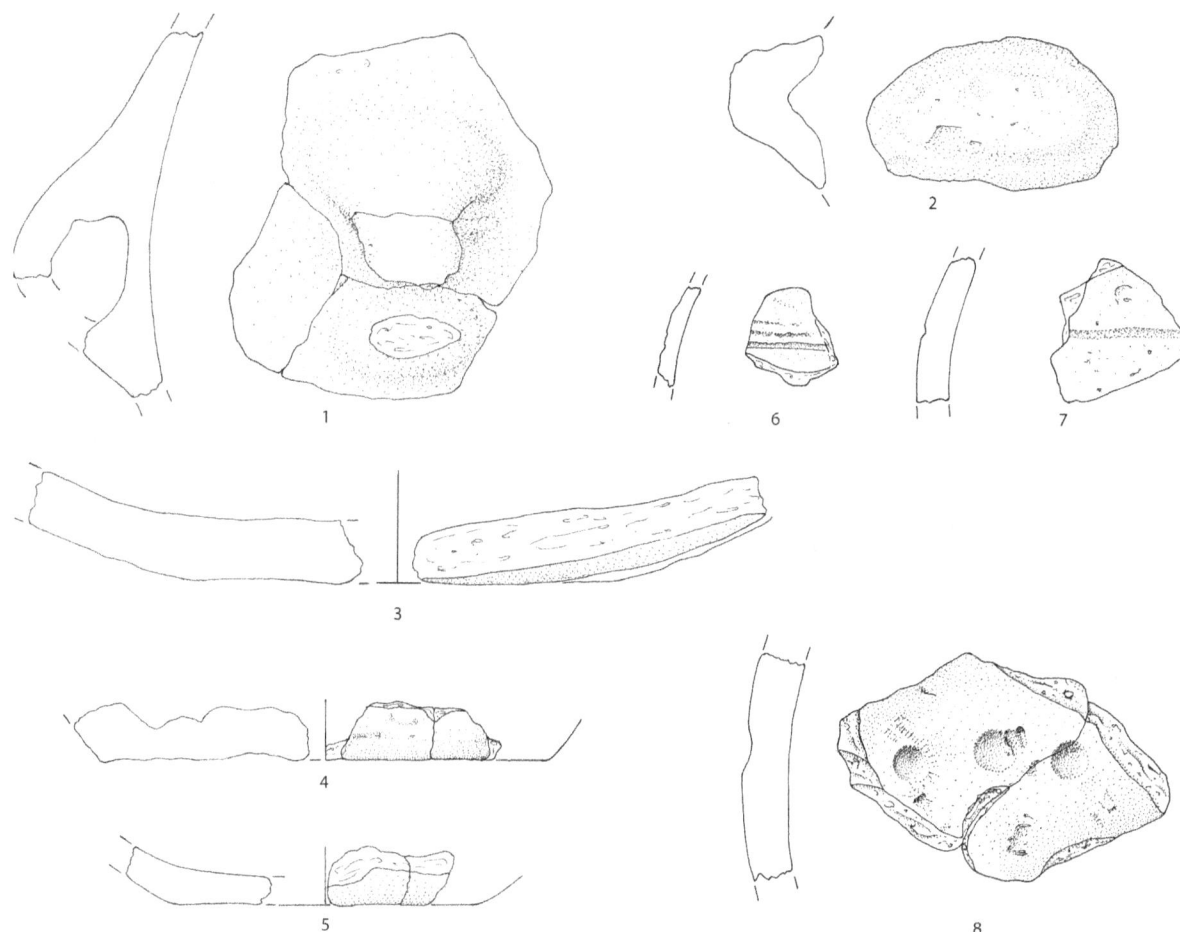

Abb. 7. Funde aus Befund E, 1–5 und 7–8 älteste LBK, 6 entwickelte LBK, 1–2 Handhaben, 3–5 Böden, 6–8 verzierte Wand-scherben, M 1:2. Zeichnungen: M. Honeck.

Für die LBK können lediglich drei GE namhaft gemacht werden. Als einzige Form ist einmal ein kugeliger Kumpf sicher zu identifizieren (Form 202; Abb. 6,9) und zweimal ist ein runder Randabschluss zu erkennen (Rand 11; Abb. 6,9.11). Zu Böden und Handhaben sind keine Aussagen möglich.

Metrische Daten zu den Gefäßeinheiten können erhaltungsbedingt nur in wenigen Fällen erhoben werden. Die Randdurchmesser schwanken bei 30 ÄLBK-Gefäßeinheiten zwischen 10–28 cm. Darunter besitzen die beiden bestimmbaren Flaschen einen mittleren Randdurchmesser von 11 cm (10–12 cm), die neun Kümpfe von 16 cm (10–26 cm) und die 19 Schalen von 19 cm (10–28 cm). Halsdurchmesser können bei neun Flaschen bestimmt werden und betragen im Mittel 15 cm (8–24 cm). Dagegen liegen für sieben Kümpfe Daten zum Bauchdurchmesser vor, wobei der Durchschnitt 16 cm beträgt (8–34 cm). Bodendurchmesser können an 10 GE meist unbestimmter Form erhoben werden. Sie liegen zwischen 8–20 cm und betragen im Mittel 11 cm. Die Gesamthöhe ist von keinem einzigen Gefäß bekannt.

Diese Daten mögen zwar einen gewissen Eindruck von den Gefäßgrößen geben, können aber keines-falls als repräsentativ gelten. Aufgrund der Erhaltungs- und Messbedingungen dürften kleinere Gefäße bevorzugt worden sein und große Gefäße – die anhand besonders dicker Scherben sowie mancher sehr schwach gewölbter Wandscherben zu erschließen sind – fallen gänzlich aus der Statistik heraus.

Aus dem Bestand der LBK kann für einen Kumpf ein Randdurchmesser von 12 cm ermittelt werden.

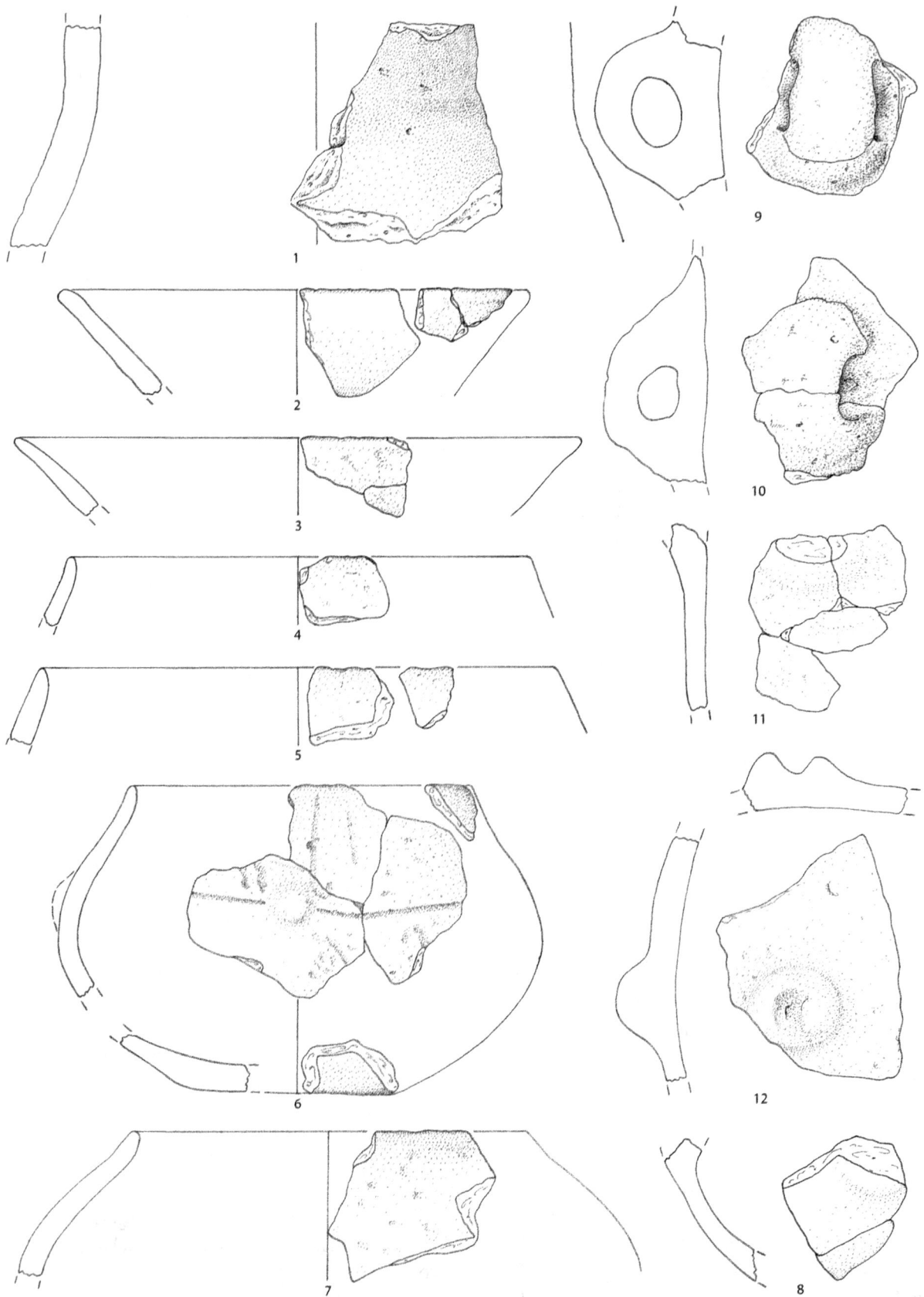

Abb. 8. Funde aus Befund F, älteste LBK. 1 Flasche, 2–3 Schalen, 4–8 Kümpfe, 9–12 Handhaben und Handhabenansätze.
M 1:2. Zeichnungen: M. Honeck.

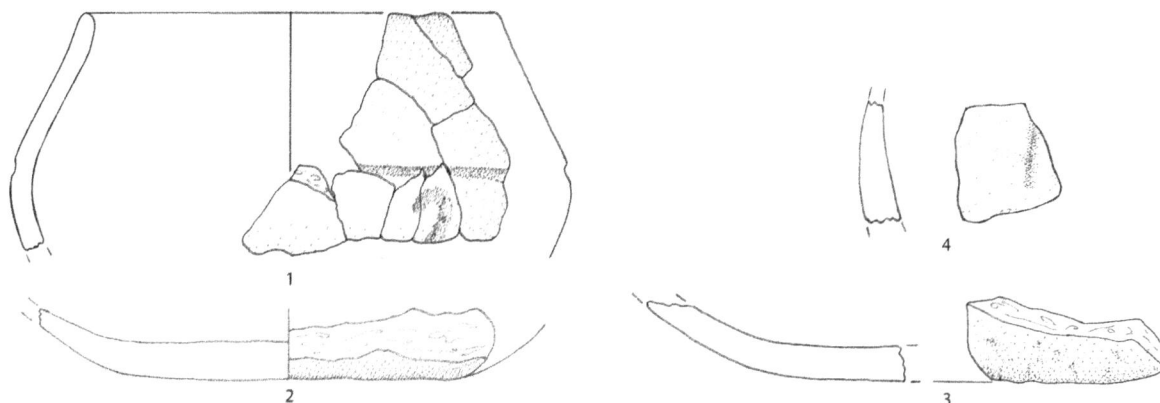

Abb. 9. Funde aus Befund F, älteste LBK, 1 Kumpf, 2–3 Böden, 4 eventuell verzierte Wandscherbe, M 1:2. Zeichnungen: M. Honeck.

Verzierungstypologie

Reste einer Verzierung können bei acht GE der ÄLBK sicher nachgewiesen werden. So kommen dreimal breite (2–3 mm) und eher seichte, im Profil u-förmige Ritzlinien vor (Abb. 6,10; 7,7; 10,2), zweimal sind breite (>3 mm), ebenfalls seichte und im Profil u-förmige Rillen belegt (Abb. 8,6; 9,1) und je einmal kerbenartige lange Einstiche (Abb. 11,3), eine große Delle (Abb. 4,13) sowie eine Reihe seichter Fingertupfen (Abb. 7,8). Bei einer weiteren GE ist die Identifikation einer intentionellen Verzierung unsicher: Sie trägt eine ausgesprochen seichte und rund 9 mm breite Rille (Abb. 9,4). Auch einschließlich des unsicheren Falles beträgt die Verzierungsquote somit lediglich 9 %, wobei als sicher formbestimmbare Verzierungsträger drei Kümpfe und eine Flasche zu nennen sind. Die zahlenmäßig dominante Formengruppe der Schalen scheint dagegen regelhaft unverziert zu sein. Einzig bei einem Gefäßunterteil mit einer knapp über dem Boden angebrachten, unregelmäßig geformten Delle (Abb. 4,13) dürfte es sich um eine Schale handeln.

Bandausführungen und Ziermotive sind erhaltungsbedingt oft nicht näher bestimmbar, scheinen aber nur wenig variantenreich. Wie schon erwähnt, trägt eine mutmaßliche Schale als wahrscheinlich ursprünglich einziges Verzierungselement eine größere und tiefe Delle knapp über dem Boden (Abb. 4,13). Ein Kumpf ist flächig mit locker gesetzten, annähernd parallel orientierten, kerbenartigen Stichen versehen (Abb. 11,3). Ein weiterer Kumpf ist mit einer horizontal am Bauch umlaufenden Linie geschmückt (Abb. 8,6), welche an den ebenfalls am Bauchumbruch sitzenden Knubben unterbrochen ist. Rechtwinklig zu dieser Linie laufen, versetzt abwechselnd nach oben und unten weisend und teilweise an die Knubben gebunden, Bündel paralleler Linien. Mutmaßlich handelt es sich jeweils um drei Linien pro Bündel, wobei die Enden der beiden äußeren Linien jeweils hakenförmig nach außen biegen an ihren bauchwärts zeigenden Enden. Aufgrund der schlechten Erhaltung der Oberfläche ist aber nicht sicher zu entscheiden, ob dies die einzigen Verzierungselemente sind. Ein ähnliches Motiv scheint auch noch ein anderer Kumpf zu tragen (Abb. 9,1): Klar erkennbar sind wiederum die umlaufende Bauchlinie und ein Hakenende einer unterhalb befindlichen Linie. Leider bleibt unklar, ob auch hier ein Linienbündel vorliegt. Zudem scheint sich die nach unten weisende Linie schräg und nicht senkrecht stehend fortzusetzen. Beide Punkte können aber nicht definitiv entschieden werden. Anzuschließen an diese Motivgruppe ist wohl auch das Fragment eines weiteren mutmaßlichen Kumpfs (Abb. 6,10), der ebenfalls eine von Knubben unterbrochene, umlaufende Bauchlinie besitzt. Oberhalb einer Knubbe sind die Ansätze von mindestens zwei nach oben laufenden Linien erhalten, die jedoch zumindest unten keine Hakenenden aufweisen. Im Gegensatz zu den überwiegend recht einheitlich verzierten Kümpfen, weist die verzierte Flasche (Abb. 10,2) ein andersartiges, kurvolineares Verzierungsschema auf. Erkennbar sind mindestens zwei offenbar parallel verlaufende, gebogene Bänder, wobei in einem Fall gesichertermaßen ein dreiliniges Band vorliegt. Es bleibt aber unklar, ob es sich bei dem Motiv um eine Spirale handelt. Die restlichen Verzierungen befinden sich auf Wandfragmenten, die weder eine Bestimmung der Gefäßform noch der Motive zulassen.

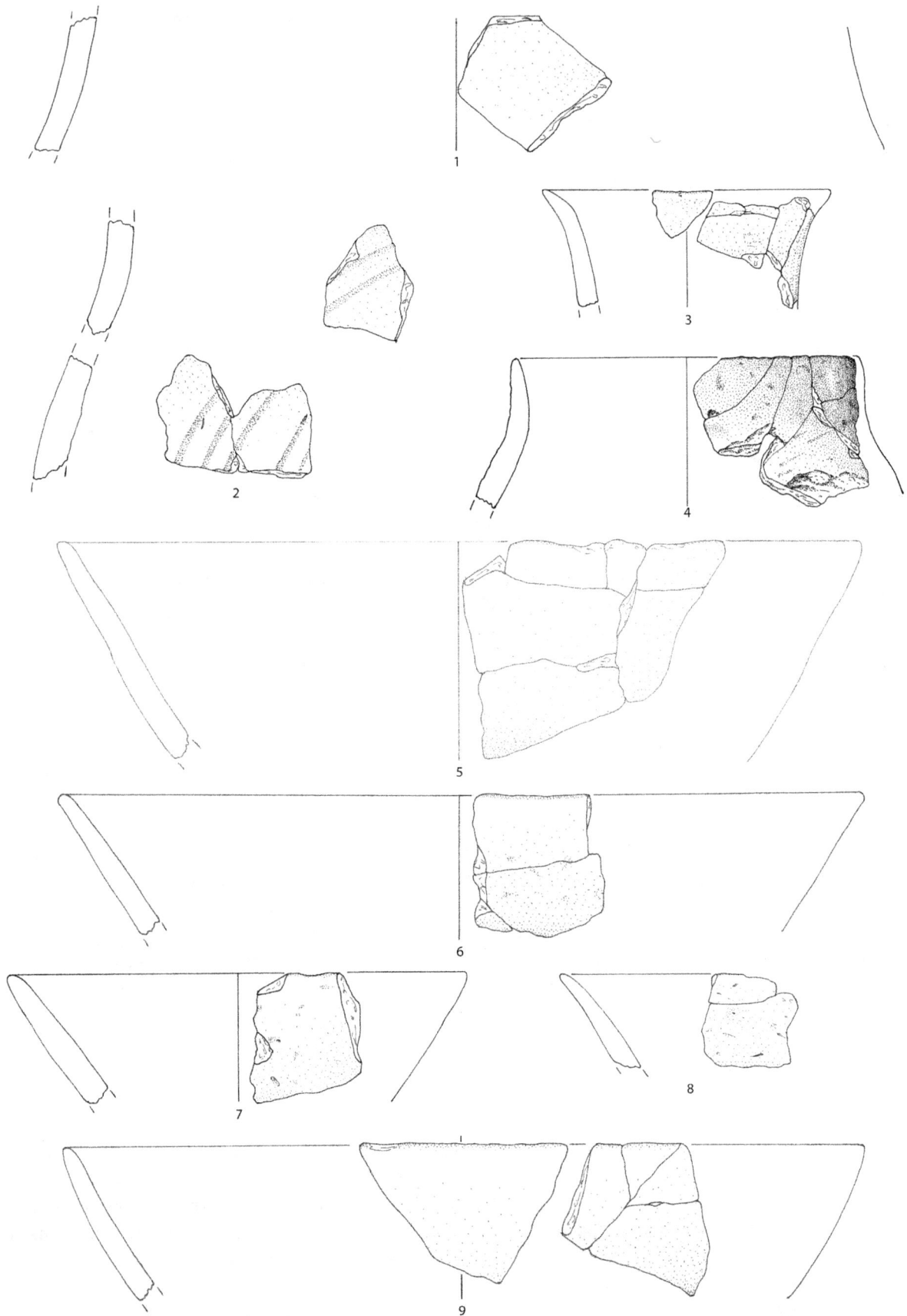

Abb. 10. Funde aus Befund G, älteste LBK. 1–4 Flaschen, 5–9 Schalen. M 1:2. Zeichnungen: M. Honeck.

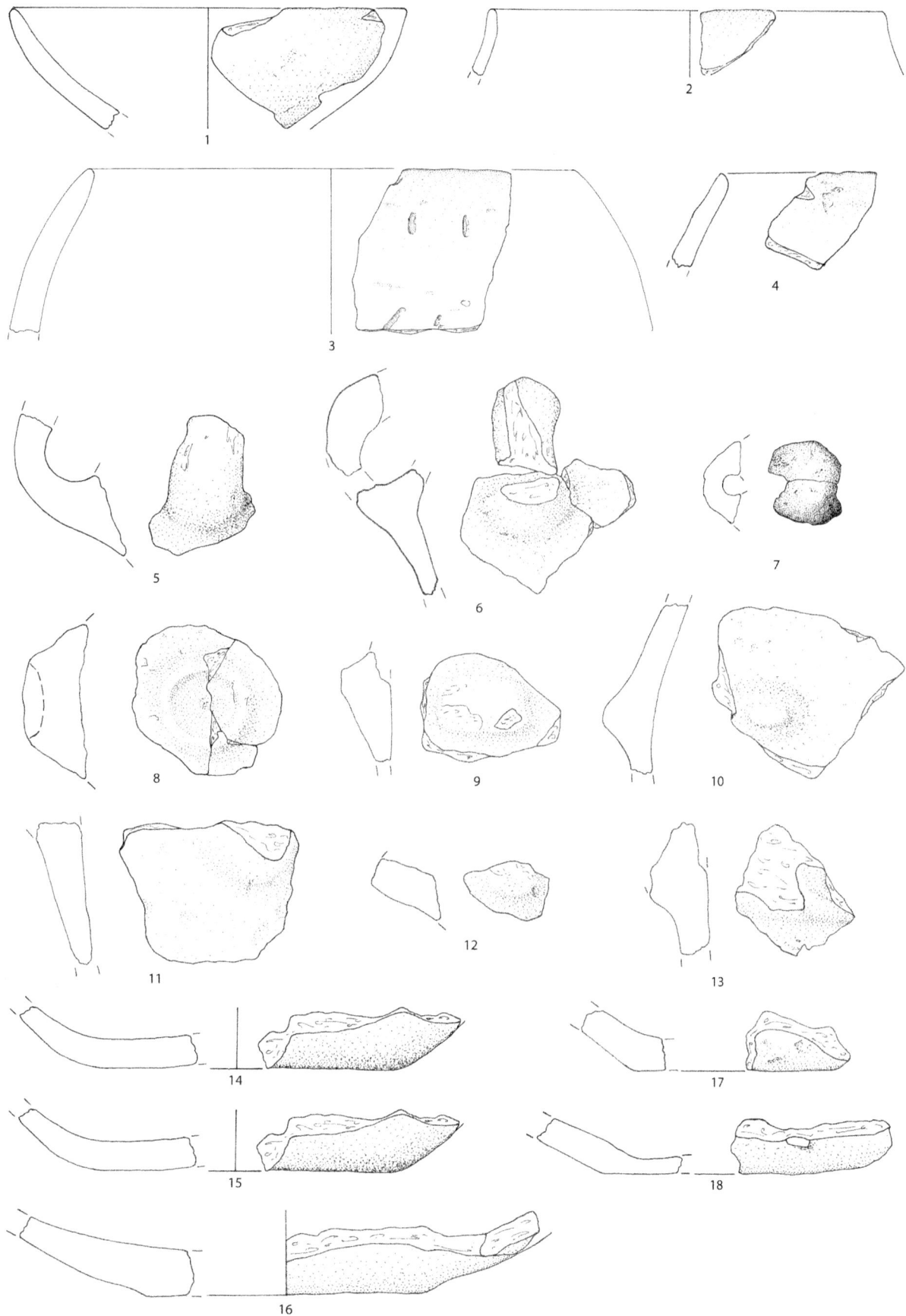

Abb. 11. Funde aus Befund G, älteste LBK. 1 Schale, 2–4 Kümpfe, 5–13 Handhaben und Handhabenansätze, 17–18 Böden.
M 1:2. Zeichnungen: M. Honeck.

Verzierungen sind somit im ältestlinienbandkeramischen Material insgesamt selten vertreten, wobei das kleine Motivspektrum zumindest auf Kümpfen von einem Motiv (umlaufende Linie mit rechtwinkelig dazu stehenden Linienbündeln) dominiert wird. Die Motive sind durchweg einfach, so fehlen offenbar Rand-, Zwickel- und Gliederungsmuster. Einzig bei dem mit Kerben verzierten Kumpf könnten die beiden oberen Kerben vielleicht zu einer ausgesprochen lockeren, umlaufenden Stichreihe gehören und somit als Randmuster zu identifizieren sein. Allgemein scheinen die Muster sich zwar vom Boden bis zum Rand über große Partien des Gefäßkörpers zu erstrecken, bedecken diese Fläche aber bei Weitem nicht, sondern lassen erhebliche Teile der Oberfläche frei.

Aus der LBK ist nur eine einzige verzierte, nicht formbestimmbare GE namhaft zu machen (Abb. 7,6). Das sehr stark erodierte Fragment ist mit einem engen, höchstwahrscheinlich dreilinigen Band aus 1–2 mm breiten Ritzlinien verziert.

Chronologische Einordung

Obwohl das Material wenig umfangreich ist und insbesondere Verzierungen spärlich vertreten sind, eröffnen sich doch interessante Vergleichsmöglichkeiten sowohl zur zeitlichen und räumlichen Einordnung des Gesamtkomplexes als auch zur internen Differenzierung einzelner Befunde.

Eine chronologische Einteilung der ÄLBK anhand typologischer Merkmale der Keramik ist derzeit für die östlichen Siedlungsgebiete in Ungarn und der Slowakei in ihren Grundzügen wohl gesichert, gestaltet sich für die westlichen Bereiche einschließlich Südbayerns aber schwierig (ausgesprochen kritisch hierzu: Cladders 2001; Pechtl 2009a, 88–91). Als Ursachen dieses unbefriedigenden Forschungsstandes sind zwei Problemfelder zu nennen: Erstens ist die Keramik der ÄLBK – im Gegensatz zu jener jüngerer Phasen der LBK – typologisch ausgesprochen merkmalsarm und wenig variantenreich, sodass sie kaum Ansatzpunkte für eine Untergliederung bietet. Zweitens sind bislang relativ wenige und zumeist auch nur kleine Inventare publiziert, die zudem aus weit voneinander entfernten Fundorten stammen. Daher kann auch bei festgestellten Unterschieden nur ungenügend zwischen räumlich und zeitlich bedingten Varianzen differenziert werden. Eine groß angelegte Aufnahme und statistische Auswertung des verfügbaren Materials durch H.-C. Strien (2014) bringt hier zwar erhebliche Fortschritte, ist aber bislang nur in einem knappen Bericht publiziert und bezieht zudem unpublizierte Materialbestände prominent mit ein, sodass der Anwendung dieser Ergebnisse Grenzen gesetzt sind. Wichtig ist einerseits, dass zwei parallel bestehende Stiltraditionen identifiziert werden, räumliche Unterschiede also offenbar tatsächlich große Bedeutung besitzen. Andererseits wird die zeitliche Abfolge der altbekannten Stilphasen Bíňa und Milanovce im Osten in den Grundzügen bestätigt. Allerdings wird Milanovce eine Phase der „späten äLBK" nachgeordnet, mit welcher ein Großteil der süddeutschen Inventare parallelisiert wird (Strien 2014, 153 Abb. 13). In Südbayern werden lediglich die beiden im Ries befindlichen Fundorte Enkingen und Kleinsorheim älter eingestuft und zeitlich mit Milanovce verknüpft, das fränkische Schwanfeld dagegen beginnt zwar am Ende dieses Abschnitts, erstreckt sich aber hauptsächlich auf die genannte „späte äLBK". Typologisch unterscheiden sich diese beiden Phasen aber hauptsächlich durch einen Rückgang „grobkeramischer" Verzierungen, während in der „Donau-Tradition" – der alle genannten bayerischen Plätze angehören – die feinkeramischen Verzierungen kontinuierlich in beiden Phasen auftreten (Strien 2014, 146).

Für den Versuch einer relativchronologischen Einordnung des neuen Materials aus Niederhummel scheint es daher momentan angebracht, das Vorkommen und die Häufigkeit einzelner Merkmale zu erfassen, welche tendenziell einem älteren oder einem jüngeren Horizont der ÄLBK zugewiesen werden können. Die Basis hierfür bilden einerseits die östlichen Chronologien[4], andererseits die greifbaren Informationen des Systems von Strien (2014), wobei eben ein widerspruchsfreier Abgleich nicht möglich ist, da Strien seine „späte äLBK" – trotz der großen Übereinstimmungen zumindest bei den feinkeramischen Verzierungen – nach Milanovce einordnet, während sonst allgemein Milanovce selbst als späte Ausprägung

---

4   Pavúk 1962, 6; Tichý 1962, 303–304; Gläser 1993, 316–320; Čižmář 1998, 137; Pavúk 2005, 20–29.

der ÄLBK aufgefasst wird. Als Hinweise auf eine ältere Datierung können demnach insbesondere gelten: bikonische Kümpfe, Kerb- und Tupfenränder, Einglättverzierungen, unterschiedliche Varianten der flächigen „Aufrauung" der Gefäßwand, etwa durch Warzen, Kerben oder Barboutineauftrag, ein hoher Anteil plastischer Verzierungen sowie eine insgesamt geringe Verzierungsquote. Tendenziell jünger scheinen demgegenüber rundliche Kumpfformen, eine höhere Verzierungsquote, bestimmte Verzierungsmotive wie die Doppelspirale, umlaufende Motive, Linienbündel mit Hakenenden, „anthropomorphe Symbole" oder erste Notenköpfe, und das gelegentliche Vorkommen reiner Sandmagerung.

Wendet man diese Kriterien auf das hier betrachtete Material der Grabung 2008 in Niederhummel an, so zeigt sich, dass ältere Merkmale eine untergeordnete Rolle spielen: Warzen, Barboutine, Glättmuster, Tupfenränder sowie Fingertupfenleisten fehlen gänzlich und es dominieren klar feinkeramische Zierweisen. Doppelkonische Kümpfe sind zwar vorhanden, es überwiegen zahlenmäßig aber eindeutig die rundlichen Formen. Flächig angebrachte Kerben sind in einem Fall belegt. Bemerkenswert ist die mit 9 % recht niedrige Verzierungsquote, die etwa den Inventaren aus Enkingen oder Schwanfeld nahekommt (Pechtl 2009a, 90 Abb. 6). Jüngere Merkmale scheinen dagegen dominant: Wie erwähnt, überwiegen rundliche Kumpfformen und Linienbündel mit Hakenenden sind mehrfach vertreten. Auch ist sandgemagerte Keramik vorhanden, wobei freilich nicht gänzlich ausgeschlossen werden kann, dass es sich durchweg um jüngere Einstreuungen handelt.

Insgesamt ist somit eine Belegung während des jüngeren Horizonts auf jeden Fall anzunehmen, wobei das Auftreten der älteren Merkmale unterschiedlich interpretiert werden kann. Abgesehen von der möglichen, hier aber wegen der vergleichsweise spärlichen Präsenz älterer Typen nicht weiter verfolgten Annahme einer durch einen Hiatus getrennten, klar zweiphasigen Belegung, könnte dies entweder für eine insgesamt längere Laufzeit der Besiedlung sprechen oder aber als Hinweis auf eine Zeitstellung am Übergang vom älteren zum jüngeren Horizont beziehungsweise am Beginn des jüngeren Horizonts verstanden werden. Aufgrund des relativ homogenen Eindrucks, welches das Material erweckt, wird hier die letztgenannte Variante als am wahrscheinlichsten betrachtet. Im Vergleich zu anderen Siedlungen des Isarraums fällt beispielsweise auf, dass zwar auch in Wang und in Altdorf A92 ältere Merkmale durchaus vertreten sind (Hillemeyer 2003; Reinecke 1983), die Verzierungsquote dort aber rund doppelt so hoch ist[5]. Überhaupt sticht das Material aus Niederhummel durch die fast ausschließliche Verwendung von Kreuzmotiven auf Kümpfen deutlich hervor und nimmt somit einen gewissen Sonderstatus hinsichtlich der Verzierungsmotive ein. Zwar ist die Materialbasis sowohl in Niederhummel als auch in den nahe liegenden Vergleichssiedlungen recht gering, dennoch könnten sich hier – auch – chronologische Entwicklungen zeigen. Mit einiger Wahrscheinlichkeit dürfte das Fundmaterial aus Niederhummel somit dem Beginn des jüngeren Horizonts der ÄLBK in Südbayern angehören und daher das älteste derzeit im Isarraum bekannte Inventar dieser Kultur darstellen. Typochronologisch ist es dabei aber jedenfalls deutlich jünger als die Inventare aus Kleinsorheim und Enkingen im Ries (Cladders 2001), welche ja auch nach Strien (2014, 153 Abb. 13) in einen älteren Horizont gehören.

Chorologische Einordnung

Die Existenz regionaler Besonderheiten im Typenbestand der ÄLBK ist altbekannt (Pechtl 2009a, 91–96), wurde aber lange weder systematisch erfasst noch interpretativ durchdrungen. Die Definition zweier „Traditionen" der ÄLBK durch Strien (2014) stellt hier eine wesentliche Neuerung dar. Gerade der Bereich des südlichen Neckarlandes und des angrenzenden bayerischen Donauraumes ist in dieser Hinsicht hervorstechend, da hier eine Konzentration mehrerer regionaltypischer Merkmale nachweisbar ist (Cladders 2001, 72–73; Pechtl 2009a 91–96; Strien 2014, 149–150). Zu nennen sind insbesondere verschiedene Varianten von Kreuzmotiven, wobei manche dieser Formen Linienbündel mit Hakenenden aufweisen, welche ebenfalls regionalspezifisch sind. Ein weiteres regionales Merkmal sind „anthropomorphe Symbole". Cladders

---

5   Pechtl 2009a, 90 Abb. 6. Hier ist zu beachten, dass das dort in der Tabelle unter „Niederhummel" aufgeführte Material aus den älteren Grabungen in Niederhummel stammt (Engelhardt u. a. 1991) und nicht identisch ist mit dem hier im Text besprochenen Material der Grabung 2008.

(2001, 72) führt außerdem eine hohe Verzierungsquote, das häufige Verzieren von Flaschen sowie ein häufiges Vorkommen von A-Spiralen und gespiegelten Spiralen an.

Das Material der Grabung 2008 aus Niederhummel kann dank der Dominanz von Kreuzmotiven und des häufigen Vorkommens von Linienbündeln mit Hakenenden als ausgesprochen regionaltypisch geprägt gelten. Allerdings ist keineswegs das gesamte Spektrum der aufgeführten Merkmale vorhanden, denn es fehlen „anthropomorphe Symbole", A-Spiralen und gespiegelte Spiralen gänzlich, die Häufigkeit der Verzierung von Flaschen ist kaum abschätzbar und die Verzierungsquote insgesamt ist gering. Inwiefern hier chronologische Unterschiede ausschlaggebend sind, bleibt vorerst unklar.

Auch jenseits der als regionalspezifisch gewerteten Merkmale ist das belegte Typenspektrum aber insgesamt gut vergleichbar mit den Materialien aus Mintraching, Wang und Altdorf (Cladders 2001; Hillemeyer 2003, Reinecke 1983). Hervorzuheben ist das Zeichen in Form einer Delle über dem Boden einer Schale (Abb. 4,13), denn Entsprechungen sind vor allem in Südbayern, im Ries, in der Wetterau und im Harzvorland bekannt (Cladders 2001, 111 Abb. 87).

Bemerkenswert ist somit, dass das hier betrachtete Material aus Niederhummel einerseits sehr offensichtlich regionaltypische Spezifika aufweist und im Falle der Hakenenden an Linien sogar in sonst unerreichter Häufigkeit. Andererseits unterscheidet es sich eben wegen dieser völligen Dominanz der Kreuzmotive und dem damit verbundenen Fehlen einiger anderer Motive auf Kümpfen aber auch von einigen Inventaren im Umfeld. Tatsächlich – und das ist interessant – liegen die meisten Übereinstimmungen des Materials der Grabungen 2008 in Niederhummel vor mit dem Inventar der Grabungen am selben Fundplatz im Jahr 1991 (Engelhardt u. a. 1991). Auch wenn die älteren Grabungen ein etwas weiteres Verzierungsspektrum erbrachten, so ist die Selbstähnlichkeit der Materialen dieses Fundplatzes bemerkenswert, was einerseits die Sonderstellung der gesamten (?) Siedlung der ÄLBK in Niederhummel unterstreicht und andererseits die Vermutung einer kürzeren Laufzeit bekräftigt, wohl am Beginn des jüngeren Horizonts der ÄLBK in Südbayern.

Vergleich einzelner Befundinventare

Einem Vergleich der einzelnen Befundinventare sind natürlich aufgrund der geringen vorhandenen Materialmengen enge Grenzen gesetzt. Sinnvoll können hier überhaupt nur die vier größten Inventare einbezogen werden, nämlich jene der beiden Längsgruben (Befunde F und G) sowie der beiden Grubenkomplexe (Befunde C und E). Sie alle beinhalten zwischen 144 und 280 Scherben beziehungsweise zwischen 16 und 29 GE. Auf dieser Basis scheint es möglich, zumindest tendenzielle Unterschiede in ihrer strukturellen Zusammensetzung herauszuarbeiten (Abb. 12). Selbstverständlich dürfen diese Ergebnisse aber in Anbetracht der Materialbasis nicht überbewertet werden, insbesondere nicht die angegebenen Prozentwerte. Trotzdem ist es bemerkenswert, dass sich auf diese Weise jeweils zwei sich strukturell ähnelnde Befundinventare zusammenschließen lassen.

Das erste Paar bilden zwei auch räumlich dicht benachbarte Befunde, nämlich die westliche Längsgrube (Befund F) und der südliche Grubenkomplex (Befund E). Hinsichtlich der Machart fällt auf, dass jeweils rund ein Zehntel aller Scherben rein mineralisch gemagert ist. Ein Teil dieser Scherben wurde aufgrund der Machart auch der entwickelten LBK zugewiesen (2–6 % aller Scherben). Unter den formbestimmbaren GE sind Kümpfe mit relativen Anteilen zwischen 33–67 % bemerkenswert häufig, in der Längsgrube sogar dominant. Beide Inventare sind durch eine hohe Verzierungsquote gekennzeichnet (13–20 %), was ursächlich mit dem hohen Anteil von Kümpfen zusammenhängt, welche bekanntlich die wichtigsten Verzierungsträger darstellen. Die Beobachtung, dass das Vorkommen bikonischer Kümpfe sich auf diese Befunde beschränkt, mag durch die insgesamt hohe Zahl von Kümpfen erklärbar sein. Dies erklärt aber nicht, weshalb sich auch Verzierungen in Form von Kreuzmotiven nur hier und zudem in hohen Anteilen finden.

Das zweite Paar stellen die östliche Längsgrube (Befund G) und der nördliche Grubenkomplex (Befund C) dar. Sie erbrachten weitaus weniger rein mineralisch gemagerte Scherben und auch weniger beziehungsweise gar keine LBK-Scherben. Während Kümpfe vergleichsweise selten sind (8–21 %), treten nun Schalen (50–83 %) als deutlich dominierende Formengruppe hervor. Die geringe Verzierungsquote (7–8 %), das völlige Fehlen von bikonischen Kümpfen und vielleicht auch der Kreuzmotive können

Befund Befundart	F Längsgrube	E Grubenkomplex	G Längsgrube	C Grubenkomplex
Anzahl Scherben	150	181	280	144
Anzahl GE	16	20	29	24
Anzahl GE formbestimmbar	9	9	14	12
rein mineralisch gemagerte Scherben (%)	11	9	3	1
LBK-Scherben (%)	2	6	0	1
Flaschen (%)	11	33	29	8
Kümpfe (%)	67	33	21	8
Schalen (%)	22	33	50	83
verzierte GE (%)	13	20	7	8
Anteil der Kreuzmotive bei verzierten Kümpfen (%)	100	25	0	0
Anteil bikonischer Formen bei Kümpfen (%)	17	33	0	0
Anteil konischer Formen bei Schalen (%)	50	33	71	90
Mittlerer Randwinkel bei Schalen (°)	43	47	55	58

Abb. 12. Statistischer Vergleich der größeren Befundinventare.

möglicherweise als Folge hiervon betrachtet werden. Hervorzuheben ist aber, dass Schalen nicht nur insgesamt wesentlich häufiger sind, sondern auch, dass trotzdem ihr Typenspektrum gering ist und völlig von den konischen Schalen dominiert wird. Diese besitzen hier einen Anteil von 71–90 % unter den Schalen, während sie in den beiden anderen Befunden lediglich auf 33–50 % kommen. Diese markanten Unterschiede im Bestand der Schalenformen sind auch metrisch zu greifen. So sind die durchschnittlichen Randneigungswinkel der Schalen in den Befunden F und E mit 43° beziehungsweise 47° merklich geringer als in den Befunden G und C mit 55° beziehungsweise 58°.

Auch wenn die aufgezeigten Unterschiede zwischen den beiden Befundpaaren teilweise durch voneinander abhängige Merkmale geprägt sind, bleiben doch markante Auffälligkeiten bestehen, deren Ursache mit einiger Wahrscheinlichkeit in grundlegenden strukturellen Unterschieden in der Zusammensetzung der jeweiligen Inventare gegründet ist. Die Tatsache, dass sich jeweils zwei Inventare strukturell ähneln, spricht dafür, dass es sich nicht nur um rein zufällige Abweichungen handelt. Umso interessanter ist, dass sich nicht einerseits Längsgruben und andererseits Grubenkomplexe paaren. Demzufolge sind die Unterschiede der Inventare aus den Verfüllungen nicht auf eine unterschiedliche Nutzung typologisch andersartiger Gruben zurückzuführen. Vielmehr stammen die zumeist ja sicher sekundär verlagerten Scherben jeweils aus räumlich, zeitlich und funktionell betrachtet ähnlichen Quellen – könnten also vielleicht sogar auf einzelne Haushalte zurückzuführen sein. Im Falle des Befundpaars westliche Längsgrube südlicher Grubenkomplex (Befunde F und E) ist aufgrund des Lagebezugs denkbar, dass ihre Inventare tatsächlich aus demselben Haushalt stammen, der Grubenkomplex (oder zumindest wichtige Teilbefunde) vielleicht sogar als weitere Längsgrube des gleichen Hauses zu interpretieren ist. Für eine Zugehörigkeit beider Befundinventare zu einem Haushalt sprechen darüber hinaus auch zahlreiche weitere Ähnlichkeiten im Typenbestand. So gibt es in beiden Inventaren außer bikonischen Kümpfen auch kugelige und gerade einziehende Stücke sowie ein im Vergleich zur Anzahl der Schalen großes Formenspektrum, wobei jeweils konische und s-förmig geschweifte Formen auftreten. Unter den Handhaben sind jeweils einfache runde Knubben sowie Henkel vorhanden. Das einfache breite Linienband ist ebenfalls in beiden Befunden belegt und scheint zumindest weit überwiegend für Kreuzmotive verwendet worden zu sein. Es ist somit jedenfalls eine große Ähnlichkeit der Töpferwaren beider Inventare zu konstatieren.

Für das Befundpaar der östlichen Längsgrube und des nördlichen Grubenkomplexes (Befunde G und C) ist die Lage anders und ein genauerer Vergleich der Typenbestände offenbart gewisse Unterschiede. So dominieren im nördlichen Grubenkomplex die konischen Schalen den Bestand noch wesentlich stärker und es gibt keinerlei Übereinstimmung zwischen den vorkommenden Handhabentypen. Auch hinsichtlich der Verzierungstechnik und der Motive ist keine Kongruenz zu beobachten. Zwar gibt es somit strukturelle

Ähnlichkeiten dieser beiden Inventare, man darf aber annehmen, dass sie aus unterschiedlichen Quellen stammen und somit zwei verschiedenen Haushalten zuzuweisen sind. Dies wird untermauert durch die räumliche Anordnung der beiden Befunde. So deuten Form und Orientierung des nördlichen Gruben-komplexes (Befund C) durchaus an, dass es sich ebenfalls um eine Längsgrube handeln könnte. In diesem Fall wäre eine Zugehörigkeit zum selben Gebäude wie die östliche Längsgrube (Befund G) ausgeschlossen.

Klar ist jedenfalls ein sehr deutlicher Unterschied der Inventare aus der westlichen und aus der öst-lichen Längsgrube (Befunde F und G). Trotz der Ähnlichkeit dieser beiden parallel liegenden Befunde hinsichtlich Form, Größe und Orientierung, welche zunächst einen baulichen Zusammenhang nahelegte, ist von Seiten der Keramikanalyse somit zu postulieren, dass das Fundmaterial aus verschiedenen Haus-halten stammt und die beiden Gruben daher sehr wahrscheinlich nicht zum selben Gebäude gehörten – was durch die Identifikation eines Wandgräbchens auf der Ostseite von Befund G bekräftigt wird. Ins-gesamt kann also vermutet werden, dass innerhalb der Grabungsfläche Inventare von mindestens drei verschiedenen Haushalten aufgedeckt wurden. Eine chronologische Ordnung der Befunde und damit dieser Haushalte ist beim gegenwärtigen Forschungstand nicht möglich. Die als Indikatoren für den älteren beziehungsweise jüngeren Horizont der ÄLBK verwendeten Merkmale geben hier kein klares Bild, da sie stets miteinander kombiniert in den Inventaren auftreten. Typochronologisch scheinen die Inventare in einen recht engen Zeitraum zu fallen. Inwieweit die strukturellen Unterschiede, etwa die Häufigkeit von Schalen, auf individuellen Vorlieben beruhen, funktionale Unterschiede anzeigen oder doch auf chrono-logischen Entwicklungen basieren, ist daher nicht zu entscheiden.

Verhältnis ÄLBK-LBK

Rein mineralisch gemagerte Scherben treten – wie erwähnt – zwar in niedrigen Anteilen aber doch sehr regelmäßig in den hier untersuchten Inventaren aus Niederhummel auf. Während ein Teil dieser Scher-ben aufgrund des Gesamteindrucks der Machart als „ältestbandkeramisch" eingestuft wurde, muss ein anderer Teil auf derselben Entscheidungsbasis als „(entwickelt) linienbandkeramisch" bestimmt werden. Die Form- und Verzierungstypologie ermöglicht nur selten eine Absicherung dieser Zuweisungen, be-legt aber immerhin im Einzelfall, dass beide Kategorien tatsächlich im Material vertreten sind: So weist ein doppelkonischer und somit typologisch zweifelsfrei „ältestbandkeramischer" Kumpf (Abb. 8,8) eine rein mineralische Magerung auf. Andererseits ist eine Wandscherbe (Abb. 7,6) ebenfalls rein minera-lisch gemagert, kann aber anhand des engen, wohl dreilinig geritzen Bandes typologisch eindeutig als „(entwickelt) linienbandkeramisch" bestimmt werden. Es stellt sich somit die Frage nach dem Verhältnis beider Warenarten. Handelt es sich bei den LBK-Funden durchweg um jüngere Intrusionen in den ÄLBK-Inventaren oder ist das gemeinsame Vorkommen auf eine zeitliche Koexistenz zweier Töpfertraditionen zurückzuführen? Das für Südbayern derzeit aktuelle Modell der bandkeramischen Aufsiedlung (Pechtl 2009a, 102–104) lässt prinzipiell Raum für eine zeitweise Koexistenz einer ältestbandkeramischen Töp-fertradition mit der Notenkopfphase der entwickelten LBK.

Wichtig in diesem Zusammenhang wäre es, die LBK-Funde innerhalb der nach-ältestbandkeramischen Sequenz näher datieren zu können. Leider sind aber nur zwei GE vorhanden, neben der schon genannten linienverzierten Scherbe noch ein kugeliger Kumpf (Abb. 6,11). Der kugelige Kumpf ist ein Durchläufer, dessen Häufigkeitsmaximum in der Notenkopfphase der südbayerischen LBK (Phase II) liegt. Eng geritzte dreilinige Bänder dagegen treten überwiegend in der mittleren und jüngeren LBK auf (Pechtl 2009b, Bei-lage 2). Leider ermöglicht diese spärliche Basis keinesfalls eine sichere typochronologische Einordnung der LBK-Funde. Somit ist weder klar, ob sie einem Horizont angehören oder zeitlich weit streuen, noch, ob es eine innerhalb der LBK alte Komponente gibt.

Die ungleiche Häufigkeitsverteilung von LBK-Funden in den vier materialreichsten Inventaren kor-reliert wie oben dargelegt mit anderen Unterschieden. Dies könnte als Indiz dafür gewertet werden, dass ÄLBK- und LBK-Funde gleichzeitig zur Ablagerung in den Gruben kamen und es sich somit nicht um spätere Störungen handelt. Hierfür sprechen auch drei weitere Beobachtungen: Erstens wurden bei den Grabungen in Niederhummel keine Befunde angetroffen, die überwiegend oder gar rein entwickelte LBK erbrachten. Zweitens streuen metallzeitliche Funde in Niederhummel eben nicht regelmäßig über die ÄLBK-Inventare, sondern stammen entweder aus dem Oberboden oder aus klar jüngeren Befunden. Sie zeigen somit ein gänzlich anderes Verbreitungsbild als die LBK-Scherben, sodass die Prozesse, die zu einer Vermischung von ÄLBK- und LBK-Scherben führten, jedenfalls noch in neolithischer Zeit stattfanden. Drittens belegt ein Vergleich der mittleren Längen der jeweiligen ÄLBK-Scherben mit den LBK-Scherben aus den einzelnen Befunden ähnliche Tendenzen. Trotz der sehr dürftigen Materialbasis deutet sich also an, dass die LBK-Scherben denselben taphonomischen Einflüssen ausgesetzt waren wie die ÄLBK-Scherben in den jeweiligen Befunden. Dies lässt die Folgerung zu, dass sie mutmaßlich gleichzeitig in den Sedimenten eingebettet wurden. Mit einer gewissen Wahrscheinlichkeit wurden also Gefäße, die typologisch als „entwickelt linienbandkeramisch" zu bezeichnen sind, in einer typologisch noch „ältest-linienbandkeramisch" geprägten Siedlung verwendet. Mutmaßlich handelt es sich dann um vergleichsweise seltene Importe, die von einzelnen Haushalten in unterschiedlicher Frequenz bezogen wurden. Dies muss aber gegenwärtig als reine Spekulation betrachtet werden, denn ein Beweis ist nicht zu führen, und sollte es sich bei dem unsicher zu bestimmenden Band tatsächlich um ein enges dreiliniges Band handeln, so wäre wohl zumindest ein Teil der LBK-Funde wesentlich zu jung, um diese Argumentation zu stützen.

Postneolithische Funde

Nur 61 Scherben sind als postneolithisch zu klassifizieren, wobei eine nähere chronologische Ansprache erhaltungsbedingt nur selten möglich ist. Drei Scherben können sicher als mittelalterlich/frühneuzeitlich angesprochen werden. Es handelt sich um Fragmente hart gebrannter, scheibengedrehter Gefäße, wobei die Datierung im Fall der einzigen GE auch formtypologisch abgesichert ist. Eine weitere Scherbe ist dieser Gruppe wahrscheinlich anzuschließen. Die restlichen Scherben sind als metallzeitlich einzustufen, wobei das Material hinsichtlich der Machart keineswegs homogen ist und mutmaßlich über einen längeren Entstehungszeitraum streut, meist jedoch ohne genauer bestimmbar zu sein. Die einzige GE dieses Fundkonvoluts ist das kleine Fragment einer Schale mit ausladendem Rand, welcher vielleicht eine leichte Facette auf der Innenseite trägt. Hier ist eine Datierung in die Urnenfelderzeit am wahrscheinlichsten, jedoch erhaltungsbedingt nicht gänzlich abgesichert. Eine andere Scherbe aus demselben Befund ist zwar stark abgerollt, besitzt aber eine auffällige Oberfläche, welche durch zahlreiche Magerungskörner (Feinkies) durchstoßen wird. Vergleichbares ist insbesondere während der mittleren Bronzezeit zu finden. Auch einige weitere Scherben wirken aufgrund ihrer Machart bronzezeitlich, manche könnten aber auch aus der älteren Eisenzeit stammen.

Bemerkenswert ist die räumliche Verteilung der postneolithischen Funde. Von den vier mittelalterlich/neuzeitlichen Stücken stammt eines aus dem Oberboden, die anderen drei verteilen sich auf zwei ältestbandkeramische Befunde (C und F) sowie auf die im Südosten gelegene metallzeitliche Grube K. Sie dürfen daher alle als später – etwa durch Bioturbation – eingebracht gelten und belegen keine umfangreicheren Störungen. Bei den metallzeitlichen Scherben stammt ein großer, mit 32 Fragmenten mehr als die Hälfte der betreffenden Scherben umfassender Komplex aus dem Oberboden, wobei es sich um Fragmente desselben, nicht genauer datierbaren Gefäßes handelt. Alle anderen Scherben dieser Epoche wurden in Befunden angetroffen, die sicher nicht neolithisch datieren. So enthält die nördlichste Grube (B) 11 metallzeitliche Scherben – wohl der mittleren Bronzezeit oder Urnenfelderzeit – sowie daneben 7 ältestbandkeramische, offenbar verlagerte Scherben. Die südwestliche Grube I weist ein rein metallzeitliches Inventar auf. Die südöstliche Grube K wiederum ist durch ein 11 Scherben umfassendes metallzeitliches Inventar charakterisiert, welches durch vier wohl verlagerte ÄLBK-Scherben und eine intrusive mittelalterlich/neuzeitliche Scherbe ergänzt wird. Die metallzeitlichen Siedlungsreste der Grabungsfläche sind somit nur schwer ansprechbar, beeinträchtigen aber die Erhaltung der neolithischen Befunde nicht.

Fazit

Die Grabungen im Jahr 2008 in Niederhummel erbrachten überwiegend ältestbandkeramisches Fundmaterial, daneben aber auch metallzeitliches. Die ältestbandkeramischen Inventare sind nicht durch metallzeitliches Fundmaterial gestört, wohl aber gibt es darin eine geringe Menge von Funden, welche typologisch der entwickelten LBK zuzuweisen sind. Das ÄLBK-Material ist stark zerscherbt und entspricht in seiner Erhaltung den in altneolithischen Siedlungen üblicherweise anzutreffenden Verhältnissen, wonach das Fundmaterial weit überwiegend als sekundär verlagert zu betrachten ist. Trotzdem können diese Siedlungsmüll-Inventare in einem weiteren Sinn als „geschlossen" bezeichnet werden, auch wenn die Beziehung zu den LBK-Funden unklar bleibt. Die typologische Analyse lässt vermuten, dass das Material chronologisch einem recht engen Horizont entstammt und mutmaßlich an den Beginn der ÄLBK-Entwicklung im Isarraum zu setzen ist. Überregional entspricht dies dem Beginn des jüngeren Horizonts der ÄLBK. Absolutchronologisch wäre ein Zeitansatz frühestens im 54. Jahrhundert BC beziehungsweise um etwa 5300 BC zu erwarten, was mit den bisherigen ^{14}C-Daten des Fundorts vereinbar ist. Im Fundmaterial sind regionaltypische Merkmale des bayerischen Donauraumes/Neckarlandes ausgesprochen stark vertreten. Es ist somit jedenfalls ein gewisser Lokalcharakter des Inventars herauszustellen, ob dies zugleich auch chronologisch relevant ist, kann derzeit nicht entschieden werden. Die vier materialreichsten Befunde sind zwei Längsgruben und zwei Grubenkomplexe, wobei sich merkliche Unterschiede in der typologischen Zusammensetzung dieser Inventare erkennen lassen, insbesondere zwischen den beiden Längsgruben. Man darf somit davon ausgehen, dass diese Materialien aus mindestens drei altneolithischen Haushalten stammen, wobei die beiden Längsgruben zu verschiedenen Gebäuden gehören.

Literatur

BOELICKE 1982: U. Boelicke, Gruben und Häuser: Untersuchungen zur Struktur bandkeramischer Hofplätze. In: J. Pavúk (Hrsg.), Siedlungen der Kultur mit Bandkeramik in Europa. Internationales Kolloquium Nové Vozokany 17.–20. November 1981 (Nitra 1982) 17–28.

BOFINGER 2005: J. Bofinger, Untersuchungen zur neolithischen Besiedlungsgeschichte des Oberen Gäus. Materialh. Arch. Baden-Württemberg 68 (Stuttgart 2005).

C. E. C.: C. E. C. Farbkarte, shade guide, nuancier, carta colori. Fédération européenne des fabricants de carreaux céramiques (Basel, ohne Jahr).

ČIŽMÁŘ 1998 : Z. Čižmář, Nástin relativní chronologie lineární keramiky na Moravě (poznámky k vývoji výzdobného stylu). Zur relativen Chronologie der Linearbandkeramik in Mähren (Bemerkungen zur Entwicklung des Zierstils). Acta Musei Moraviae. Scientae Sociales 83, 1998, 105–139.

CLADDERS 2001 : M. Cladders, Die Tonware der Ältesten Bandkeramik. Untersuchungen zur zeitlichen und räumlichen Gliederung. Universitätsforsch. Prähist. Arch. 72 (Bonn 2001).

COUDART 1998: A. Coudart, Architecture et société néolithique. L'unité et la variance de la maison danubienne (Paris 1998).

DREW 1988 : R. Drew, Untersuchungen zur räumlichen Verbreitung von Scherben identischer Gefäßzugehörigkeit. In: U. Boelicke/D. v. Brandt/J. Lüning/P. Stehli/A. Zimmermann (Hrsg.), Der bandkeramische Siedlungsplatz Langweiler 8, Gemeinde Aldenhoven, Kreis Düren (Köln 1988) 483–552.

ENGELHARDT 1991: B. Engelhardt, Die Steinartefakte der Siedlung der ältesten Linienbandkeramik von Langenbach-Niederhummel. Arch. Landkreis Freising 2, 63–76.

ENGELHARDT U. A. 1991: B. Engelhardt/H.-J. Küster/E. Neumair, Letzte Nomaden und erste Siedler bei Langenbach/Niederhummel. Arch. Freising 2, 1991, 43–63.

FRIRDICH 2005: C. Frirdich, Struktur und Dynamik der bandkeramischen Landnahme. In: J. Lüning/C. Frirdich/A. Zimmermann (Hrsg.), Die Bandkeramik im 21. Jahrhundert. Symposium in der Abtei Brauweiler bei Köln vom 16.9.–19.9.2002. Internat. Arch. Arbeitsgemeinschaft, Symposium, Tagung, Kongress 7 (Rahden/Westf. 2005) 81–109.

GLÄSER 1993: R. Gläser, Die Linienbandkeramik in Transdanubien. Beiträge zu ihrer Chronologie und Entstehung. Unpubl. Diss. Heidelberg 1993.

GRONENBORN 2007: D. Gronenborn, Beyond the models: ,Neolithisation' in central Europe. In: A. Whittle/V. Cummings (Hrsg.), Going over. The Mesolithic–Neolithic transition in north-west Europe (Oxford 2007) 73–98.

HILLEMEYER 2003: E.-M. Hillemeyer, Die Tonware der Ältesten Bandkeramik in Wang, Landkreis Freising. Studien zur Siedlungsarchäologie 3. Universitätsforsch. Prähis. Arch. 94 (Bonn 2003) 1–87.

HOFMANN 2009: D. Hofmann, Noch mehr Häuser für die Bandkeramik: neue Grabungen in Niederhummel und Wang, Landkreis Freising. In: M. Chytráček/H. Gruber/J. Michálek/R. Sandner/K. Schmotz (Hrsg.), Fines Transire 18 (Rahden/Westf. 2009) 181–194.

HOFMANN 2015: D. Hofmann, What have genetics ever done for us? The implications of aDNA data for interpreting identity in early Neolithic central Europe. European Journal Arch. 18, 454–476.

HOFMANN U. A. 2012: D. Hofmann/A. Bentley/P. Bickle/A. Bogaard/J. Crowther/P. Cullen/L. Fibiger/G. Gruppe/J. Hamilton/R. Hedges/R. Macphail/G. Nowell/J. Pechtl/M. Salque/M. Schultz/A. Whittle, Kinds of diversity and scales of analysis in the LBK. In: S. Wolfram/H. Stäuble/M. Cladders/T. Tischendorf (Hrsg.), Siedlungsstruktur und Kulturwandel in der Bandkeramik. Beiträge der internationalen Tagung "Neue Fragen zur Bandkeramik oder alles beim Alten?!" Leipzig, 23. bis 24. September 2010. Arb.- u. Forschungsber. sächs. Bodendenkmalpfl. Beih. 25 (Leipzig 2012) 295–309.

LAST 1998: J. Last, The residue of yesterday's existence: settlement space and discard at Miskovice and Bylany. In: I. Pavlů (Hrsg.), Bylany. Varia 1 (Praha 1989) 17–46.

NEUGEBAUER-MARESCH/LENNEIS 2013: C. Neugebauer-Maresch/E. Lenneis, Origin and contacts of people buried at the LBK graveyard at Kleinhadersdorf, Austria. Documenta Praehist. 40, 305–311.

PAVÚK 1962: J. Pavúk, Gliederung der Volutenkeramik in der Slowakei. Študijné Zvesti Aúsav 9, 1962, 5–20.

PAVÚK 2005: J. Pavúk, Typologische Geschichte der Linearbandkeramik. In: J. Lüning/Ch. Frirdich/A. Zimmermann (Hrsg.), Die Bandkeramik im 21. Jahrhundert. Symposium Brauweiler 2002. Internat. Arch. Arbeitsgemeinschaft, Symposium, Tagung, Kongress 7 (Rahden/Westf. 2005) 17–39.

PECHTL 2009a: J. Pechtl, Überlegungen zur Historie der ältesten Linienbandkeramik (ÄLBK) im südlichen Bayern. In: M. Chytráček/H. Gruber/J. Michálek/R. Sandner/K. Schmotz (Hrsg.), Fines Transire 18 (Rahden/Westf. 2009) 79–115.

PECHTL 2009b: J. Pechtl, Stephansposching und sein Umfeld – Studien zum Altneolithikum im bayerischen Donauraum. Unpubl. Diss. Heidelberg (2009).

PETRASCH 2010: J. Petrasch, Demografischer Wandel während der Neolithisierung in Mitteleuropa. In: D. Gronenborn/J. Petrasch (Hrsg.), Die Neolithisierung Mitteleuropas. Internationale Tagung Mainz, 24.–26. Juni 2005. RGZM-Tagungen 4 (Mainz 2010) 351–363.

PETTITT/HEDGES 2008: P. Pettitt/R. E. M. Hedges, The age of the Vedrovice cemetery: the AMS radiocarbon dating programme. Anthropologie 46, 125–134.

REINECKE 1983: K. Reinecke, Zwei Siedlungen der ältesten Linearbandkeramik aus dem Isartal. Bayer. Vorgeschbl. 48, 1983, 31–62.

SALQUE U. A. 2012: M. Salque/G. Radi/A. Tagliacozzo/B. Pino Uria/S. Wolfram/I. Hohle/H. Stäuble/A. Whittle/D. Hofmann/J. Pechtl/S. Schade-Lindig/U. Eisenhauer/R. P. Evershed, New insights into the Early Neolithic economy and management of animals in Southern and Central Europe revealed using lipid residue analyses of pottery vessels. Anthropozoologica 47, 2, 2012, 45–61.

SCHREG 1998: R. Schreg, Keramik aus Südwestdeutschland. Eine Hilfe zur Beschreibung, Bestimmung und Datierung archäologischer Funde vom Neolithikum bis zur Neuzeit (Tübingen 1998).

SOMMER 1991: U. Sommer, Zur Entstehung archäologischer Fundvergesellschaftungen. Versuch einer archäologischen Taphonomie. Studien zur Siedlungsarchäologie 1. Universitätsforsch. Prähist. Arch. 6 (Bonn 1991) 51–193.

STÄUBLE 1997: H. Stäuble, Häuser, Gruben und Fundverteilung. In: J. Lüning (Hrsg.), Ein Siedlungsplatz der Ältesten Bandkeramik in Bruchenbrücken, Stadt Friedberg/Hessen. Universitätsforsch. Prähist. Arch. 39 (Bonn 1997) 17–150.

STÄUBLE 2005: H. Stäuble, Häuser und absolute Datierung der Ältesten Bandkeramik. Universitätsforsch. Prähist. Arch. 117 (Bonn 2005).

STÄUBLE/WOLFRAM 2012: H. Stäuble/S. Wolfram, Taphonomie heute: Reanimation erwünscht. Studien zur Bandkeramik. In: T. Link/D. Schimmelpfennig (Hrsg.), Taphonomie (nicht nur) im Neolithikum. Fokus Jungsteinzeit. Berichte der AG Neolithikum 3 (Kerpen-Loogh 2012) 35–55.

STRIEN 2009: H.-C. Strien, Die „jüngerbandkeramische Gruppenbildung"—ein Requiem. In: A. Zeeb-Lanz (Hrsg.), Krisen—Kulturwandel—Kontinuitäten. Zum Ende der Bandkeramik in Mitteleuropa. Beiträge der internationalen Tagung in Herxheim bei Landau (Pfalz) vom 14.–17.06.2007. Internat. Arch. Arbeitsgemeinschaft, Symposium, Tagung, Kongress 10 (Rahden/Westf. 2009) 213–217.

STRIEN 2014: H.-C. Strien, Eine neue Seriation der ältesten Linienbandkeramik: Zeitliche und räumliche Differenzierung. In: H.-J. Beig/R. Einicke/E.Biermann (Hrsg.), Varia Neolithica 8 = Beitr. z. Ur- u. Frühgesch. Mitteleuropas 75 (Langenweißbach 2014) 141–161.

TICHÝ 1962: R. Tichý, Osídlení s volutovou keramikou na Moravě. Památky Arch. 53, 2, 1962, 245–305.

WHITTLE 2003: A. Whittle, The Archaeology of people. Dimensions of Neolithic life (London 2003).

WOLFRAM 2008: S. Wolfram, Die verzierte Keramik der bandkeramischen Siedlung Hanau – Klein-Auheim. Taphonomie, Chronologie, Siedlungsentwicklung. Universitätsforsch. Prähist. Arch. 158 (Bonn 2008).

ZVELEBIL 2004: M. Zvelebil, The many origins of the LBK. In: A. Lukes/M. Zvelebil (Hrsg.), LBK dialogues. Studies in the formation of the Linear Pottery culture (Oxford 2004) 183–205.

Joachim Pechtl
kelten römer museum manching
Im Erlet 2
85077 Manching
joachim.pechtl@gmx.de

Daniela Hofmann
Universität Hamburg
Archäologisches Institut
Edmund-Siemers-Allee 1, Flügel West
20146 Hamburg
daniela.hofmann@uni-hamburg.de

J. Pechtl / T. Link / L. Husty (Hrsg.), Neue Materialien des Bayerischen Neolithikums. Tagung im
Kloster Windberg vom 21. bis 23. November 2014. Würzburger Studien zur Vor- und
Frühgeschichtlichen Archäologie 2 (Würzburg 2016) 37–50.

Reste der frühesten Besiedlung
des Stadtgebietes von Rothenburg ob der Tauber

Rita Beigel

Zusammenfassung

Der Fundort Rothenburg o. d. T.-Leonhardshöhe ist eine Siedlungsstelle der Linearbandkeramik auf einem
mit Lösslehm bedeckten Bereich ganz im Osten der Hohenloher-Haller Ebene. Sie wurde zum größten
Teil durch Baumaßnahmen unbeobachtet zerstört. Im Frühjahr 2014 konnten nach Beginn einer weiteren
Baumaßnahme nur noch wenige Befunde dokumentiert werden. Darunter befanden sich zwei Gruben-
komplexe, drei Siedlungs- und eine Pfostengrube, die aber alle fundarm bis fundleer waren. Eine vierte
Siedlungsgrube hingegen stellte sich als sehr fundreich heraus und enthielt Keramik, die an den Übergang
der Ältesten Linearbandkeramik zur Flombornphase zu stellen ist. Hauptsächlich handelt es sich um
Reste von Kümpfen mit unterschiedlichen Handhaben oder einfacher Rillen- bzw. Linienverzierung. Ein
Kumpf konnte bis zu drei Viertel des Gefäßes wieder zusammengesetzt werden. Er weist als Besonderheit
einen leichten Abdruck eines Geflechts auf dem Standboden auf. Ebenfalls außergewöhnlich ist der Fund
eines kleinen Steins, der durch eine mineralogische Untersuchung als Pyrolusit identifiziert wurde. Dabei
handelt es sich um ein Manganerz, das zur Herstellung schwarzer Farbe verwendet werden kann. Eine
Abriebfläche auf dem Fundstück macht seine Verwendung als Farbstein wahrscheinlich.

Abstract

The site Rothenburg o. d. T.-Leonhardshöhe, a settlement site of the Linear Pottery Culture, is located
in the very east of the loess covered Hohenloher-Haller Ebene. Its largest part was destroyed without
observation by building activities. After the start of another construction project in spring 2014, some
archaeological features could be excavated. The features comprised two pit complexes, three settlement
pits and a posthole, all of which were devoid or nearly devoid of finds. However, a fourth settlement pit
held a lot of artefacts including sherds which can be dated to the end of the earliest Linear Pottery Culture
and the beginning of the Flomborn-Phase. Most of the sherds are fragments of globular vessels decorated
with different handles or simple lines. One globular vessel could be restored to about three quarters. On
its even bottom, it shows the impression of some kind of woven material. Another remarkable find is a
small stone which was identified as Pyrolusit by mineralogical analysis. It is a manganese ore which is
usable for producing black paint pigments. A wear surface on the object points out its probable use as a
coloring agent.

Vorbemerkung zur Fundstelle

Der Fundplatz „Rothenburg o. d. T.-Leonhardshöhe" im heutigen Gewerbegebiet Südwest am südöstlichen Stadtrand wurde 1977 zum ersten Mal durch W. Scharff an das Bayerische Landesamt für
Denkmalpflege (BLfD) gemeldet und als Linearbandkeramische Lesefundstelle vermerkt (Herramhof
u. a. 1987, 131). Zum damaligen Zeitpunkt befand sich dort noch eine Ackerfläche in deren Westen und
Nordwesten sich seit Beginn der 1960er Jahre das AEG-Werksgelände ausgebreitet hatte. 1988 wurde
der Bau eines neuen PKW-Parkplatzes auf einem Teil dieses Ackers notwendig. Der damals vom BLfD
beauftragte, archäologisch ehrenamtlich tätige A. Müller gab die Fläche jedoch bereits nach einer kurzen
Inspektion und dem Absammeln einiger Keramikscherben für die Bebauung frei. Laut dem Augenzeu-
genbericht des engagierten und ebenfalls ehrenamtlich tätigen Sammlers G. Oberndörfer war jedoch

die gesamte nördliche Hälfte der Baufläche mit dunklen Verfärbungen durchzogen. Es ist daher davon auszugehen, dass durch den Parkplatzbau 1988 eine Vielzahl an Befunden und Funden ohne jegliche Dokumentation zerstört wurde. Aufgrund von Erwähnungen der Fundstelle in späteren Fundchroniken muss angenommen werden, dass in den nachfolgenden Jahren auf der noch unbebauten Restfläche des Ackers weitere Funde abgesammelt worden sind (Bockisch-Bräuer u. a. 1998, 76; Fundchronik Bayern 1998, 29–30).

Lage, Topographie und Geologie

Die Fundstelle liegt auf den südlichen Tauber-Gäuplatten beziehungsweise der östlichen Hohenloher-Haller Ebene, rund 4 km westlich des Steilanstiegs der Frankenhöhe. Dort befinden sich als Rohstoffquellen im oberen Drittel die Fazies des Schilfsandsteins und auf dem Plateau die des Blasensandsteins, während an den oberen Hanglagen des Taubertals der Werksandstein zu Tage tritt. Beim Boden handelt es sich um erodierte Parabraunerde, die sich aus einer geringmächtigen Lösslehmdecke über dem Unteren Keuper entwickelt hat (Haunschild 1964, 99).

Der Siedlungsstandort befindet sich knapp unterhalb einer Kuppe auf einem Hang, der mit einer schwachen Neigung nach Südsüdost abfällt. In weniger als einem Kilometer Entfernung fließt dort der Igelsbach vorbei, der dann nach einer ebenso kurzen Strecke südlich in die Tauber mündet. Nach der geologischen Karte zu urteilen, gab es in der Vorgeschichte vermutlich mehrere, zumindest zeitweise, fließende kleine Quellen nordöstlich und östlich der Fundstelle, die zum Igelsbach hin entwässerten. Die Tauber liegt rund 500 m entfernt in südwestlicher Richtung. Sie fließt etwa 50 Höhenmeter tiefer gelegen in ihrem stark mäandrierenden Flusstal, das sich bis in den oberen Muschelkalk eingeschnitten hat.

Die Ausgrabungsarbeiten 2014

Der Anlass der Ausgrabungsarbeiten vom 17.03. bis 04.04.2014 war die Erweiterung des seit 1988 bestehenden Parkplatzes nach Osten und Süden. Sie wurden von ungewöhnlich gutem Wetter und einem bemerkenswert regen Interesse der Bevölkerung begleitet. Äußerst bedauerlich war hingegen, dass obwohl die Fläche mit großzügigem Umgriff als Bodendenkmal D-5-6627-0035 im öffentlich zugänglichen BayernViewer beziehungsweise im Bayerischen Denkmal-Atlas ausgewiesen war, keine Weiterleitung des Bauantrags an das BLfD, Dienststelle Nürnberg, durch die zuständige Untere Denkmalschutzbehörde, dem Stadtbauamt Rothenburg o. d. T., erfolgte. Der Eingriff in das Bodendenkmal wurde daher erst nach Beginn der Bautätigkeiten durch den bereits erwähnten Sammler G. Oberndörfer bemerkt und gemeldet. Nach einer Begutachtung der Baustelle durch einen Grabungstechniker des BLfD, Dienststelle Nürnberg, wurde ein kurzfristiger Baustopp verhängt und eine archäologische Untersuchung veranlasst. Eine vermutlich größere Anzahl an Befunden war jedoch bereits durch einen tiefen Bodenabtrag beseitigt worden.

Bei den neuen Parkplatzflächen handelte es sich um zwei unterschiedliche Bereiche. Der eine betrifft die Erweiterung des PKW-Parkplatzes um die restlichen Ackerflächen des Grundstückes im Osten und Süden und der andere eine nordöstlich gelegene kleine Stellfläche für Fahrräder und Motorräder (Abb. 1). Archäologische Maßnahmen waren auf den Flächen aufgrund fortgeschrittener Bautätigkeiten nur noch in Teilbereichen möglich. Sie konnten aber unter einer guten Zusammenarbeit aller Beteiligten durchgeführt werden und wurden von der freundlichen Unterstützung und interessierten Anteilnahme der zuständigen Mitarbeiter des Investors AEG Elektrolux Hausgeräte GmbH begleitet.

Die Befunde auf der PKW-Parkplatzerweiterung

Auf dem Gelände der PKW-Parkplatzerweiterung war der Boden bereits auf Bauhöhe abgetragen und durch Walzen verfestigt worden. Das bedingte im nördlichsten Teil dieser Fläche statt eines Abtrags von 30 cm, um ausschließlich den Ackerhumus zu entfernen, einen gesamten Bodenabtrag ab der Oberfläche von 60–70 cm. Die mit großer Wahrscheinlichkeit dort ehemals zahlreich vorhandenen archäologischen Befunde waren somit fast vollständig ohne Untersuchung verschwunden. Lediglich die letzten Reste fundarmer Verfärbungen waren ganz im Norden dieses Areals noch mit 12 cm Tiefe bei Befund 1 und mit

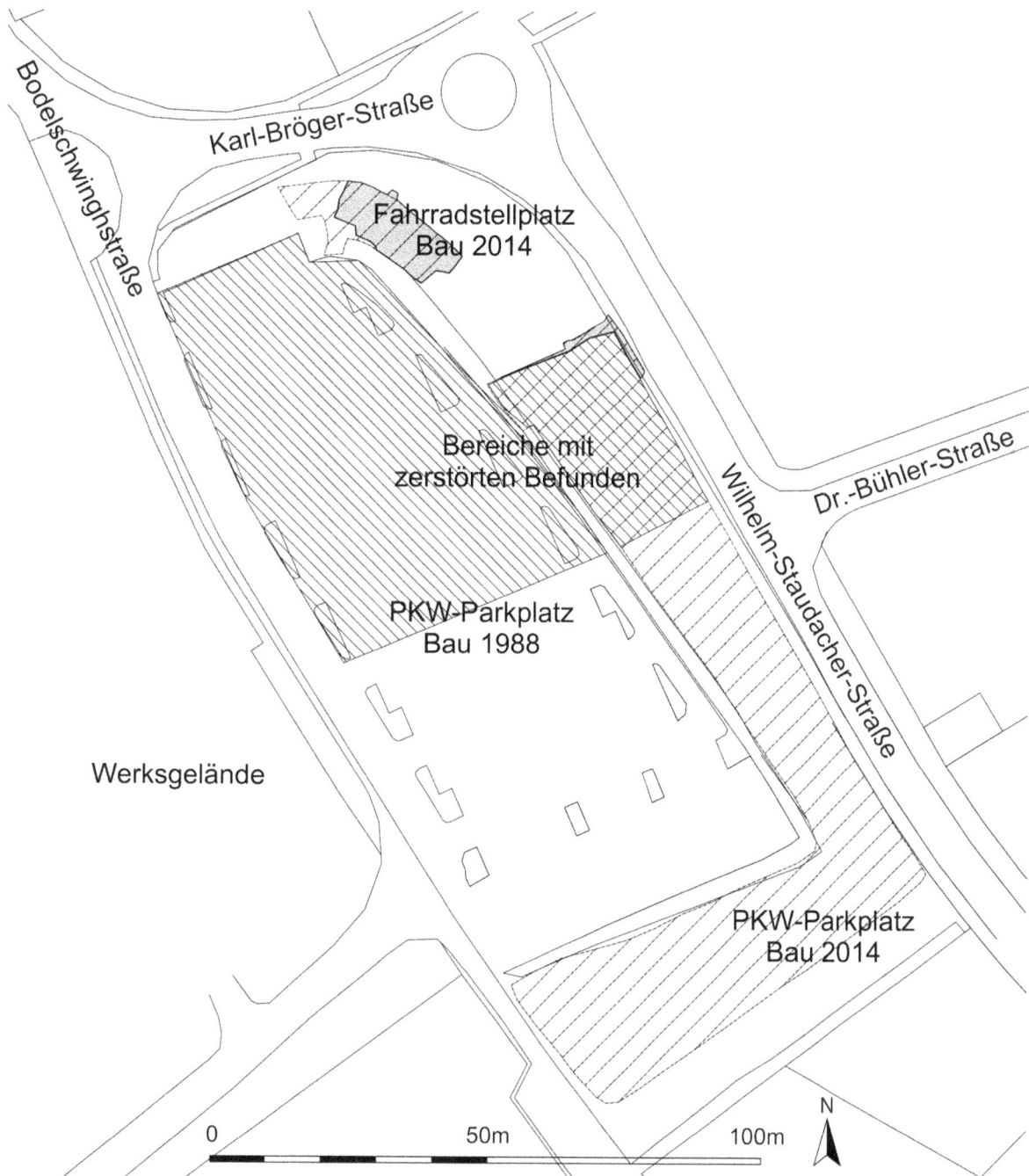

Abb. 1. Gesamtplan der Bauflächen (breite Schraffur) innerhalb des Flurplanes mit dem seit 1988 bestehendem PKW-Parkplatz. Grau gefüllte Flächen: archäologische Untersuchungen; eng schraffierten Flächen: geschätzte Ausdehnung der Fläche mit zerstörten Befunden.

4 cm Tiefe bei Befund 2 vorhanden. Es ist davon auszugehen, dass Befund 1 bei einem archäologisch begleiteten Oberbodenabtrag noch ein mindestens 42 cm tief reichendes Verfüllungsmaterial besessen hätte.

In der Flächenkante neben der Wilhelm-Staudacher-Straße waren ebenfalls noch Befundreste erkennbar. Insgesamt handelte es sich um fünf Verfärbungen, die Befunde 2 und 5 bis 8, die sich von Norden her bis wenige Meter vor der Einmündung der Dr.-Bühler-Straße verteilten (Abb. 2). Dabei konnten die Befunde 5 bis 8 nur noch als Profile von Grubenresten mit einer Breite zwischen 22 und 74 cm und einer Tiefe zwischen 13 und 17 cm dokumentiert werden. Zieht man von Befund 8 eine gedachte Linie nach

Westen über die Parkplatzfläche zum Werksgelände entspricht dies einer geschätzten südlichen Siedlungsgrenze (Abb. 1). Diese Annahme deckt sich mit der Beobachtung zum Parkplatzbau 1988, dass sich die
zahlreichen Verfärbungen in der nördlichen Hälfte befanden.

An der nordöstlichen Flächenecke wurden für einen Ein- und Ausfahrtsbereich nördlich und östlich
noch zusätzlich jeweils ein schmaler Streifen des Oberbodens abgezogen. Im nördlichen, 9 m langen
und rund 2 m breiten, Südwest-Nordost ausgerichteten Streifen konnten eine fundleere Siedlungsgrube,
Befund 17, und eine ebenfalls fundleere Pfostengrube, Befund 16, dokumentiert werden (Abb. 2). Bei
Befund 16 war sowohl im Planum als auch im Profil eine Pfostenstandspur mit einem Durchmesser von
40 cm innerhalb der maximal 64 cm breiten und 30 cm tiefen Pfostengrube festzustellen (Abb. 3 unten).

Ob es sich dort um einen Hausstandort handelt, ist nicht mit letzter Sicherheit zu sagen. Einerseits hat
der Befund Maße, die innerhalb der Variationsbreite bandkeramischer Hauspfosten liegen. Andererseits
wäre selbst in dieser kleinen Fläche mindestens noch ein weiterer Pfosten oder eine hausbegleitende Grube
in entsprechender Ausrichtung zu erwarten gewesen. Dieser Punkt könnte nur durch die Untersuchung
der noch unbeeinträchtigten nördlich anschließenden Fläche geklärt werden.

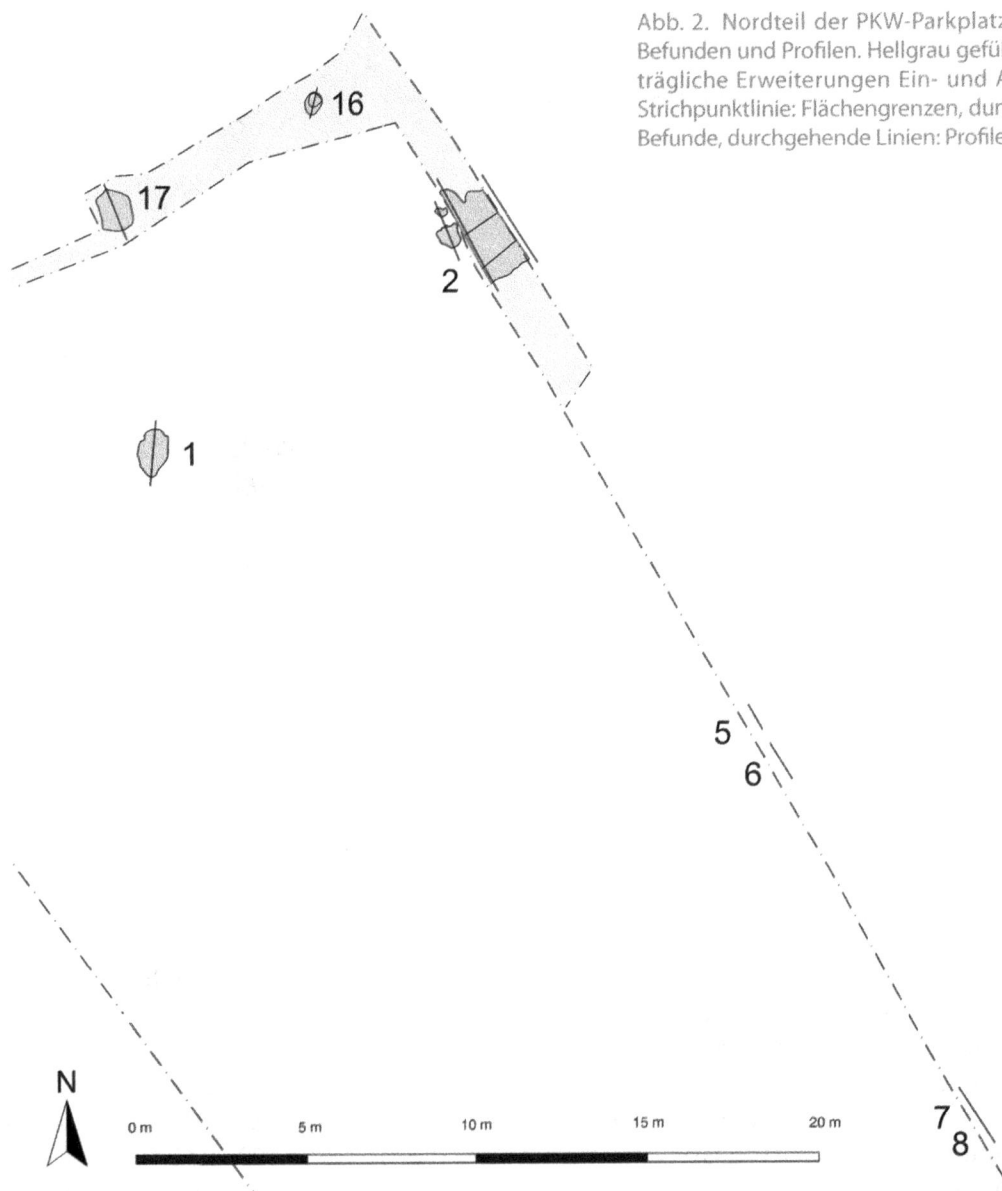

Abb. 2. Nordteil der PKW-Parkplatzerweiterung mit
Befunden und Profilen. Hellgrau gefüllte Flächen: nach-
trägliche Erweiterungen Ein- und Ausfahrtsbereich;
Strichpunktlinie: Flächengrenzen, dunkelgraue Flächen:
Befunde, durchgehende Linien: Profile.

Auf dem östlichen rund 12 m
langen und 1,30 m breiten, Nord-
west-Südost ausgerichteten Streifen stellte sich heraus, dass zwei im
Profil der Flächenkante dokumentierte Verfärbungen zusammen mit
den davor liegenden zwei flachen
Befundresten zu einem einzigen
Grubenkomplex gehören. Die einzelnen Bestandteile wurden unter
der bereits zuvor vergebenen Befundnummer 2 zusammengefasst
(Abb. 2). Im westlichen Abschnitt
war der Befund um 33 cm zu tief
abgebaggert worden und im östlichen Teil ist ebenfalls mit einer
zumindest teilweisen Zerstörung
durch den Straßenbau zu rechnen.
Dokumentiert wurden insgesamt

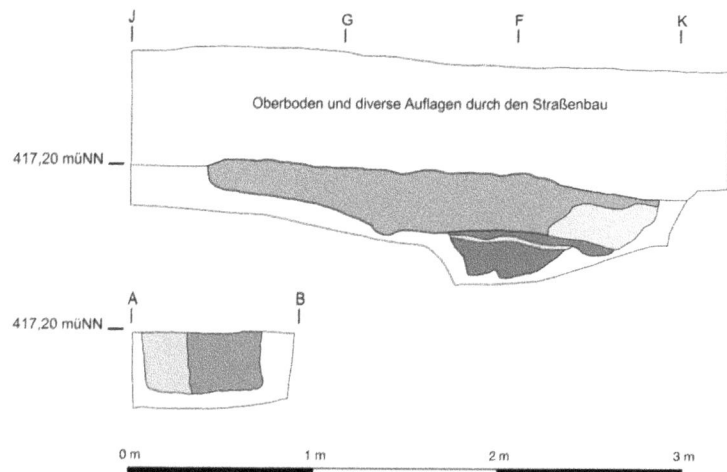

Abb. 3. Oben: Profil 30 im Grubenkomplex Befund 2. Unten: Profil 11 in Pfostengrube Befund 16.

fünf Profile, wobei Profil 2 in der zuerst untersuchten Flächenkante sowie Profil 30 in der östlicheren, zweiten angelegten Flächenkante am aussagekräftigsten sind (Abb. 3 oben). An seiner tiefsten Stelle reichte der Befund im Profil 30 noch maximal 54 cm in den Boden, er enthielt aber wenig und kaum datierbares Fundmaterial.

Die Befunde auf der Stellfläche für Fahrräder und Motorräder

Auf dem Areal der geplanten Stellfläche für Fahrräder und Motorräder war zu Beginn der archäologischen Maßnahme der Boden bis wenige Zentimeter unterhalb des Ackerhumus entfernt und die Fläche leicht gewalzt worden. Für eine bessere Befunderkennung war es notwendig ,noch einmal wenige Zentimeter Boden abziehen zu lassen. Da im nordwestlichen Teil bereits eine größere Menge an Schotter abgelagert worden war, musste dieser Bereich aus den Untersuchungen ausgespart werden.

Insgesamt konnten sechs archäologische Befunde mit den Nummern 9 bis 11 und 13 bis 15 doku-mentiert werden (Abb. 4). Ein Grubenkomplex, Befund 15, der unter die nördliche Flächenkante zog, wurde nicht ausgegraben, sondern mit Geovlies abgedeckt und ist im Boden verblieben. Befund 9, eine Siedlungsgrube, enthielt kaum Funde; lediglich eine kleine Scherbe lässt sich aufgrund ihrer organischen Magerung der Ältesten Linearbandkeramik zuweisen. Eine kleine, unklare Verfärbung, Befund 10, enthielt keinerlei Fundmaterial. Geht man von einer Erosion von mindestens 40 cm aus, wie sie auch durch die noch vorhandene Tiefe der Pfostengrube Befund 16 nahegelegt wird, handelte es sich bei den Befunden 13, 14 und 15 wohl um einen großen, ursprünglich zusammenhängenden Grubenkomplex. Der Gruben-komplex, Befund 14, wurde mit einem Längs- und vier Querprofilen geschnitten und zeigt im durchge-henden Profil 26 das typische Bild von miteinander verbundenen, unterschiedlich tiefen Gruben (Abb. 5).

Als einzig bemerkenswerter Fund war im Baggerplanum eine Keramikscherbe mit einem doppelt durchlochten Henkel enthalten (Abb. 6,4). Jeweils ein Vergleichsstück dazu gibt es von den Linearband-keramischen Fundstellen Ergersheim-Ermetzhofen-Kielesäcker, Lkr. Neustadt a. d. A/Bad Windsheim, Biberehren-Buch-Sechselbacher Höhe, Lkr. Würzburg, sowie aus Unsleben, Lkr. Rhön-Grabfeld (Brandt 1985, Tafel 33, 5353)[1].

---

1   Die Aufzählung der Vergleichsstücke ist ohne Anspruch auf Vollständigkeit. Die Stücke aus Ergersheim-Ermetzhofen-
     Kielesäcker und Biberehren-Buch-Sechselbacher Höhe sind bisher unveröffentlicht und stammen aus der Sammlung von
     G. Oberndörfer, dem ich an dieser Stelle für seine Hinweise und den Einblick in seine Sammlung danken möchte.

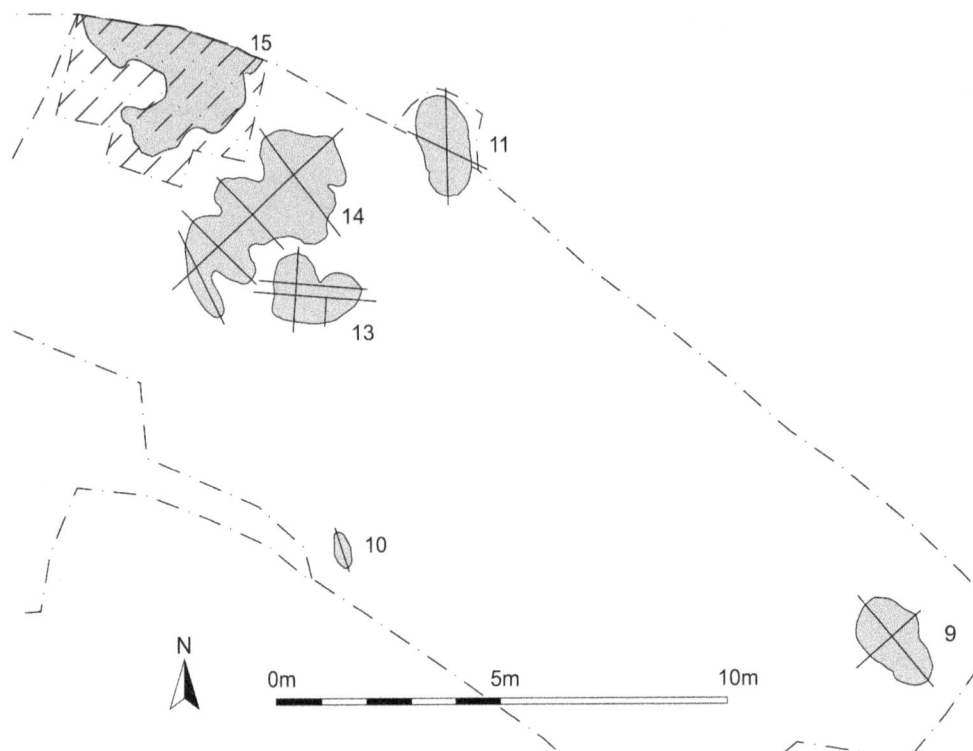

Abb. 4. Ausschnitt des Untersuchungsbereichs der Stellfläche für Fahrräder und Motorräder mit Befunden und Profilen. Die Schraffur über Befund 15 zeigt die konservatorische Überdeckung an. Strichpunktlinien: Grabungsgrenze; grau: Befunde; durchgezogene Linien: Profile.

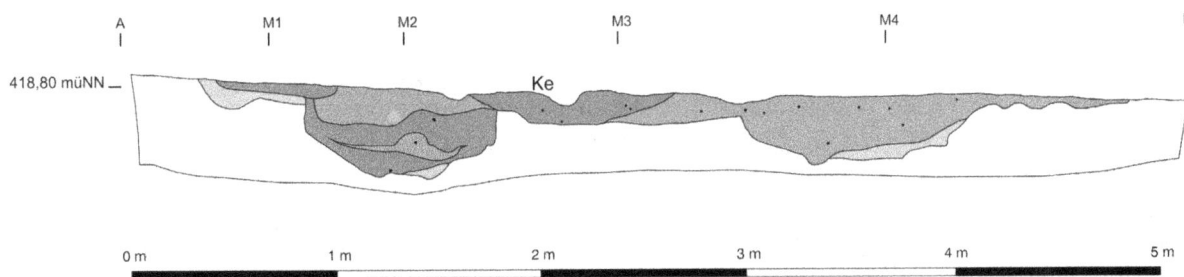

Abb. 5. Längsprofil 26 des Grubenkomplexes Befund 14 mit Lage der Keramik im Planum (Ke) und durch schwarze Punkte angedeutete Verteilung der Holzkohlepartikel.

Der fundreiche Befund 11

Unter den wenigen archäologischen Verfärbungen der kleinen Ausgrabung sticht Befund 11 besonders heraus. Zur Hälfte lag er außerhalb der Grabungsfläche und daher noch unter Ackerhumus. Aufgrund des reichhaltigen Fundmaterials des südlichen Abschnitts, des großen Verlustes an Befunden auf der gesamten Fundstelle und der mittels Bohrstock ermittelten nicht allzu großen Ausdehnung der zweiten Befundhälfte wurde entschieden, ihn vollständig auszugraben. Der Abtrag des Oberbodens per Hand erwies sich als günstig, da dadurch einiges mehr an Funden geborgen werden konnte, als es bei einem Baggerabtrag möglich gewesen wäre.

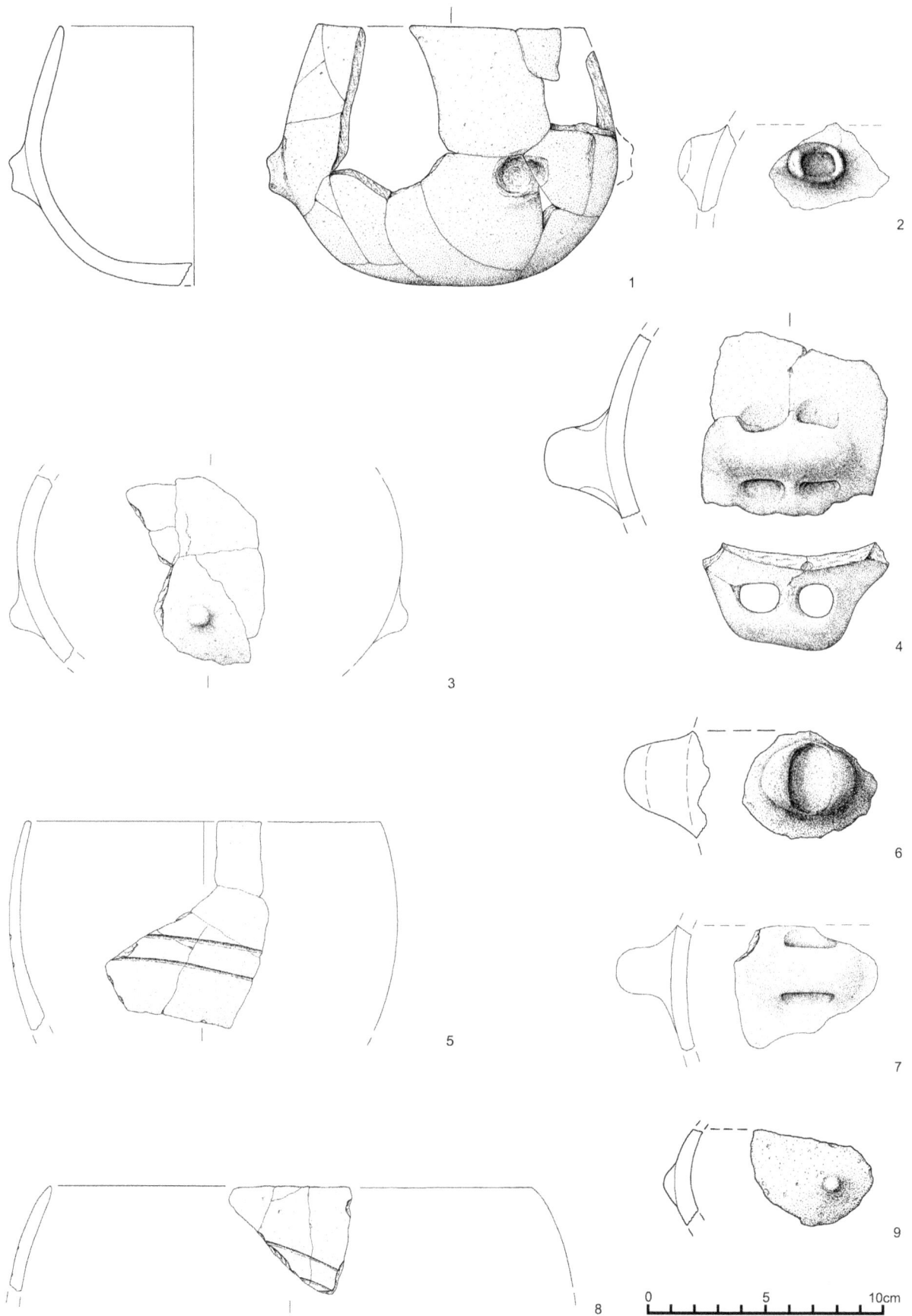

Abb. 6. Keramische Funde. 1–3 und 5–9 Befund 11, 4 Befund 14 (Zeichnungen Y. Duan).

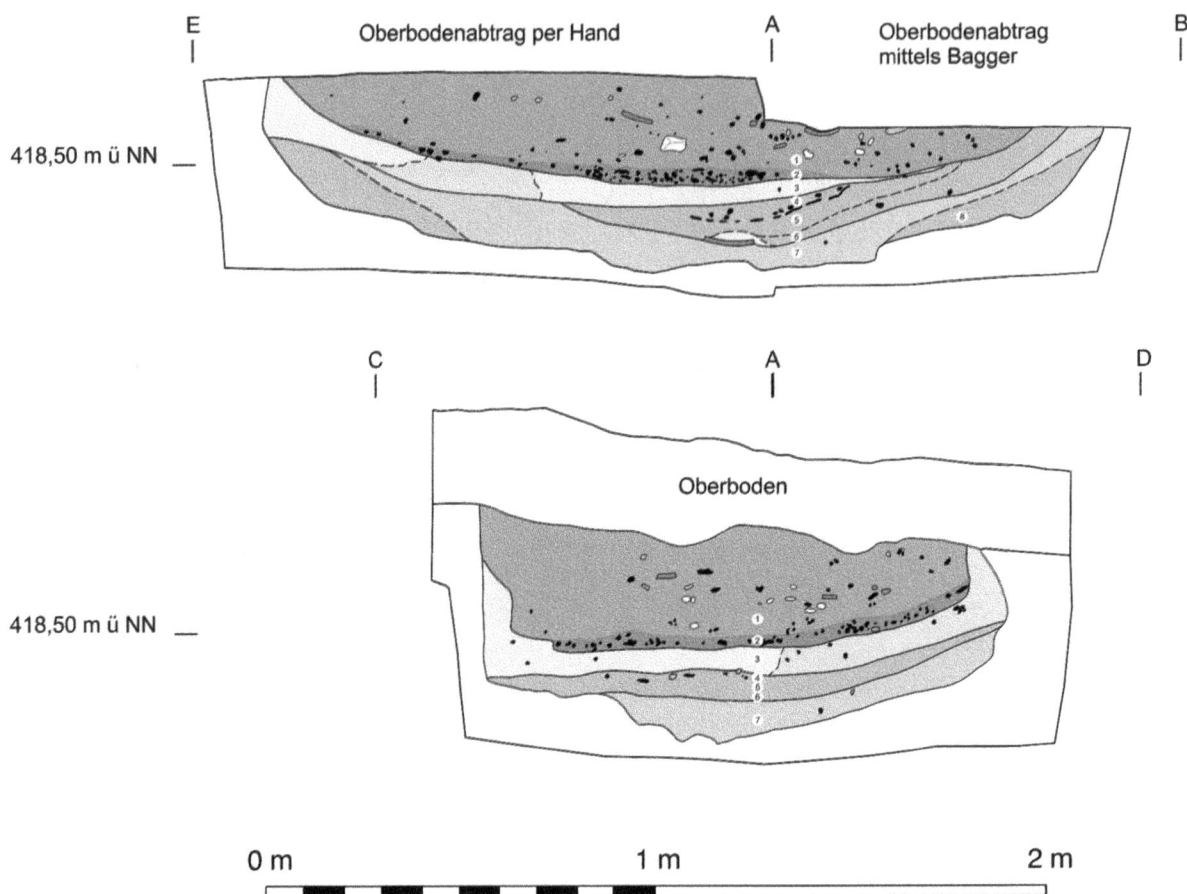

Abb. 7. Befund 11, oben Längsprofil 34/15 in N-S-Ausrichtung, unten Querprofil 22 in WNW-OSO-Ausrichtung; rot: Keramik-scherben; orange: Brandlehmstückchen; weiß: Steine; schwarz: Holzkohle; hellblau: Pyrolusit.

Insgesamt war die Grube länglich oval geformt, 2,20 m lang, 1,12 m breit und bis zu 52 cm tief. In den Profilen zeigte sich eine auffällige Schichtung (Abb. 7). Die untersten Lagen, Schicht 7 und 8, bestanden aus fundfreiem Verfüllungsmaterial, das in der Mitte und von Westen her stärker mit Lösslehm durchmischt war, am südlichen und nördlichen Rand hingegen fast keine Vermischung aufwies. Die darüber liegenden, kaum voneinander trennbaren Schichten 6, 5 und 4, die etwas Holzkohle und nur wenig Lösslehm enthielten, ergaben als einzigen Fund eine Keramikscherbe direkt an der Grenze von Schicht 6 zu 7. Es handelt sich um eine in mehrere Teile zerbrochene große Randscherbe einer feinkeramischen Schale (Abb. 9,3). Sie ist etwas unterhalb des Randes neben einer alten Bruchkante mit einem 4 mm breiten doppelkonischen Loch, vermutlich einem „Flickloch", durchbohrt. Die nächsthöhere Lage, Schicht 3, bestand mittig von Westen her, zum Teil auch von Norden, vorwiegend aus sterilem Lösslehm, nach Osten und Süden nahm dessen Anteil massiv ab. Das oberste 20 bis 35 cm mächtige, dunkelbraune Schichtpaket bestand aus Schicht 2 und 1. Sie ließen sich nicht sehr gut voneinander abgrenzen und einige Funde konnten nicht eindeutig einer der beiden Schichten zugewiesen werden. Bei Schicht 2 handelt es

Abb. 8. Geflechtabdruck auf Kumpfboden (Foto R. Beigel).

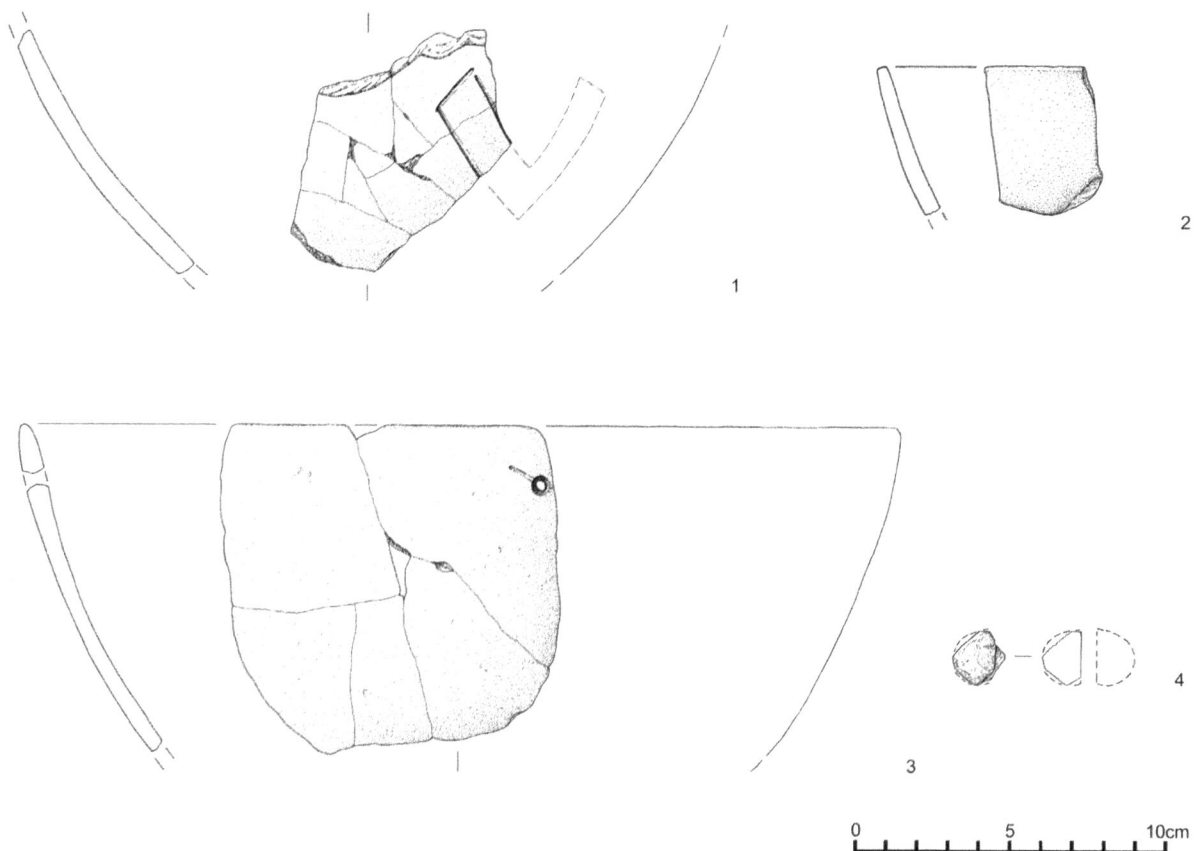

Abb. 9. Keramische Funde aus Befund 11 (Zeichnungen Y. Duan).

sich um eine stark holzkohlehaltige und nur bis zu 5 cm mächtige Lage, wobei die Holzkohlekonzentration nach oben hin langsam abnimmt. Schicht 1 enthält ebenfalls Holzkohle mit nach oben und zu den Rändern hin abnehmender Dichte. Zusammen enthielten beide Schichten den Hauptanteil der Funde der kleinen Ausgrabung.

In der Hauptsache handelt es sich um Keramikscherben, wenige davon waren sekundär verbrannt. Mehrere Scherben konnten zu einem größeren Teil eines Kumpfes mit einem Bauchdurchmesser von 14 cm zusammengesetzt werden (Abb. 6,1). Er war ursprünglich mit vielleicht fünf oder sechs gedellten Knubben besetzt, wovon nur noch zwei erhalten sind. Das Gefäß besitzt einen Flachboden, der zum Teil einen sehr schwachen Abdruck eines Matten- oder Textilgeflechts aufweist (Abb. 8). Er zeigt rechtwinklig zueinander angeordnete, parallele Abdrücke von rund 1 mm breiten Fasern oder Pflanzenstengeln. Der Abdruck scheint dem Binsengeflecht heutiger Stuhlsitzflächen ähnlich zu sein. Dabei treten nur die Längs- und Querstränge der Binsen im Geflecht hervor während die einzige Verbindung dieser Stränge an den Ecken nach hinten zurückweicht und sich somit nicht oder nicht deutlich abzeichnen würde.

Eine Scherbe zeigt eine weitere gedellte Knubbe (Abb. 6,2), die etwas anders ausgeprägt ist, als die auf dem oben genannten Kumpf. Das aus mehreren Scherben zusammengesetzte Fragment mit einer kleinen halbkugeligen Knubbe ist Teil eines weiteren Kumpfes (Abb. 6,3), ähnlich dazu ist die Scherbe mit einer kleinen, flach-rundlichen Knubbe (Abb. 6,9). Ein kleiner Henkel stammt aus der Grenze des Oberbodens zur Befundverfüllung (Abb. 6,7). In die Älteste Bandkeramik scheint eine große gekerbte Knubbe (Abb. 6,6) zu verweisen. Zum Teil lassen sich aus mit einfacher Rillenzier versehenen Scherben Kumpfformen rekonstruieren (Abb. 6,5.8; 10,1.6), zum Teil sind die Scherben jedoch zu klein dazu (Abb. 10,7–9). Aus einigen unverzierten Randscherben können ebenfalls Kümpfe rekonstruiert werden (Abb. 10,2–5). Die

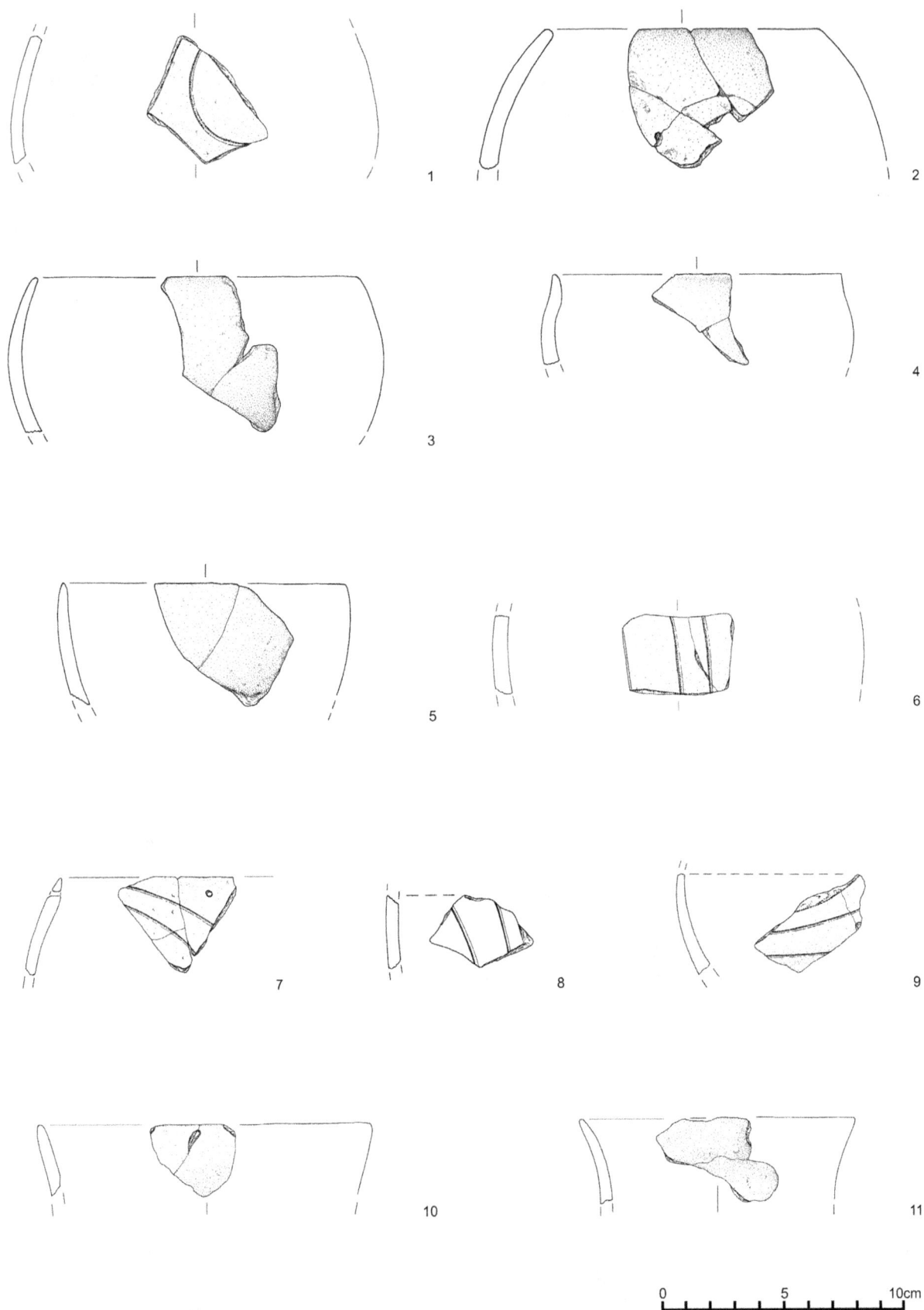

Abb. 10. Keramische Funde aus Befund 11 (Zeichnungen Y. Duan).

Kumpfformen variieren allgemein von solchen mit einziehendem Rand, über fast senkrechten Rand bis zu leicht geschweifter Wandung unterhalb des Randes (Abb. 10,4).

Bei zwei weiteren nur teilweise aus Randscherben rekonstruierbaren Fragmenten handelt es sich um Gefäße mit geschweifter Wandung und ausbiegendem Rand (Abb. 10,10–11), mutmaßlich um Flaschen. Als eine wahrscheinliche Rekonstruktion eines verzierten Fragmentes kann eine Schale mit einer V-förmigen Verzierung aus zwei Linien und rechtwinkeligem Abschluss angesehen werden (Abb. 8,1). Muster in genau dieser Ausführung, also mit rechtwinkeligem Abschluss und ohne zusätzliche Verzierungselemente, kommen eher selten vor, während allgemein V-förmige Muster eine gewisse Häufigkeit aufweisen. Ein Vergleichsbeispiel zu dem hier vorgestellten Schalenfragment stammt aus Nieder-Mörlen, Wetteraukreis (Kneipp 1998, Taf. 65,1). Ein ebenfalls vergleichbares Muster ist auf einem Kumpf aus Würzburg-Lengfeld zu finden (Brandt 1985, Taf. 61,3818). Es besteht natürlich auch die Möglichkeit, das Verzierungssegment als ein Bandende oder Teil einer anderen Verzierung zu deuten (z. B. Cladders 2001, 149 Typentafel 4,3.5). Auf eine möglicherweise weitere Schale verweist eine unverzierte Randscherbe (Abb. 9,2). Als kleiner keramischer Sonderfund ist das Fragment einer rötlichen, nicht sehr hart gebrannten, durchlochten Tonkugel anzusehen (Abb. 9,4). Durch den schlechten Erhaltungszustand mit vielen Bruchstellen ist die ursprüngliche Form etwas unklar, daher ist sowohl eine doppelkonische als auch eine rundliche Ausprägung vorstellbar. Das Fundstück wird wohl, verglichen mit ähnlichen Objekten aus Nieder-Mörlen, Wetteraukreis, eher als ein Spinnwirtel denn als „Tonperle" zu deuten sein (Schade-Lindig/Schmitt 2003, 6–9).

An weiteren Funden wurden nur wenige Brandlehmstückchen und einige unbearbeitete und bearbeitete Sandsteine geborgen, darunter auch grobkörnige Exemplare mit graugrünen Toneinschlüssen, bei denen es sich mit großer Wahrscheinlichkeit um Blasensandstein vom Plateau der Frankenhöhe handelt. Unter den Sandsteinen befinden sich auch kleinere Mahl- oder Schleifsteinfragmente. Die Knochenfunde beschränken sich auf wenige, kaum einen Millimeter große, kalzinierte Splitter. Außerdem enthielten die Fundschichten 1 und 2 fünf Silices. Bei einem Stück handelt es sich um eine Klinge aus grau-beigem nicht gebändertem Plattenhornstein, bei den restlichen vier um beige-bräunliche bis dunkelgraue kantendurchscheinende Abschläge. Letztere wurden vorläufig als Kreidefeuerstein beziehungsweise baltischer Flint eingeschätzt.

Die Keramikscherben können allgemein in den Übergang der Ältesten Linearbandkeramik zur Älteren Linearbandkeramik/Flombornphase eingestuft werden. Dieser fällt in die Zeit rund 5300–5200 v. Chr., wenn man die ÄLBK mit 5500–5200 v. Chr. und die Flombornphase mit 5300–5150 v. Chr. ansetzt (Zimmermann 2002, 17). Diese Einschätzung der Funde aus Befund 11 stützt sich auf die zwar vorhandene aber nicht sehr ausgeprägte organische Magerung und auf die ausschließliche Verzierung mit einfachen oder doppelten, jedoch meist nicht sehr breiten Rillen. Der flachbodige Kumpf oder die große gekerbte Knubbe scheinen eher zur ÄLBK zu gehören, während der – im Vergleich mit ältestbandkeramischer Ware anderer Fundstellen – härtere Brand in spätere Phasen zu verweisen scheint.

Das Schlämmen von rund 88 kg Verfüllungsmaterial aus verschiedenen Schichten des Befundes erbrachte neben Holzkohlstückchen auch botanische Makroreste, die aber noch nicht untersucht wurden, sowie einzelne sehr kleine Knochenfragmente. Für die absolutchronologische Datierung war es daher vorerst nur möglich, dem AMS-Labor in Erlangen zwei Holzkohleproben zu übergeben. Die Probe Erl-20559 (6188±30) entstammt dem untersten Abhub des Nordwestquadranten (Schichten 4–8), kann aber nicht genauer zugeordnet werden. Im 2σ-Konfidenzintervall ergibt sich ein Datierungsbereich von 5223–5042 cal. BC. Die aus dem gleichen Quadranten aber aus der weiter oben liegenden Holzkohleschicht (Schicht 2) entnommene Probe Erl-20560 (6257±29) ergibt bei 2σ ein Intervall von 5314–5206 cal. BC. Beide Daten weichen relativ stark voneinander ab, verweisen aber ganz allgemein in die Zeit von rund 5300–5050 v. Chr. (Abb. 11). Trotz der bekannten Problematik mit nicht näher definierbarer Holzkohle scheint hier kein Altholzeffekt vorzuliegen, und das zu junge Datum der Probe Erl-20559 ist vielleicht mit irgendeiner Form von Kontamination zu erklären, die im Labor nicht gänzlich beseitigt werden konnte. Es besteht auch die Möglichkeit, dass es sich bei der Befundverfüllung um umgelagerte Kulturschichten oder Grubeninhalte handelt, wobei jüngeres Material nach unten gelangte und älteres darüber. Das unverzierte und nur gering mit organischer Magerung versetzte Schalenfragment aus dem Grenzbereich Schicht 6

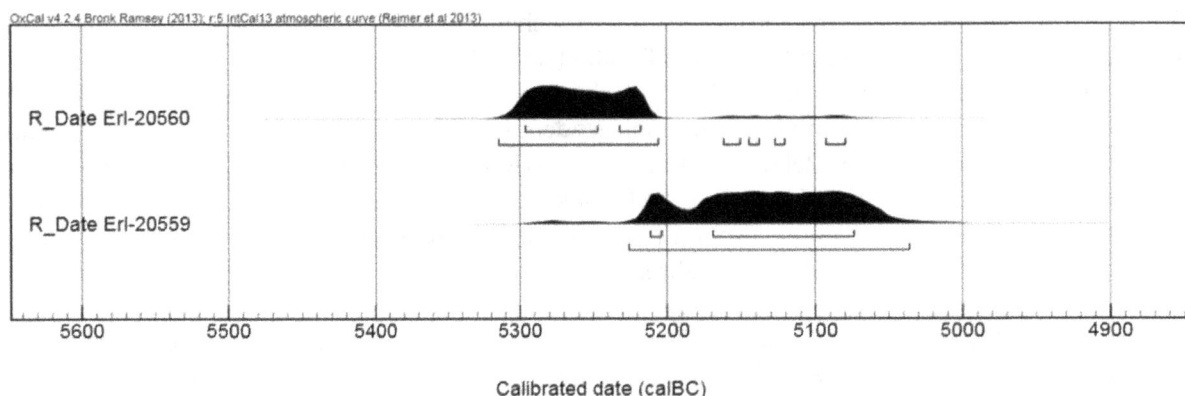

Abb. 11. Radiokarbondaten aus Befund 11. Kalibration: OxCal 4.2.4; Bronk Ramsey (2013), IntCal 13 atmospheric curve (Reimer u. a. 2013).

zu 7 würde dieser Hypothese zumindest nicht wiedersprechen, da ja auch in der Flombornphase noch zum Teil organische Magerung verwendete wurde (Bernhardt/Hampel 1992, 11). Bei der Betrachtung beider ¹⁴C-Daten fällt neben dem zu jungen Zeitraum auch auf, dass einerseits der älteste Abschnitt der ÄLBK nicht einbezogen ist und andererseits der Überlappungsbereich in das 53. Jh. v. Chr. fällt (Abb. 11). Vorsichtig ausgedrückt unterstützen somit zwei der drei augenfälligen Punkte, wenn auch nur sehr vage, dennoch die archäologische Einordnung.

Als besonders außergewöhnlich muss der Fund eines dunkelgrauen bis schwärzlichen Minerals mit radialstrahliger Struktur gelten (Abb. 12). Er stammt aus der stark holzkohlehaltigen Schicht 2 und steckte im östlichen Teil des Querprofils (Abb. 7 unten). Der kleine Brocken hat die Maße 2,4 cm mal 1,9 cm mal 1,6 cm und wiegt 13 g. Es wurde durch Prof. Dr. Ulrich Schüßler am Lehrstuhl für Geodynamik und Geomaterialforschung der Universität Würzburg mittels Röntgenpulverdiffraktometer mit dem Ergebnis untersucht, dass es sich um Pyrolusit (MnO_2) handelt, ein Manganerz. Weißliche Anhaftungen daran konnten als Quarz (SiO_2) und Mikroklin ($K[AlSi_3O_8]$) identifiziert werden, also häufige Bestandteile verschiedenster Gesteine, welche als Reste des Untergrundes zu werten sind, auf dem sich das Mineral gebildet hatte.

Pyrolusit ist relativ weit verbreitet und kommt in vielen Mittelgebirgen, wie dem Schwarzwald oder dem Thüringer Wald, vor. Als nahezu sicher gelten kann aber, dass das Fundstück eine größere Entfernung vom Herkunftsort bis zur Fundstelle in Rothenburg o. d. T. zurückgelegt hat. Diese Annahme gründet auf der Tatsache, dass der Fundplatz mitten im Sedimentgesteinsbereich des Südwestdeutschen Schichtstufenlandes liegt, während sich größere radialstrahlige Pyrolusite vor allem in Hohlräumen von magmatischen Gesteinen bilden. Möglicherweise stammt das Mineral von einem Ort, der aufgrund anderer dort vorhandener Rohstoffe aufgesucht wurde. Mit hoher Wahrscheinlichkeit wurde das Mineral als Farbstein benutzt, ähnlich wie Graphit in anderen bandkeramischen Fundstellen. Noch heute werden Manganerze für die

2 cm

Abb. 12. Der in Befund 11 Schicht 2 aufgefundene Pyrolusit mit der Abriebfläche rechts oben (Foto R. Beigel).

Herstellung des Farbpigmentes Manganschwarz verwendet und archäologische Beispiele belegen diesen Gebrauch auch für die Vorgeschichte. So stammt zum Beispiel die schwarze Farbe der Höhlenmalerei von Lascaux nachweislich von Manganerzen der Umgebung (Chalmin u. a. 2003, 1594). Ein weiterer Hinweis auf die Verwendung als Farbstein ist eine auffällig abgeflachte Stelle am Fundstück, die als Abriebfläche gedeutet werden kann. Die Funde von einzelnen Manganmineralstücken auf linearbandkeramischen Fundstellen wurden bereits in einem Artikel zur neolithischen Graphitnutzung in Südbayern von J. Pechtl und F. Eibl aufgezählt (2011, 370–371). Dabei handelt es sich um durchlochte Stücke aus den älter- bis jüngerbandkeramischen Gräberfeldern Dillingen-Steinheim, Schwetzingen, Sondershausen und Bruchstedt sowie um Siedlungsfunde aus Gotha-Alschleben und Schelkau[2]. Sie werden, nicht zuletzt wegen ihrer Entfernung zu den bekannten Graphitlagerstätten bei Deggendorf und Passau, als Ersatz für Farbsteine aus Graphit eingestuft (Pechtl/Eibl 2011, 371), der nachweislich in südbayerischen linearbandkeramischen Fundstellen auf Keramikgefäße aufgetragen wurde.

Die Fundstelle innerhalb der bandkeramischen Besiedelung der Kleinregion

Eine Zusammenstellung der ältestbandkeramischen Fundstellen in Mittelfranken wurde durch T. H. Gohlisch (2001, 55) veröffentlicht, wobei der hier beschriebene Siedlungsplatz unter der Katalognummer 12 erwähnt wird. Der nächste Fundort, „Rothenburg o. d. T-Am breiten Weg", befindet sich in 2,1 km Entfernung in nordnordöstlicher Richtung. Dabei handelt es sich um eine kleine Lesefundstelle, die bisher vorwiegend Silices, Steinbeilfragmente und nur wenige sehr schlecht erhaltene Keramikscherben erbrachte[3]. Eine weitere linearbandkeramische Fundstelle, aber mit Funden der jüngeren Stufen, ist in westlicher Richtung, in etwa 1,5 km Entfernung bei Neusitz zu finden. Eine nahe gelegene kleine linearbandkeramische Siedlungskammer mit mehreren Fundstellen befindet sich im Gebiet um Lohr, Gemeinde Insingen. Unter anderem liegt auf der Flur Hoffeld eine größere Lesefundstelle mit viel keramischem Material der Ältesten LBK (Gohlisch 2001, 55). Sie liegt von Rothenburg o. d. T.-Leonhardshöhe in 5,3 km Entfernung in südsüdwestlicher Richtung.

Schlussbemerkung

Aufgrund der kontinuierlichen Flächenbebauung seit den 1960er Jahren und der dabei unbeobachteten Zerstörung zahlreicher Befunde und Funde sind umfassende Aussagen zur Siedlungsstruktur oder -entwicklung der Fundstelle „Rothenburg o. d. T.-Leonhardshöhe" weder jetzt noch in Zukunft möglich. Es kann aber davon ausgegangen werden, dass der Siedlungsplatz mindestens eine Fläche von 5000 m² eingenommen hatte, wobei nur die südliche Ausdehnung abschätzbar ist. Nach der archäologischen Ausgrabung im Frühjahr 2014 besteht nur noch eine weitgehend unbeeinträchtigte Fläche von rund 1600 m², die zukünftig für weitere Erkenntnisse sorgen könnte. Möglicherweise befinden sich auch unterhalb der Gebäude-, Parkplatz- und Straßenflächen noch letzte Befundreste. Da aber die bisherige Denkmalausweisung nicht die notwendige Einbeziehung des Landesamtes für Denkmalpflege zur Folge hatte, besteht wenig Hoffnung, dass dies bei künftigen Umbaumaßnahmen auf dem Werksgelände oder bei Straßen- und Kanalarbeiten anders sein wird. Die kleine archäologische Maßnahme bezeugt allerdings den Wissenszuwachs der bereits aus wenigen gründlich untersuchten Befunden gewonnen werden kann.

---

2   Nieszery 1995, 161–162; Gerling 2006, 141; Kahlke 2004, 60 Tab. 6,94–11; Kaufmann 1976, 65.

3   Für diesen Hinweis danke ich Günther Oberndörfer, Rothenburg o. d. T.

Literatur

BERNHARDT/HAMPEL 1992: B. Bernhardt/A. Hampel, Vorbericht zu einem ältestlinearbandkeramischen Siedlungsplatz in Frankfurt-Niedereschbach. Germania 70, 1992, 1–16.

BOCKISCH-BRÄUER U. A. 1998: Ch. Bockisch-Bräuer/R. Koch/M. Nadler, Ausgrabungen und Funde in Mittelfranken 1993–1996. Jahrb. Hist. Ver. Mittelfranken 98, 1996/99, 76.

BRANDT 1985: M. Brandt, Materialvorlage und statistische Untersuchungen zur Bandkeramik in Unterfranken (Kallmünz/Opf. 1985).

CHALMIN U. A. 2003: E. Chalmin/M. Menu/C. Vignaud, Analysis of rock art painting and technology of Palaeolithic painters. Measurement Science and Technology 14, 2003, 1590–1597.

CLADDERS 2001: M. Cladders, Die Tonware der Ältesten Bandkeramik. Untersuchungen zur zeitlichen und räumlichen Gliederung. Universitätsforsch. Prähist. Arch. 72 (Bonn 2001).

FUNDCHRONIK BAYERN 1998: Rothenburg ob der Tauber (Lkr. Ansbach). In: Fundchronik für das Jahr 1995. Bayer. Vorgeschbl. Beih. 11, 1998, 29–30.

GERLING 2006: C. Gerling, Das linearbandkeramische Gräberfeld von Schwetzingen, Rhein-Neckar-Kreis (Unpubl. Magisterarb. Würzburg 2006).

GOHLISCH 2001: T. H. Gohlisch, Fundstellen der Ältesten Bandkeramik in Mittelfranken. Beiträge zur Archäologie in Mittelfranken 6, 2001, 49–58.

HAUNSCHILD 1964: H. Haunschild, Geologische Karte von Bayern 1:25000, Erläuterungen zum Blatt Nr. 6627 Rothenburg ob der Tauber (München 1964).

HERRAMHOF U. A. 1987: S. Herramhof/F.-R. Herrmann/H. Koschik/D. Rosenstock/L. Wamser, Archäologische Funde und Ausgrabungen in Mittelfranken. Fundchronik 1970–1985. Jahrb. Hist. Ver. Mittelfranken 93, 1986/87.

KAHLKE 2004: H.-D. Kahlke, Sondershausen und Bruchstedt. Zwei Gräberfelder mit älterer Linienbandkeramik in Thüringen. Weimarer Monogr. Ur- u. Frühgesch. 39 (Weimar 2004).

KAUFMANN 1976: D. Kaufmann, Wirtschaft und Kultur der Stichbandkeramiker im Saalegebiet. Veröff. Landesmus. Vorgesch. Halle 30 (Berlin 1976).

KNEIPP 1998: J. Kneipp, Bandkeramik zwischen Rhein, Weser und Main. Studien zu Stil und Chronologie der Keramik. Universitätsforsch. Prähist. Arch. 47 (Bonn 1998).

NIESZERY 1995: N. Nieszery, Linearbandkeramische Gräberfelder in Bayern. Internat. Arch. 16 (Espelkamp 1995).

PECHTL/EIBL 2011: J. Pechtl/F. Eibl, Die neolithische Graphitnutzung in Südbayern. In: K. Schmotz (Hrsg.), Vorträge des 29. Niederbayerischen Archäologentages (Rahden/Westf. 2011) 349–432.

REIMER U. A. 2013: P. J. Reimer/E. Bard/A. Bayliss/J. W. Beck/P. G. Blackwell/C. Bronk Ramsey/P. M. Grootes/T. P. Guilderson/H. Haflidason/I. Hajdas/C. Hatté/T. J. Heaton/D. L. Hoffmann/A. G. Hogg/K. A. Hughen/K. F. Kaiser/B. Kromer/S. W. Manning/M. Niu/R. W. Reimer/D. A. Richards/E. M. Scott/J. R. Southon/R. A. Staff/C. S. M. Turney/J. van der Plicht, IntCal13 and Marine13 Radiocarbon Age Calibration Curves 0-50,000 Years cal BP. Radiocarbon, 55, 4, 2013, 1869–1887.

SCHADE-LINDIG/SCHMITT 2003: S. Schade-Lindig/A. Schmitt, Außergewöhnliche Funde aus der bandkeramischen Siedlung Bad Nauheim–Nieder-Mörlen, „Auf dem Hempler" (Wetteraukreis): Spinnwirtel und Webgewichte. Germania 81, 1, 2003, 1–24.

ZIMMERMANN 2002: A. Zimmermann, Landschaftsarchäologie I: Die Bandkeramik auf der Aldenhovener Platte. Ber. RGK 83, 2002, 17–38.

Rita Beigel
Lehrstuhl für vor- und frühgeschichtliche Archäologie
Residenzplatz 2, Tor A
97070 Würzburg
rita.beigel@uni-wuerzburg.de

J. Pechtl / T. Link / L. Husty (Hrsg.), Neue Materialien des Bayerischen Neolithikums. Tagung im Kloster Windberg vom 21. bis 23. November 2014. Würzburger Studien zur Vor- und Frühgeschichtlichen Archäologie 2 (Würzburg 2016) 51–62.

Neue Forschungen zur linearbandkeramischen Siedlung von Stadel, Lkr. Lichtenfels, Oberfranken

Anneli O'Neill und Heiner Schwarzberg

Zusammenfassung

Die archäologische Kultur der Linearbandkeramik (im Folgenden LBK) zählt zu den archäologisch am intensivsten untersuchten Epochen der europäischen Vorgeschichte. Nach wie vor ist jedoch die unzureichende Korrelation naturwissenschaftlicher Datierungsergebnisse mit den anhand archäologischer sowie statistischer Methoden gewonnenen Phasengliederungen ein Desiderat in der Erforschung dieser ersten bäuerlichen Kultur Mitteleuropas. Letztere lassen zwar detaillierte Rekonstruktionen der Besiedlungsabläufe in relativer Abfolge zu, ihr absolutes zeitliches Verhältnis innerhalb des 6. vorchristlichen Jahrtausends konnte bisher aber nur selten durch absolute Datierungen mit der gewünschten Genauigkeit abgesichert werden. Die archäologische Ausgrabung einer großen linearbandkeramischen Siedlung im oberfränkischen Stadel bietet aufgrund der guten Befund- und Funderhaltung nun die Möglichkeit, diese Forschungslücke mit zeitgemäßen Methoden zu schließen.

In Zusammenschau mit unmittelbar benachbarten Fundstellen kann im Itz-Baunach-Hügelland eine Siedlungskammer der zweiten Hälfte des 6. Jts. v. Chr. umrissen werden, die es hier erstmals erlaubt, Ergebnisse auf unterschiedlichen räumlichen Maßstabsebenen zusammenzuführen. Weiterhin können aufgrund der guten Quellenlage dieser größten zusammenhängenden Ausgrabungsfläche einer frühneolithischen Siedlung im Norden des Freistaates Bayern neben rein archäologischen Ansätzen auch naturwissenschaftliche Untersuchungen, wie z. B. Anthropologie, Archäobotanik, Archäozoologie und Bodenkunde, Anwendung finden. Somit bietet sich die Chance, eine Fundregion, die bislang als schlecht erforschte Diaspora der bandkeramischen Kultur in Mitteleuropa galt, systematisch und umfassend zu untersuchen.

Abstract

The Linear Pottery Culture (*Linearbandkeramik, henceforth LBK*) is one of the most intensively investigated periods of European Prehistory. However, the insufficient correlation between absolute dates and relative phases based on archaeological and statistical methods still is a major issue concerning research of this first farming culture of Central Europe. Archaeological results allow detailed reconstructions of processes of settlement formation in a relative sequence, but so far the absolute chronological relations within the 6th mill. BC only rarely can be assured by absolute dating with the required precision. The LBK settlement near the Upper Franconian village of Stadel provides the possibility to close this research gap by application of modern methods and offers the opportunity for a systematical investigation of a region which was hitherto known as poorly investigated diaspora of the Early Neolithic of Central Europe.

Die linearbandkeramische Altsiedellandschaft Oberfrankens

Für das Gebiet des Regierungsbezirks Oberfranken sind derzeit im digitalen Fachinformationssystem[1] des Bayerischen Landesamtes für Denkmalpflege (nachfolgend BLfD) auf einer Fläche von etwas mehr als 7.000 km^2 etwa 100 Fundstellen der Kategorie „linearbandkeramische Siedlung" erfasst (Abb. 1). Damit zeigt Oberfranken zwar eine deutlich geringere Dichte an linearbandkeramischen Fundstellen als das benachbarte Unterfranken, das Verbreitungsbild widerlegt aber die lange Zeit verbreitete Annahme, dass Oberfranken während der zweiten Hälfte des 6. Jts. v. Chr. nur schwach besiedelt war (vgl. Bürger 2008, 131–133, Abb. 1). Trotz des auf den ersten Blick weniger günstig ausgestatteten Naturraums sind in Oberfranken Hinterlassenschaften der Linearbandkeramik aus allen ihren Phasen fassbar.

Trockene Lössflächen, der bevorzugte Boden im frühen Neolithikum, beschränken sich in Oberfranken vor allem auf die Flussterrassen von Main, Itz und einige Seitentäler, wie zum Beispiel die Coburg-Rodach-Niederung. Auffallend ist jedoch, dass sich die bekannten Fundplätze keineswegs nur auf die Gunsträume der Tallandschaften begrenzen, sondern auch zahlreich auf der Hochfläche der Fränkischen Alb zu finden sind. Die durchgeführten Forschungsgrabungen am Motzenstein bei Wattendorf (Bürger 2008, 129–150) und des Bestattungsplatzes in der Jungfernhöhle bei Tiefenellern[2] (Kunkel 1955; Orschiedt 1998) zeigen ein vom gewöhnlichen Siedlungsspektrum abweichendes Bild und deuten in diesen beiden Fällen auf einst vermutlich kultisch und/oder rituell genutzte Orte hin.

Bisher fanden in Oberfranken nur wenige größere Ausgrabungen in bandkeramischen Siedlungen statt[3], das Gebiet des heutigen Landkreises Lichtenfels ist jedoch bereits seit den 1950er Jahren Gegenstand eingehender Forschung. W. Schönweiß unternahm hier zwischen 1959 und 1965 die ersten Ausgrabungen in den benachbarten Siedlungen von Altenbanz und Zilgendorf. Nur 3 km südwestlich, zwischen den heutigen Ortschaften Stadel und Püchitz, vermutete Schönweiß aufgrund von Oberflächenfunden schon damals eine weitere frühneolithische Siedlung (Schönweiß 1976, Anm. 14, 12). Diese rückte 2010 im Vorfeld des Ausbaus der ICE-Schnellfahrstrecke Nürnberg–Erfurt als Teil des Verkehrsprojekts Deutsche Einheit Nr. 8 in den Fokus archäologischer Untersuchungen und übertraf die angenommene Ausdehnung deutlich. Die Siedlung von Stadel konnte im Zeitraum von April bis Oktober 2010 auf einer Fläche von 2,6 ha freigelegt werden und ist damit der derzeit größte zusammenhängend ausgegrabene Fundplatz der Linearbandkeramik im Norden des Freistaates Bayern[4].

Das Schlüsselgebiet Itz-Baunach-Hügelland

Das lokale Umfeld der Siedlung von Stadel bildet die Tallandschaft des Flusses Itz, namengebend für die naturräumliche Haupteinheit des Itz-Baunach-Hügellandes. Die Topographie des Naturraumes zeichnet sich durch ein dichtes Gewässernetz aus, das das gesamte Gebiet in kleine Plateaus und flachwellige Hügel gliedert. Prägend sind dabei die Flusstäler von Itz, Baunach und Rodach sowie die Talaue des Mains. Das Itz-Baunach-Hügelland umfasst bislang rund 25 linearbandkeramische Fundstellen, von denen immerhin vier Siedlungen in Teilen ausgegraben wurden, nämlich Stadel, Altenbanz und Zilgendorf (Abb. 2) sowie jüngst eine weitere Siedlung in der Gemarkung Stadel in unmittelbarer Nähe zum Staffelberg (Wagner 2015, 20–22). Dies bildet eine hervorragende Beobachtungsgrundlage für eine systematische Untersuchung

---

1   Im internen Fachinformationssystem FIS des BLfD werden alle relevanten Daten zu Bau-, Boden- und beweglichen Denk-mälern sowie Ensembles in Bayern erfasst und stehen so für eine lokale und überregionale Auswertung zur Verfügung (vgl. http://www.blfd.bayern.de/denkmalerfassung/stabsstelle/fis, abgerufen am 29.12.2015).

2   Im Rahmen des Gemeinschaftsprojekts „Die kultische Nutzung von „naturheiligen" Plätzen auf der nördlichen Frankenalb in der Urgeschichte" des Lehrstuhls für Vor- und Frühgeschichtliche Archäologie der Universität Würzburg und der Professur für Ur- und frühgeschichtliche Archäologie der Universität Bamberg fanden unter der Leitung von Dr. Timo Seregély unlängst erneute Untersuchungen des Höhlenvorplatzes statt.

3   Eine Gesamtbewertung der bekannten Oberflächenfundstellen in Oberfranken ist das Ziel einer in Arbeit befindenden Dissertation von A. Dürr, Würzburg, zum Thema „Die Linearbandkeramik in Oberfranken".

4   Die Grabung wurde unter der Leitung von B. Srock M.A. (ADILO GmbH, Parsberg) durchgeführt. Die fachliche Betreuung durch das BLfD oblag Dr. S. Berg-Hobohm. S. auch Loré 2011, 18–21.

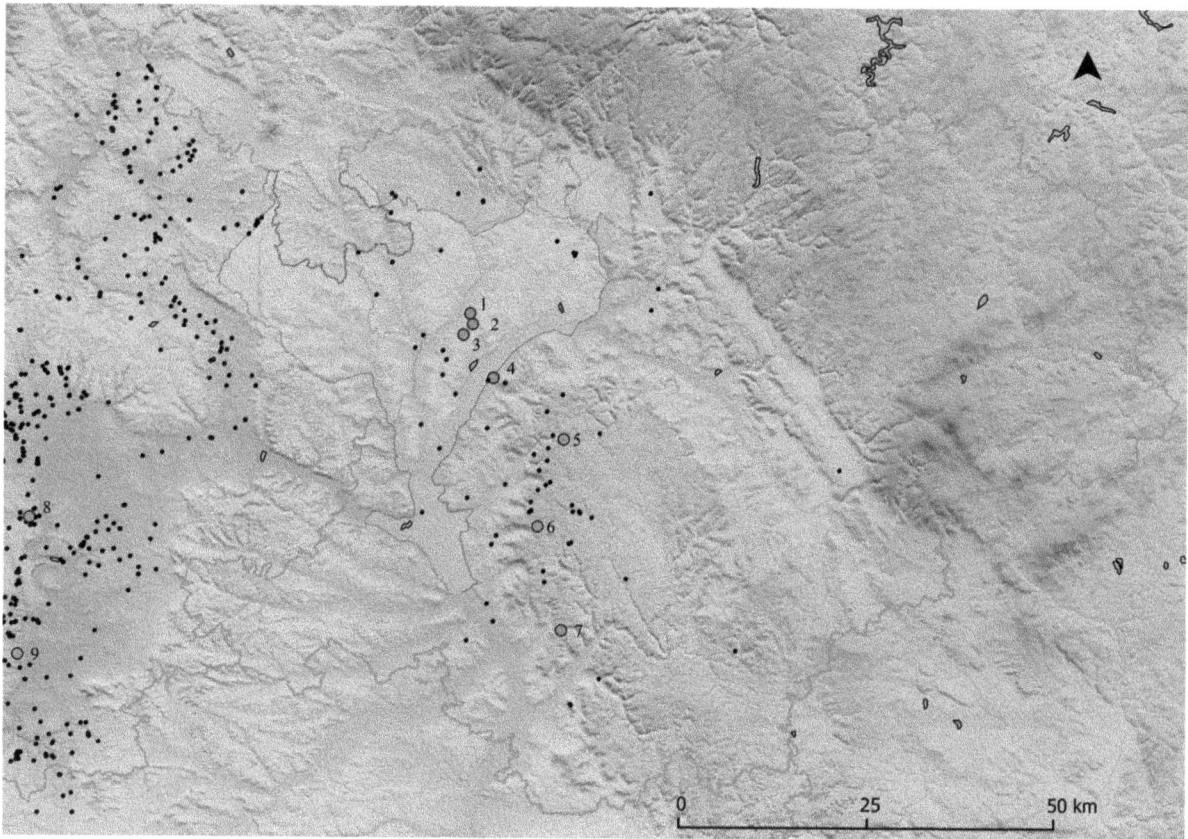

Abb. 1. Verbreitung linearbandkeramischer Fundstellen im Regierungsbezirk Oberfranken sowie im angrenzenden Gebiet Unterfrankens. Im Text erwähnte linearbandkeramische Fundstellen sind rot markiert: 1 Zilgendorf; 2 Altenbanz; 3 Stadel; 4 Bad Staffelstein; 5 Wattendorf-Motzenstein; 6 Tiefenellern-Jungfernhöhle; 7 Ebermannstadt-Eschlipp; 8 Schwanfeld; 9 Buchbrunn. Farblich hinterlegt ist die naturräumliche Einheit des Itz-Baunach-Hügellandes. – Anmerkung zur Datengrundlage: Die Karte zeigt alle im FIS des BLfD eingetragenen Siedlungen der Linearbandkeramik im nordbayerischen Raum. Alle Fundstellen werden anhand ihrer Lage (Landkreis, Gemeinde, Gemarkung, Flurnummer) erfasst, sodass größere Fundstellen, die sich über mehrere Flurnummern erstrecken, mehrere Fundpunkte umfassen können. – Datenquelle: BLfD, FIS. Kartengrundlage: BLfD, www.arch-iv.de; http://srtm.csi.cgiar.org/; http://wirtschaft-risby.bayern.de; www.lfu.bayern.de (abgerufen am 30.12.2015).

der Fundregion entlang der Itz (vgl. O'Neill/Claßen 2013, 13)[5]. Darüber hinaus bietet die großflächige Ausgrabung der Fundstelle von Stadel aufgrund der guten Erhaltungsbedingungen die Chance, anhand archäologischer Methoden gewonnene Erkenntnisse mittels naturwissenschaftlicher Analysen grundlegend zu erweitern[6].

---

5   Die Aufarbeitung der Befunde und Funde von Stadel erfolgt im Rahmen eines Dissertationsprojektes am Institut für Vor- und Frühgeschichtliche Archäologie und Provinzialrömische Archäologie der Ludwig-Maximilians-Universität München durch A. O'Neill.

6   Eine im Rahmen des Kooperationsprojektes „Siedlungs-, Wirtschafts- und Sozialarchäologie des frühen Neolithikums im Tal der Itz (Oberfranken)" der Archäologischen Staatssammlung München (Dr. H. Schwarzberg) und des Instituts für Vor- und Frühgeschichtliche Archäologie und Provinzialrömische Archäologie der LMU München (Prof. Dr. C. Metzner-Nebelsick) von der Deutschen Forschungsgemeinschaft Ende 2014 bewilligte Sachmittelbeihilfe ermöglicht mit einer bis 2016 geplanten Laufzeit die Durchführung naturwissenschaftlicher Analysen. So ist neben archäometrischen Untersuchungen eine größere Serie absoluter Datierungen geplant. Ein weiterer Schwerpunkt liegt zudem auf der Gesamtauswertung des archäobotanischen Probenmaterials (Dipl.-Biol. B. Zach, Bernbeuren).

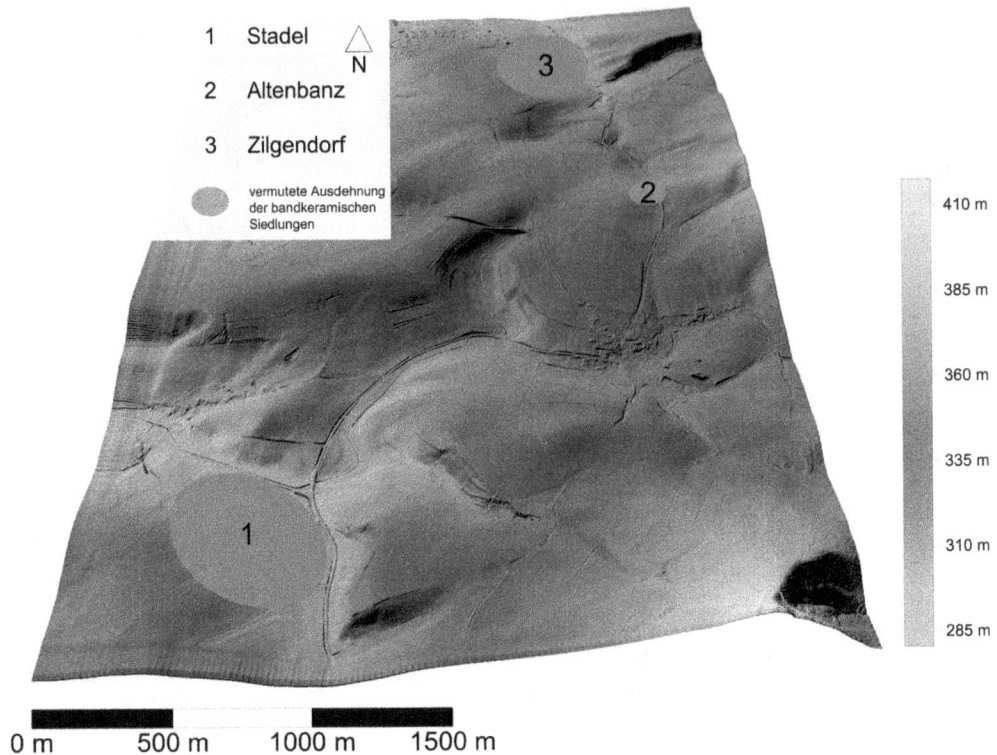

Abb. 2. Stadel, Lkr. Lichtenfels, Digitales Geländemodell eines Ausschnitts des Untersuchungsgebietes mit den linearbandkeramischen Fundstellen Stadel, Altenbanz und Zilgendorf. Landesamt für Vermessung und Geoinformation München; Datengrundlage Fundstellenkartierung: BLfD.

Abb. 3 (rechte Seite). Vereinfachter Gesamtplan der linearbandkeramischen Fundstelle Stadel (Grabungsplan ADILO GmbH,
bearbeitet durch A. O'Neill) mit den geophysikalischen Ergebnisse. Pink: Palisadengraben; Grün: Archäologisch erfasste Hausgrundrisse; Rot: Deutung der geophysikalischen Anomalien. – Magnetogramme: BLfD, J. Faßbinder, R. Linck, L. Kühne, A. O'Neill,
Andrei Asandulesei, Jim Pincini, Florian Becker, Archiv-Nr. 5930/017. Cäsium-Magnetometer Smartmag SM4G-Special, Duo-
Sensor-Anordnung und Ferex Fluxgate/Försteresondenmagnetometer der Fa. Förster, Messpunktdichte 50 x 25cm, interpoliert
auf 0,25 x 0,25 m, 40-m-Gitter. NW-Magnetogramm: Dynamik ± 9 nT in 256 Graustufen; SO-Magnetogramm: Dynamik ± 6 nT
in 256 Graustufen; O-Magnetogramm: Dynamik ± 2 nT in 256 Graustufen. Die Auswertung der geophysikalischen Ergebnisse
2015 ist noch nicht endgültig abgeschlossen, weitere Analysen der Magnetogramme werden noch durchgeführt.

Die Fundstelle

Die Fundstelle von Stadel, einem heutigen Stadtteil von Bad Staffelstein, erstreckt sich auf einem sanft
nach Nordosten abfallenden Hang. Die Kuppe erhebt sich auf eine Höhe von knapp über 320 m ü. NN.
Am Hangfuß fließt der Stadelbach. Der gesamte Mittel- und Unterhang ist von pleistozänem sandigen
Löss überzogen, aus dem sich durch die Bodenbildung ein sandiger, sehr toniger Lehm entwickelt hat[7].

Das untersuchte Areal von 2,6 ha Fläche verläuft in einem linearen Streifen von etwa 500 m Länge und
60 m Breite durch die Siedlung (Abb. 3). Die abnehmende Befunddichte auf der Hügelkuppe im Süden
und am Hangfuß im Norden lassen vermuten, dass hier die Siedlungsgrenzen erfasst wurden. Nach Osten
und Westen ist dies jedoch nicht der Fall.

Um eine verlässliche Einschätzung der einstigen Siedlungsausdehnung zu gewinnen, wurden im
April 2012 und im April 2015 in Kooperation mit dem BLfD geophysikalische Messungen in Stadel

---

7   Ein bodenkundlicher Bericht zur Ausgrabung wurde im Auftrag des BLfD von Dipl.-Geogr. B. Kopecky-Hermanns, Karls-
     huld, erstellt.

durchgeführt[8]. Zur geophysikalischen Prospektion wurden im Westen und Osten der Grabungsfläche insgesamt fünf Areale ausgewählt, die mit einem hochsensiblen Cäsium-Magnetometer bzw. einem Ferex-Fluxgate/Förstersondenmagnetometer der Fa. Förster vermessen wurden. Das nordwestliche Magnetogramm ist, abgesehen vom südlichen Bereich, weitgehend befundfrei. Aus zahlreichen Lesefunden desselben Flurstücks kann man jedoch auf eine weitgehende Abtragung der Befunde durch moderne landwirtschaftliche Bodenbearbeitung und eine Fortsetzung der Siedlungsfläche nach Westen schließen. Die Störungen sind auf die während der Messungen aktive Tunnel- und Trassenbaustelle zurückzuführen. Die weiteren geophysikalischen Prospektionsflächen zeigen dagegen deutliche Konzentrationen von Anomalien. Im südwestlichen Bereich zeichnen sich mehrere Hausgrundrisse ab. Nach Süden dünnt die Befunddichte aus, sodass hier ebenfalls die Siedlungsgrenze angenommen werden kann. Im Osten lässt die Befunddichte auf eine Fortsetzung der Siedlungsfläche schließen, denn es ist mindestens ein deutlicher Hausgrundriss zu erkennen.

Eine lineare Struktur zeichnet sich nach Nordosten ab. Es handelt sich dabei um einen Graben, der stellenweise eine derart hohe Intensität (ca. ± 30 nT) aufwies, dass hier Spuren eines Brandereignisses angenommen werden können. Mit hoher Wahrscheinlichkeit handelt es sich um verbrannte Palisadenpfosten. Der Verlauf des Grabens orientiert sich entlang der natürlichen Topographie, quer zur Hanglage. Er nimmt keinen Bezug auf den in der Ausgrabungsfläche erfassten Palisadengraben. Zum derzeitigen Stand der Untersuchung jedoch ist eine Zugehörigkeit des 2015 im Magnetogramm erfassten Grabens zur Siedlung anzunehmen.

Im Gegensatz zum oberen Hangabschnitt, der konvex geformt ist, hat der untere Hangabschnitt eine konkave Form und wird nach Nordosten von mehreren Dellen durchzogen. Eine solche Vertiefung liegt unmittelbar nordöstlich des Grabens und zeichnet sich als heller Bereich ab. Dies ist auf reduzierende Bedingungen durch schwankende Grundwasserhorizonte zurückzuführen. Es ist anzunehmen, dass auch hier die maximale Ausdehnung der Siedlung erfasst wurde.

Der Bereich südlich des Grabens zeigt auf den ersten Blick nur wenige Strukturen, die eindeutig als Hausgrundrisse interpretiert werden können. Insgesamt zeichnen sich die archäologischen Strukturen im Vergleich zur östlich anschließenden Messfläche weniger deutlich ab. Gleichzeitig ist auch die Befunddichte geringer, als dies im Hinblick auf die zahlreichen Befunde in der nach Westen anschließenden Grabungsfläche erwarten lässt. Dies kann einerseits den tatsächlichen Bestand an Befunden widerspiegeln. Möglich ist aber auch, dass nicht alle Strukturen magnetisch erfasst wurden. Die Gründe hierfür können sein, dass teilweise über 2 m mächtige Kolluvien die Befunde in diesem Bereich überdecken, dass die geochemischen Bedingungen (staunasse Böden, temporär schwankender Grundwasserhorizont) zur Auflösung ferrimagnetischer Eisenoxidkristalle geführt haben (Fassbinder 2015, 89; Berghausen 2015, 80) oder aber dass die Befunde durch Erosion weitgehend abgetragen worden sind.

Fasst man alle bisher vorliegenden Informationen zur Siedlungsausdehnung zusammen, also die Befundausdehnung in der Grabungsfläche und auf den Magnetogrammen, so darf man von einer ehemaligen Siedlungsgröße von mindestens 7 ha ausgehen. Schließt man die Topografie in die Überlegungen mit ein, ist jedoch eine einstige Ausdehnung der Siedlung von bis zu 11 ha wahrscheinlicher.

Chronologie

Im Zuge der Ausgrabung wurden insgesamt 3.249 Befunde dokumentiert. Von diesen sind 1.281 Grabungseinheiten fundführend. Insgesamt konnten rund 17.200 Fragmente von Gefäßkeramik geborgen werden. Weiterhin wurden bei der Ausgrabung 373 Silices, etwa 2.900 bearbeitete und unbearbeitete Felsgesteine, 24,3 kg Tierknochen sowie rund 300 Liter botanisches Probenmaterial gewonnen.

Die Gefäßkeramik kann zum derzeitigen Stand der Untersuchung mindestens 4.429 Gefäßeinheiten zugeordnet werden[9]. Sie belegen eine durchlaufende Mehrphasigkeit der Siedlung von der ältesten bis hin

---

8   Die geophysikalischen Messungen wurden unter der Leitung von Prof. Dr. J. Faßbinder, BLfD München, vorgenommen.

9   Von den 4.429 Gefäßeinheiten weisen 513 zwar keine charakteristischen Merkmale eines eindeutigen Gefäßtyps auf, umfassen aber mindestens zwei unverzierte Wandscherben, sodass sie in dieser Aufzählung berücksichtigt werden können.

Legende

Anzahl der ältestbandkeramischen Keramikfragmente

- 1
- 2 - 30
- 31 - 60
- 61 - 90
- 91 - 120
- 121 - 150
- 151 - 180

0   25   50 m

Abb. 4. Vereinfachter Gesamtplan der linearbandkeramischen Fundstelle Stadel (Grabungsplan ADILO GmbH, bearbeitet durch A. O'Neill). Die farbliche Abstufung kennzeichnet die Anzahl der ältestbandkeramischen Keramikfragmente pro Befund.

zur jüngeren Linearbandkeramik (Phasen I–IV nach Meier-Arendt 1966)[10]. Auch in der benachbarten Siedlung von Zilgendorf ist die Stufe der Ältesten Linearbandkeramik belegt, die Hauptbesiedlungsphase fällt jedoch in die mittlere Linearbandkeramik. Die Funde aus Altenbanz werden in die Stufe II nach Meier-Arendt, in die ältere Linearbandkeramik, datiert. Im Vergleich dazu wird die Siedlung von Stadel bereits in der Ältesten Linearbandkeramik intensiv genutzt (O'Neill 2013, 11–15), dies belegen 944 Gefäßeinheiten dieser Zeitstellung. Das macht rund 20 % der gesamten Gefäßeinheiten aus. Bei der Kartierung der ältestbandkeramischen Einzelscherben (Abb. 4) fallen deutliche Konzentrationen bis hin zu 180 Scherben pro Befund im südlichen Bereich der Siedlung auf. Dies deckt sich mit den Hausgrundrissen derselben Zeitstellung (O'Neill/Claßen 2013, Abb. 4). Einzelscherben (1–30 Scherben pro Befund) wiederum finden sich vor allem in größeren Gruben über die gesamte Fläche verteilt. Grund hierfür können einerseits taphonomische Prozesse sein, die ältestbandkeramische Fragmente hangabwärts verlagert haben. Zu berücksichtigen ist aber auch das Bestehen der Stufe der ältesten Linearbandkeramik bis ca. 5200 v. Chr. (Stäuble 1995, 235). Somit müssen die Ergebnisse der Radiokarbondatierungen abgewartet werden, um klären zu können, ob sich in Stadel die Stufe I nach Meier-Arendt mit der darauffolgenden Stufe II überschneidet[11]. Hier setzt ein Schwerpunkt des Forschungsprojektes „Siedlungs-, Wirtschafts- und Sozialarchäologie des frühen Neolithikums im Tal der Itz (Oberfranken)"[12] an, denn für das Arbeitsgebiet Oberfranken ist bislang ein eklatanter Mangel an repräsentativen Probenserien festzustellen: In Oberfranken stehen etwa 100 kartierten linearbandkeramischen Fundstellen lediglich zwölf, teils ältere absolute Datierungen gegenüber, die an Material von nur zwei Plätzen, nämlich der Siedlung von Zilgendorf und der Jungfernhöhle bei Tiefenellern, gewonnen wurden (Schönweiß 1976; Steele/Shennan 2000; Orschiedt 1999). Die drei davon aus Siedlungszusammenhängen stammenden Daten stammen zudem nur von langlebigen Holzkohleproben (Stäuble 1995, 228–229).

Die außergewöhnlich gute Erhaltung der botanischen Makroreste in Stadel bietet nunmehr die Gelegenheit, eine umfassende Probenserie an einer gezielten Auswahl kurzlebiger Proben vorzunehmen. Für die älteste Phase der Siedlung bietet sich als Datierungsmaterial die mit organischen Bestandteilen gemagerte Keramik an. Ziel ist es, die mittels archäologischer Methoden ermittelte relative Phasengliederung in ein absolutes Zeitgerüst zu integrieren. Die Kalibrationskurve zur „Eichung" der ^{14}C-Alter auf Kalenderjahre verläuft für den Zeitraum der 2. Hälfte des 6. Jt. v. Chr. flach und weist zudem noch sogenannte *wiggles* auf. Um dadurch entstehende methodische Schwierigkeiten bei der absoluten Datierung der Bandkeramik zu minimieren, soll das Verfahren des sogenannten *wigglematching* (Blaauw u. a. 2004) angewandt werden. Dabei werden alle Zusatzinformationen berücksichtigt, die sich zur chronologischen Einordnung der Proben eignen (z. B. Kenntnis der Stratigraphie oder typologischer Abfolgen; Weninger 1986; Pearson 1986; Benz u. a. 2012).

Archäobotanik

Ein weiterer Schwerpunkt des Forschungsprojekts ist die Gesamtauswertung aller erhaltenen botanischen Makroreste, womit auch Ackerbau und Wildpflanzennutzung in den Fokus der Untersuchungen gestellt wurden. Insgesamt konnten im Zuge der Ausgrabung 60 Proben aus 33 Befunden genommen werden, insgesamt mehr als 300 Liter. Nach einem ersten groben Screening im Auftrag des BLfD durch B. Zach, Bernbeuren, enthielt mit 95% ein Großteil der untersuchten Proben botanische Großreste, deren Auswertung sehr gute Ergebnisse zur Funddichte und Erhaltungszustand lieferten. Die Ergebnisse zeigen ein für die Zeit der Linearbandkeramik außergewöhnlich reiches Spektrum an Pflanzenresten. Sie geben einen ersten Einblick in die pflanzliche Ernährung, lassen Rückschlüsse auf Ackerbaumethoden erwarten und

---

10   Da in Oberfranken bisher noch keine eigenständige Regionalchronologie für die Zeit der Linearbandkeramik erarbeitet wurde, nehmen unsere Ausführungen Bezug auf die Stufen I–V nach Meier-Arendt 1966 (Stufe I: älteste LBK; Stufe II: Flomborn/ältere LBK; Stufe III: mittlere LBK; Stufe IV: jüngere LBK; Stufe V: jüngste LBK). Zur gebräuchlichen Terminologie in der Linearbandkeramik vgl. Mischka u. a. 2015, Tab.1.

11   Vgl. Anm. 6.

12   Vgl. Anm. 6.

können möglicherweise neue Erkenntnisse zu Pflanzennutzung, der Lagerung und der Verarbeitung liefern.

Für sieben der genannten Proben wurde bereits eine detailliertere Analyse durchgeführt[13]. Die Funddichte der Proben schwankt zwischen vier und 65 Resten pro Liter Probenmaterial, eine Ausnahme bildet Probe 6 mit 2.147 Resten pro Liter, bei der es sich um eine Vorratsgrube der mittleren Bandkeramik handelt (Zach u. a. 2016, im Druck). Wie auch in anderen ältest-linearbandkeramischen Fundplätzen konnten als einzige Weizenarten Emmer (*Triticum dicoccum*) und Einkorn (*Triticum monococcum*) nachgewiesen werden. An Hülsenfrüchten sind Erbse (*Pisum sativum*) und Linse (*Lens culinaris*) vertreten.

Abb. 5. Stadel, Getreidevorrat aus der Linearbandkeramik. Probe 6 nach dem Schlämmen, noch feucht, grobe Fraktion (Siebmaschenweite 2,5 mm). Foto: B. Zach.

Darüber hinaus erlaubt die Gesamtuntersuchung der zwei Proben der ältesten Linearbandkeramik tendenzielle Rückschlüsse für diese frühe Phase in Stadel: Die nachgewiesene Ackerunkrautvegetation umfasst Arten, die eine gute Versorgung des Bodens mit pflanzenverfügbaren Nährstoffen belegen. Anzunehmen ist, dass das Getreide auf den fruchtbaren Lösssubstraten in unmittelbarer Umgebung angebaut wurde. Taxa wie Gänsefuß und Hirse, typische Unkräuter häufig gestörter Böden, sprechen für eine gartenähnliche Bewirtschaftung des Bodens in dieser Zeit. Der hohe Anteil der Spelzreste zusammen mit der großen Anzahl an Ackerunkraut und Ruderalarten in den ältestbandkeramischen Proben spricht für eine Versorgung aus eigenem Anbau (Zach u. a. 2016, im Druck).

In den untersuchten Proben der mittleren Linearbandkeramik treten Mohn, Haselnuss und Lein neu hinzu. Ungewöhnlich ist Probe 6, die aus einer Vorratsgrube stammt. Neben Emmer und Einkorn enthielt sie auch die Spelzweizenart „*New Type Glume Wheat*", bei dem es sich mutmaßlich um Timopheevi-Weizen (*Triticum timopheevi*) handelt (Zach u. a. 2016, im Druck). Der Vorrat war äußerst rein und wies weder Holzkohleflitter noch eine Beimischung von Unkräutern auf (Abb. 5). Möglicherweise war die Deponierung für die nächste Aussaat vorgesehen. Dies gibt einen wertvollen Einblick in die Techniken der Vorratshaltung. Oftmals können Pflanzenresten aus linearbandkeramischen Siedlungen aufgrund ihrer schlechten Erhaltung nicht eingehend untersucht werden, sodass für Süddeutschland bisher nur wenige archäobotanische Auswertungen für linearbandkeramische Fundorte vorliegen (Zach u. a. 2016, im Druck)[14]. Dem Fundplatz von Stadel kommt aufgrund der hohen Stetigkeit und der verhältnismäßig großen Anzahl der Pflanzenreste eine überregionale Bedeutung für die Erforschung des Frühstadiums der produzierenden Wirtschaftsweise im Norden des Freistaates Bayern zu.

Ausblick

Neben der Erhebung eines umfangreichen Bestandes an ^{14}C-Daten (insgesamt sind 55 Daten vorgesehen) und der derzeit in Vorbereitung befindlichen Gesamtauswertung aller archäobotanischen Proben aus Stadel, werden seit November 2014 im Rahmen des DFG-geförderten Forschungsprojektes „Siedlungs-,

13 Die Gesamtauswertung der ersten sieben archäobotanischen Proben wurde im Vorfeld der Realisierung des unter Anm. 6 genannten DFG-Projekts „Siedlungs-, Wirtschafts- und Sozialarchäologie des frühen Neolithikums im Tal der Itz (Oberfranken)" im Auftrag des BLfD München durchgeführt.

14 In Nordbayern wurden bisher für die Zeit der Linearbandkeramik die Fundorte Ebermannstadt-Eschlipp (Oberfranken), Stadel (Oberfranken), Schwanfeld (Unterfranken) und Buchbrunn (Unterfranken) archäobotanisch untersucht (vgl. Zach u. a. 2016, Abb.1).

Wirtschafts- und Sozialarchäologie des frühen Neolithikums im Tal der Itz (Oberfranken)" weiterführende archäometrische Analysen durchgeführt. Hierzu gehören die derzeit laufenden Analysen von an Gefäßen anhaftenden organischen Krusten durch Prof. Dr. C. Heron, Bradford. Sie bieten die besondere Gelegenheit, sich einem weiteren Teilaspekt der linearbandkeramischen Lebensweise zu nähern, nämlich der Verwendung der Gefäße und damit auch dem Nahrungs- und Wirtschaftsverhalten in linearbandkeramischer Zeit.

Während der Ausgrabung in Stadel konnte eine recht große Menge an Tierknochen aus 155 Befunden geborgen werden. Da diese Funde aus Gruben aller Siedlungsphasen stammen, erlauben sie eine diachrone Analyse zur Nutzung von Haus- und Wildtieren. Die archäozoologische Bestimmung und Auswertung der Faunenreste aus Stadel erfolgte im Auftrag des BLfD bereits 2013 durch Dr. H. Napierala, Bingen. Im Ergebnis lassen sich beim Wildsäugetieranteil und der Häufigkeitsverteilung der Haussäugetierreste tendenzielle Ähnlichkeiten zu angrenzenden Siedlungsräumen, speziell Mitteldeutschland und Böhmen, doch auch deutliche Unterschiede zum südbayerischen Raum (vgl. Bickle/Whittle 2013, 2–27) erkennen. In Zusammenschau mit den publizierten Befunden von Buchbrunn (Steppan 2012) und Schwanfeld (Uerpmann 2001, 60, Tab. 8) verbessert die detaillierte Analyse dieses Tierknocheninventars die statistische Datengrundlage zur Charakterisierung der frühneolithischen Tierhaltung im Norden des heutigen Freistaates Bayern erheblich.

Weiterhin soll versucht werden, die Keramik von Stadel und benachbarter Fundstellen anhand von polarisationsmikroskopischen Dünnschliffanalysen (Prof. Dr. Ole Stilborg, Stockholm und Hamburg) repräsentativer Stücke mikroskopisch zu charakterisieren, um sich so Fragen zu fertigungstechnischen Eigenschaften, Aufbereitung und verwendeter Tonvorkommen zu nähern.

Eine weitere Aufgabe des Projektvorhabens besteht darin, die Fundstelle Stadel im Sinne der Landschaftsarchäologie im Kontext ihres lokalen Umfeldes im Talverlauf der Itz zu betrachten. Dabei gilt es, bestehende Modellvorstellungen zur Rohmaterialversorgung in bandkeramischen Siedlungen für das Arbeitsgebiet zu überprüfen. Die petrographischen Analysen ausgewählter Artefakte durch Dünnschliffe werden Aspekte der regionalen Ressourcennutzung beleuchten.

Literatur

BENZ U. A. 2012: M. Benz/A. Coşkun/I. Hajdas/K. Deckers/S. Riehl/K. W. Alt/B. Weninger/V. Özkaya, Methodological Implications of New Radiocarbon Dates from the Early Holocene Site of Körtik Tepe, Southeast Anatolia. Radiocarbon 54, 3/4, 2012, 291–304.

BERGHAUSEN 2015: K. Berghausen, Magnetometrische Untersuchungen an spätkeltischen Viereckschanzen in Bayern. Schriftenr. BLfD 9 (München 2015).

BICKLE/WHITTLE 2013: P. Bickle/A. Whittle (Hrsg.), The first farmers of Central Europe: Diversity in LBK lifeways (Oxford 2013).

BLAAUW U. A. 2004: M. Blaauw/B. van Geel/D. Mauquoy/J. van der Plicht, Carbon-14 wiggle-match dating of peat deposits: advantages and limitations. Journal Quaternary Science 19, 2, 2004, 177–181.

BÜRGER 2008: I. Bürger, Die Funde der Bandkeramik vom Motzenstein bei Wattendorf, Lkr. Bamberg. Ein Beitrag zur Besiedlungsgeschichte der Nördlichen Frankenalb 5500–4900 v. Chr. In: J. Müller/T. Seregély (Hrsg.), Wattendorf-Motzenstein. Eine schnurkeramische Siedlung auf der Nördlichen Frankenalb. Naturwissenschaftliche Ergebnisse und Rekonstruktion des schnurkeramischen Siedlungswesens in Mitteleuropa. Endneolithische Siedlungsstrukturen in Oberfranken II. Universitätsforsch. Prähist. Arch. 155 (Bonn 2008) 129–150.

FASSBINDER 2015: J. Fassbinder, Seeing beneath the farmland, steppe and desert soil: magnetic prospecting and soil magnetism, Journal Arch. Science 56, 2015, 85–95.

KUNKEL 1955: O. Kunkel, Die Jungfernhöhle bei Tiefenellern. Eine neolithische Kultstätte auf dem Fränkischen Jura bei Bamberg. Münchner Beitr. Vor- u. Frühgesch. 5 (München 1955).

LORÉ 2011: F. Loré, Eine linienbandkeramische Siedlung auf der ICE-Trasse bei Stadel. Arch. Jahr Bayern 2010 (2011) 18–21.

MEIER-ARENDT 1966: W. Meier-Arendt, Die bandkeramische Kultur im Untermaingebiet (Bonn 1966).

MISCHKA U. A. 2015: D. Mischka/W. Schirmer/B. Zach, Vorbericht zu den Feldforschungen in der linearbandkeramischen Siedlung von Eschlipp, Lkr. Forchheim (Oberfranken). Bayer. Vorgeschbl. 80, 2015, 7–37.

O'NEILL 2013: A. O'Neill, Zu den Anfängen der linienbandkeramischen Siedlung Stadel und ihrer Bedeutung für Oberfranken. Bayer. Vorgeschbl. 78, 2013, 5–16.

O'NEILL/CLASSEN 2013: A. O'Neill/E. Claßen, Stadel – Schlüssel zu einer bandkeramischen Siedlungsgruppe an der Itz. Beitr. Arch. Ober- u. Unterfranken 8, 2013, 9–28.

ORSCHIEDT 1998: J. Orschiedt, Die Jungfernhöhle bei Tiefenellern. Eine Neuinterpretation. 133. Ber. Hist. Ver. Bamberg, 1998, 185–198.

ORSCHIEDT 1999: J. Orschiedt (Hrsg.), Manipulationen an menschlichen Skelettresten. Urgesch. Materialh. 13 (Tübingen 1999).

PEARSON 1986: G.W. Pearson, Precise calendrical dating of known growth-period samples using a „curve fitting" technique. Radiocarbon 28 (2A), 1986, 292–299.

SCHÖNWEISS 1976: W. Schönweiß, Die bandkeramischen Siedlungen von Zilgendorf und Altenbanz. Kat. Prähist. Staatsammung 18 (Kallmünz/Opf. 1976).

STÄUBLE 1995: H. Stäuble, Radiocarbon Dates of the Earliest Neolithic in Central Europe. Radiocarbon 37, 1995, 227–237.

STEELE/SHENNAN 2000: S. Steele/S. J. Shennan, Spatial and Chronological Patterns in the Neolithisation of Europe, 2000. http:// ads.ahds.ac.uk/catalogue/specColl/c14_meso (abgerufen am 29.12.2015).

STEPPAN 2012: K. Steppan, Die Tierreste aus der bandkeramischen Siedlung bei Buchbrunn, Lkr. Kitzingen. In: J. Kuhn, Buchbrunn. Eine Siedlung der Linearbandkeramik in Nordbayern. Berliner Arch. Forsch. 10 (Rahden/Westf. 2012) 297–324.

UERPMANN 2001: M. Uerpmann, Animaux sauvages et domestiques du Rubanè « le plus ancien » en Allemagne. In: R.-M. Arbogast/C. Jeunesse/J. Schibler (Hrsg.), Rolle und Bedeutung der Jagd während des Frühneolithikums Europas (Linearbandkeramik 5500 – 4900 v. Chr.) (Rahden/Westf. 2001) 57–75.

WAGNER 2015: M. Wagner, Die linearbandkeramische Siedlung von Bad Staffelstein. Arch. Jahr Bayern 2014 (2015) 20–22.

WENINGER 1986: B. Weninger, High-precision calibration of archaeological radiocarbon dates. Acta Interdisciplinaria Arch. 4, 1986, 11–53.

ZACH U. A. 2016: B. Zach/A. O'Neill/S. Berg-Hobohm, Verkohlte Pflanzenreste aus einer Vorratsgrube und Gruben der linearbandkeramischen Siedlung von Stadel, Bad Staffelstein. Ber. Bayer. Bodendenkmalpfl. 2016, im Druck.

Anneli O'Neill
Ludwig-Maximilians-Universität München
Institut für Vor- und Frühgeschichtliche Archäologie
und Provinzialrömische Archäologie
Geschwister-Scholl-Platz 1
80539 München
anneli.oneill@vfpa.fak12.uni-muenchen.de

Heiner Schwarzberg
Archäologische Staatssammlung München
Lerchenfeldstr. 2
80538 München
heiner.schwarzberg@extern.lrz-muenchen.de

J. Pechtl / T. Link / L. Husty (Hrsg.), Neue Materialien des Bayerischen Neolithikums. Tagung im Kloster Windberg vom 21. bis 23. November 2014. Würzburger Studien zur Vor- und Frühgeschichtlichen Archäologie 2 (Würzburg 2016) 63–76.

Grenzgebiete? Ein Projekt zur Linearbandkeramik in Unterfranken und Thüringen

Jessica Siller

Zusammenfassung

Das hier vorgestellte Projekt beschäftigt sich mit der Linearbandkeramik nördlich und südlich des Thüringer Waldes. Die beiden Bearbeitungsgebiete, Unterfranken und das südliche und mittlere Thüringen, bedürfen dringend einer Neubearbeitung. Gerade im Hinblick auf ihre zentrale Lage im Verbreitungsgebiet der Linearbandkeramik und damit einhergehend ihrer Lage im Spannungsfeld zwischen rheinischer und mitteldeutscher Ausprägung der Kultur sind sie von Interesse. Basis des Projektes ist eine systematische Aufnahme und Auswertung von Keramikinventaren ausgewählter Fundstellen. Ein Ziel ist es dabei, allgemeingültige Referenzchronologien zu erstellen, die in beiden Gebieten bisher fehlen. Mit Hilfe von begrenzt auftretenden, spezifischen Verzierungsspektren ist es möglich, Kontakte zwischen den beiden Regionen nachzuweisen und zu klären, inwiefern der Thüringer Wald als natürliche Barriere eine tatsächliche Grenze innerhalb des Kulturtransfers darstellte. Ergänzt werden die Untersuchungen durch GIS-basierte Analysen. Dabei sollen unter anderem Berechnungen zur Siedlungsdichte mit chronologischen Informationen kombiniert werden, um so Erkenntnisse zum Siedelverhalten zu erlangen. Ziel des Projektes ist es, ein differenziertes Bild der Linearbandkeramik in Unterfranken und Thüringen zu erstellen. Zusätzlich wird die Frage nach kulturellen Kontakten zwischen den beiden Gebieten geklärt.

Abstract

The presented project is concerned with the *Linearbandkeramik* in the regions north and south of the Thuringian Forest. Due to the unsatisfying state of research a revision of the two study areas – Lower Franconia and southern and central Thuringia – is urgently required. These regions are located in the centre of the distribution area of the *Linearbandkeramik*. At the same time – and this is of particular interest – they are situated between the poles of two regional manifestations of the LBK, the Rhineland and Central Germany. The systematic collection and analysis of ceramic inventories of selected sample sites will provide the basis of the project. The aim is to create universally applicable reference chronologies, which are missing for both regions. On the basis of geographically limited specific ranges of motives contacts between the two regions can be identified. Furthermore, it needs to be discussed if the Thuringian Forest can be considered as a natural border only or if it acted as an actual border in cultural transfer. These archaeological analyses will be supplemented by GIS-based analysis. The combination of calculations regarding settlement density and chronological information possibly enables the identification of settlement patterns.

Die Siedlung von Buchbrunn

Das von der DFG geförderte Forschungsprojekt „Grenzgebiete? Kulturelle Identitäten nördlich und südlich des Thüringer Waldes zur Zeit der Linearbandkeramik" ging aus einer Aufarbeitung der Funde und Befunde der bandkeramischen Siedlung von Buchbrunn, Lkr. Kitzingen, hervor (Kuhn 2012). Während der Bearbeitung zeigte sich, dass der Forschungsstand für die unterfränkische Region als ungenügend beschrieben werden muss. Als das grundlegende Werk für chronologische Betrachtungen galt bisher die Publikation von W. Meier-Arendt zur Bandkeramik im Untermaingebiet (Meier-Arendt 1966). In dieser Arbeit wird auf der Basis typenkundlicher Analysen verzierter Keramik, die größtenteils aus Lesefundkomplexen stammt, die

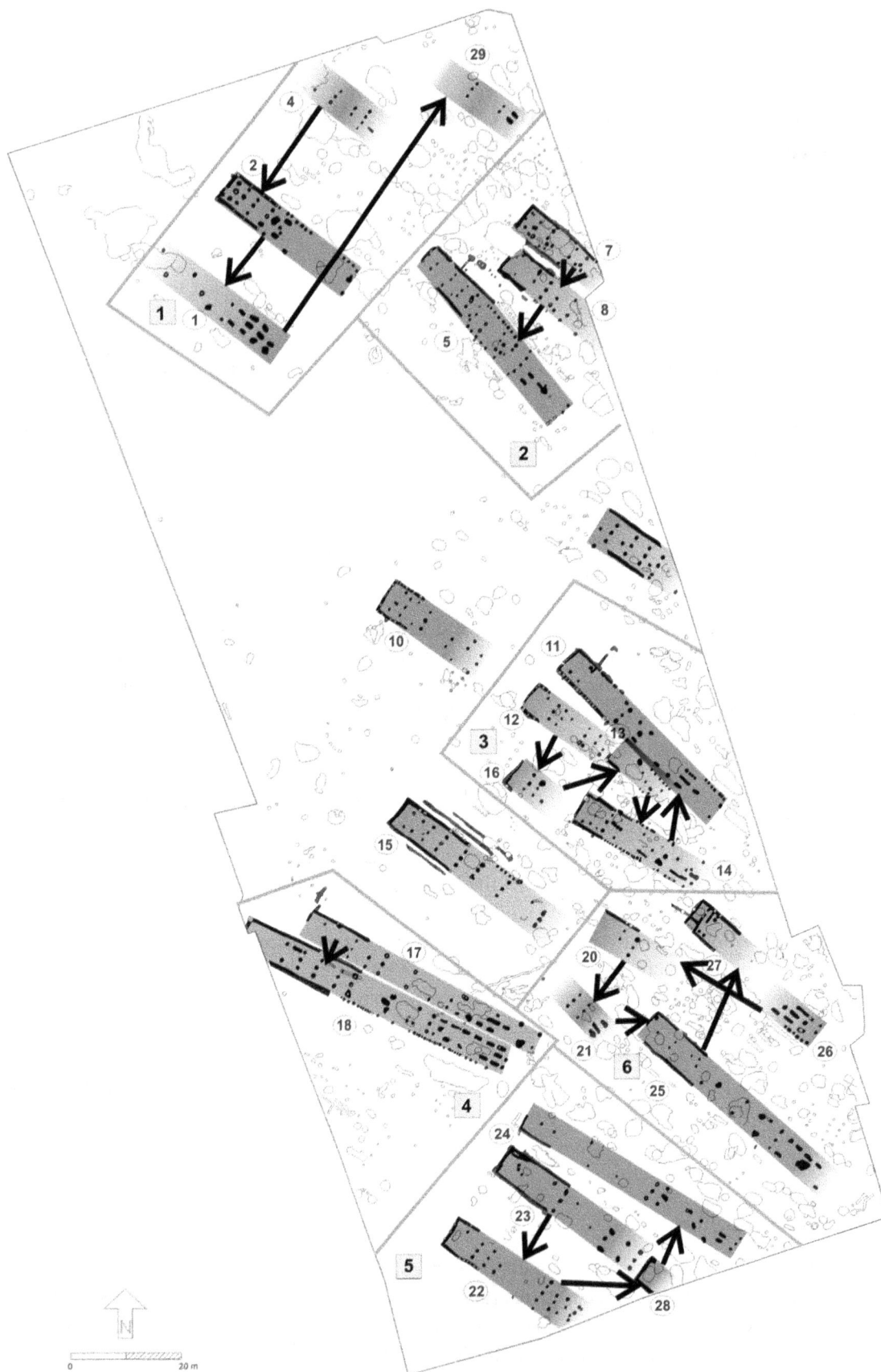

Abb. 1. Abfolge der Gebäude in den sechs Häusergruppen in Buchbrunn.

Bandkeramik in fünf Stufen eingeteilt. Gleichzeitig wird der Begriff der „Rhein-Main-Gruppe" eingeführt, deren Hauptmerkmal die Verwendung von Schraffurmustern ist (v. a. Kreuzschraffur). Diese Gruppe ist zwischen Mosel und Lahn bis zur Neckarmündung, in Hessen und im westlichen Unterfranken verbreitet.1985 erschien eine Arbeit zur Bandkeramik in Unterfranken, die sich mit einer statistischen Auswertung von Lesefunden befasst (Brandt 1985). Eine weitere wichtige Publikation beschäftigt sich mit der vorgeschichtlichen Besiedlung im Maindreieck (Schier 1990). Der Schwerpunkt bei dieser Gesamtbetrachtung liegt vor allem auf einer siedlungsarchäologischen Fragestellung. Größere Ausgrabungen finden sich nur wenige in Unterfranken, zu denen zudem kaum größere wissenschaftliche Untersuchungen vorliegen (u. a. Schußmann 2004; Dinkl 2009). Zu nennen sind weiterhin zwei größere Übersichtswerke, die sich in Teilen ebenfalls mit der bandkeramischen Besiedlung im unterfränkischen Raum beschäftigen (Obst 2012; Pfister 2011). Mit den Funden und Befunden der Siedlung von Buchbrunn bot sich zum ersten Mal die Möglichkeit einer genaueren Untersuchung der Linearbandkeramik in diesem Gebiet.

Buchbrunn, Lkr. Kitzingen, liegt am östlichen Rand des sogenannten Maindreiecks. Dieser zentrale Bereich Unterfrankens war aufgrund der sehr guten Lössböden bereits zur Zeit der Linearbandkeramik ein bevorzugtes Siedlungsgebiet. So findet sich vor allem oberhalb des Maintals eine Vielzahl altneolithischer Fundstellen, die teils sogar in Sichtweite zueinander liegen (Schier 1990, Karte 39). 2001 wurde in der Gemeinde Buchbrunn ein Neubaugebiet ausgewiesen, wobei das hohe archäologische Potential dieses Platzes bereits durch zahlreiche Oberflächenfunde sowie Luftbilder belegt war. Aufgrund dessen fand 2001/2002 auf einer circa 2 ha großen Fläche eine archäologische Ausgrabung statt, wobei ein Teil einer bandkeramischen Siedlung freigelegt werden konnte. Insgesamt wurden 1838 bandkeramische Befunde ausgegraben, die im Durchschnitt noch 30 cm tief erhalten waren. Somit konnte von einer guten Befunderhaltung und damit einhergehenden ebenfalls guten Funderhaltung ausgegangen werden. Insgesamt wurden 26 sichere Hausgrundrisse definiert, die nach dem üblichen Schema bandkeramischer Häuser aus einem Nordwest-, einem Mittel- und einem Südostteil bestehen. Im Grabungsplan konnte festgestellt werden, dass die Befunde nach Nordwesten und Südosten hin ausdünnen, sodass hier das natürliche Ende der Siedlung erfasst wird. Nach der Befundsituation ist davon auszugehen, dass die Siedlung sich weiter nach Osten hin ausgedehnt hat, wobei Luftbilder und Oberflächenfunde diese Annahme bestätigen. Es wurde somit nur ein Teil der Siedlung erfasst, was bei den Analysen stets berücksichtigt werden muss (Abb.1).

Auf der Basis der Rand- und Bandverzierungen wurde mit Hilfe statistischer Untersuchungen eine chronologische Auswertung der Keramik vorgenommen. Der erste Schritt war, wie in der Forschung üblich, die Erstellung eine Seriation verbunden mit einer Korrespondenzanalyse. Unter Verwendung von arbiträren Schwerpunktintervallen konnte das Keramikmaterial in fünf Stufen eingeteilt werden. Diese einzelnen Stufen werden dabei als Stilphasen interpretiert, die unabhängig von der Zeit sind (Abb.2). Innerhalb der Linearbandkeramik datiert die Siedlung in die mittlere bis jüngste Phase.

Anschließend wurden mit Hilfe dieser Stufeneinteilung die einzelnen Hausgrundrisse datiert. Problematisch war dabei, dass die üblicherweise zur Datierung herangezogenen Längsgruben in den meisten Fällen nicht nachweisbar waren. Aus diesem Grund war die wichtigste Datierungshilfe die Stratigraphie, durch die der chronologische Zusammenhang einzelner Befunde in eindeutiger Weise geklärt ist. Einen weiteren Datierungsansatz lieferten Wirtschaftsgruben, die sich innerhalb einer vorher definierten Wirtschaftszone befanden und einen direkten Bezug zum betreffenden Haus erkennen ließen. Nachdem die einzelnen Gebäude datiert waren, wurde die Siedlungsabfolge durch die Zeit untersucht. Die Häuser wurden auf der Basis verschiedener Überlegungen in sechs Häusergruppen eingeteilt (u. a. Nähe der Häuser, parallele und giebelständige Ausrichtung). Bei der Abfolge der Grundrisse innerhalb dieser Häusergruppen, lassen sich zwei unterschiedliche Muster erkennen. Zum einen zeigt sich eine eindeutige Zeilenbildung der Häuser ohne Überschneidungen, zum anderen überlagern sich die Grundrisse teils in eindeutiger Weise. Bei den Überlegungen spielten klar definierte Zeiteinheiten keine Rolle, da das zugrunde liegende fünfstufige Chronologiesystem ebenfalls unabhängig von der Zeit ist. Es wurde deutlich, dass in Buchbrunn keine einheitliche Siedlungsstruktur fassbar ist (siehe Abb.1).

Die Siedlungstätigkeit in Buchbrunn setzt in der mittleren Linearbandkeramik ein. Ab dieser Zeit ist eine Aufspaltung des bisher relativ einheitlichen linearbandkeramischen Verzierungskanons in einzelne lokale und regionale Stilprovinzen erkennbar. Ein weiterer wichtiger Punkt der Analysen war daher der

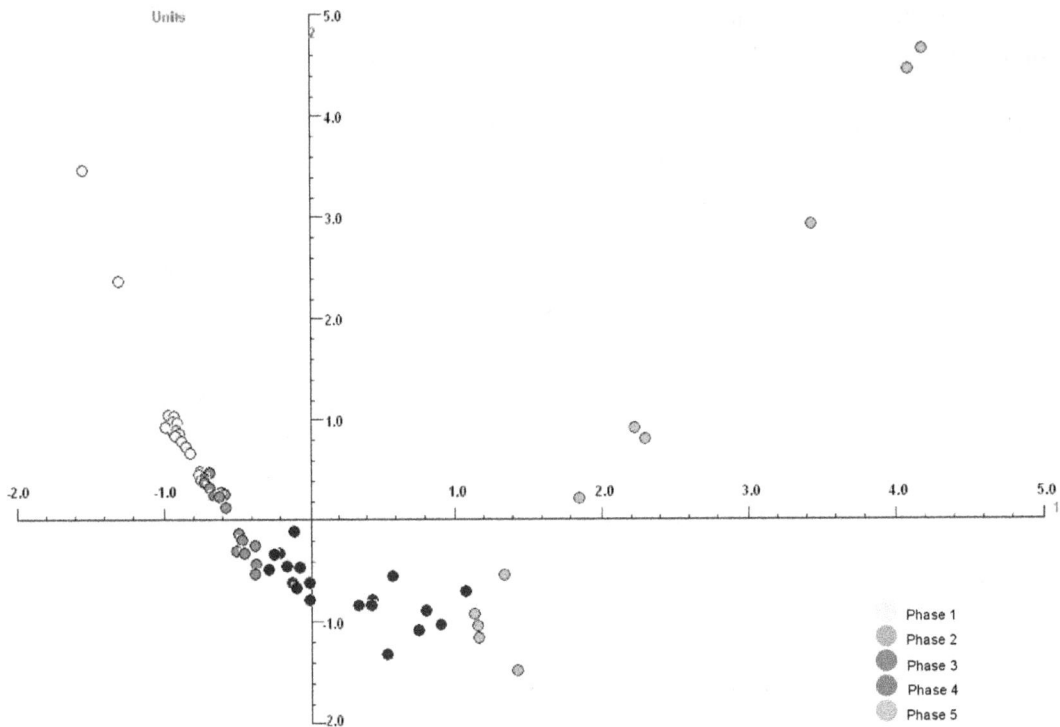

Abb. 2. Korrespondenzanalyse der Keramik von Buchbrunn (1./2. EV, Gruben). Einteilung der Gruben in Stilphasen.

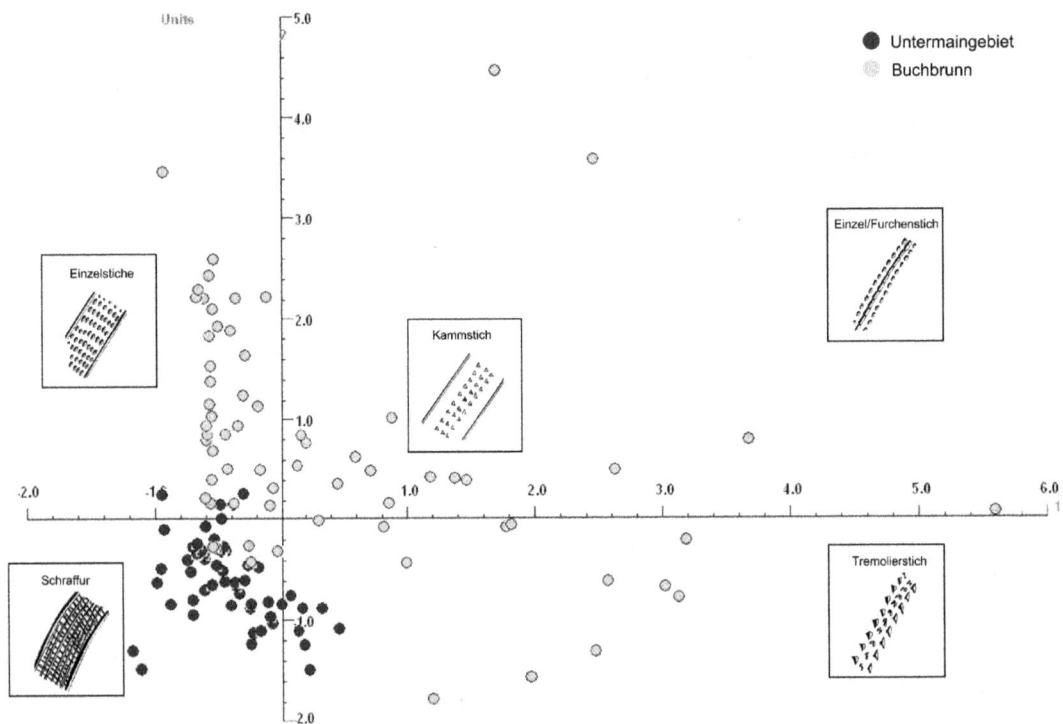

Abb. 3. Detrendete Korrespondenzanalyse der Fundkomplexe aus Buchbrunn und dem Untermaingebiet. Darstellung der Gruben.

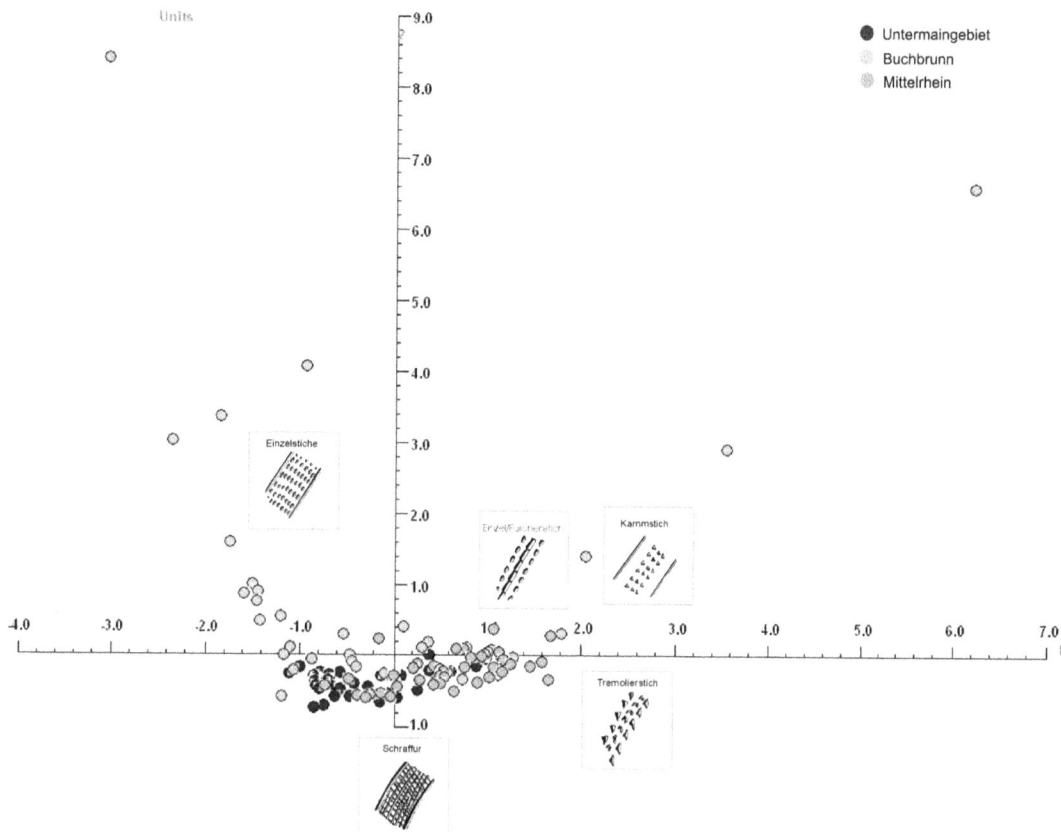

Abb. 4. Detrendete Korrespondenzanalyse der Fundkomplexe aus Buchbrunn, dem Untermaingebiet und dem Mittelrhein-gebiet (1./2. EV, Inventare, Präsenz-Absenz-Matrix).

Vergleich der Stileigenheiten von Buchbrunn mit denen anderer Regionen. Dabei sind vor allem drei Verzierungsstile von Interesse, der Rhein-Main-Schraffurstil, der Leihgesterner Stil und der Plaidter Stil. Der sogenannte Rhein-Main-Schraffurstil tritt, wie bereits angemerkt, vornehmlich im Untermaingebiet auf und schließt somit in seiner Verbreitung direkt an Unterfranken an (Meier-Arendt 1972, 97 Abb. 55). Als typische Muster finden sich Längs-, Quer- und Schrägschraffuren, deren Schraffen jeweils sehr dicht gesetzt sind. Besonders kennzeichnend aber ist für diesen Stil die Kreuzschraffur, deren gitterartige Schraffen sowohl aus breiten als auch aus sehr feinen Ritzlinien bestehen können. Für den Leihgesterner Stil ist ein Kammstrich typisch, der vornehmlich durch das Ziehen eines zweizinkigen Gerätes hergestellt wird, wobei allerdings auch drei- oder vierzinkige Geräte Verwendung finden können. Diese Verzierung lässt sich vornehmlich zwischen den Flüssen Eder und Wetter nachweisen (Meier-Arendt 1972, 110 Taf. 57; Kneipp 1998, 158 Taf. 53.). Direkt an das Vorkommen dieses Verzierungsstil schließt sich der Plaidter Stil an, der im Gebiet des Mittelrheins und vor allem des Neuwieder Beckens verbreitet ist (Meier-Arendt 1972, 98 Taf. 56). Kennzeichnend für diesen Stil ist eine flächige Verzierung der Gefäße, die im Gegensatz zur vorher verwendeten zonenweisen Einteilung der Musterelemente steht. Dies wird durch den Einsatz sehr breiter Bänder erreicht, die charakteristischerweise mit Hilfe vielzinkiger Kämme hergestellt werden. Dabei treten neben einem einfachen Kammstich, auch Furchen- und Tremolierstiche auf, die untereinander kombiniert werden können. Da sich bei diesen Bändern oft keine begleitenden Ritzlinien mehr finden – das eigentliche „Band" somit nicht mehr vorhanden ist –, deutet sich hier eine allmähliche Auflösung des bandkeramischen Motivschatzes an. Diese Annahme wird durch die Datierung des Stils in die jüngere bis jüngste Linearbandkeramik bestätigt (Meier-Arendt 1972, 116; Dohrn-Ihmig 1979, 309).

Untersucht man die Anteile der typischen Muster der drei Verzierungsstile im Buchbrunner Material, wird deutlich, dass die Verzierungen überwiegen, die mit dem Plaidter Stil in Verbindung gebracht werden können. Geht man von der einfachen Annahme aus, dass sich die Nähe zweier Regionen positiv auf den

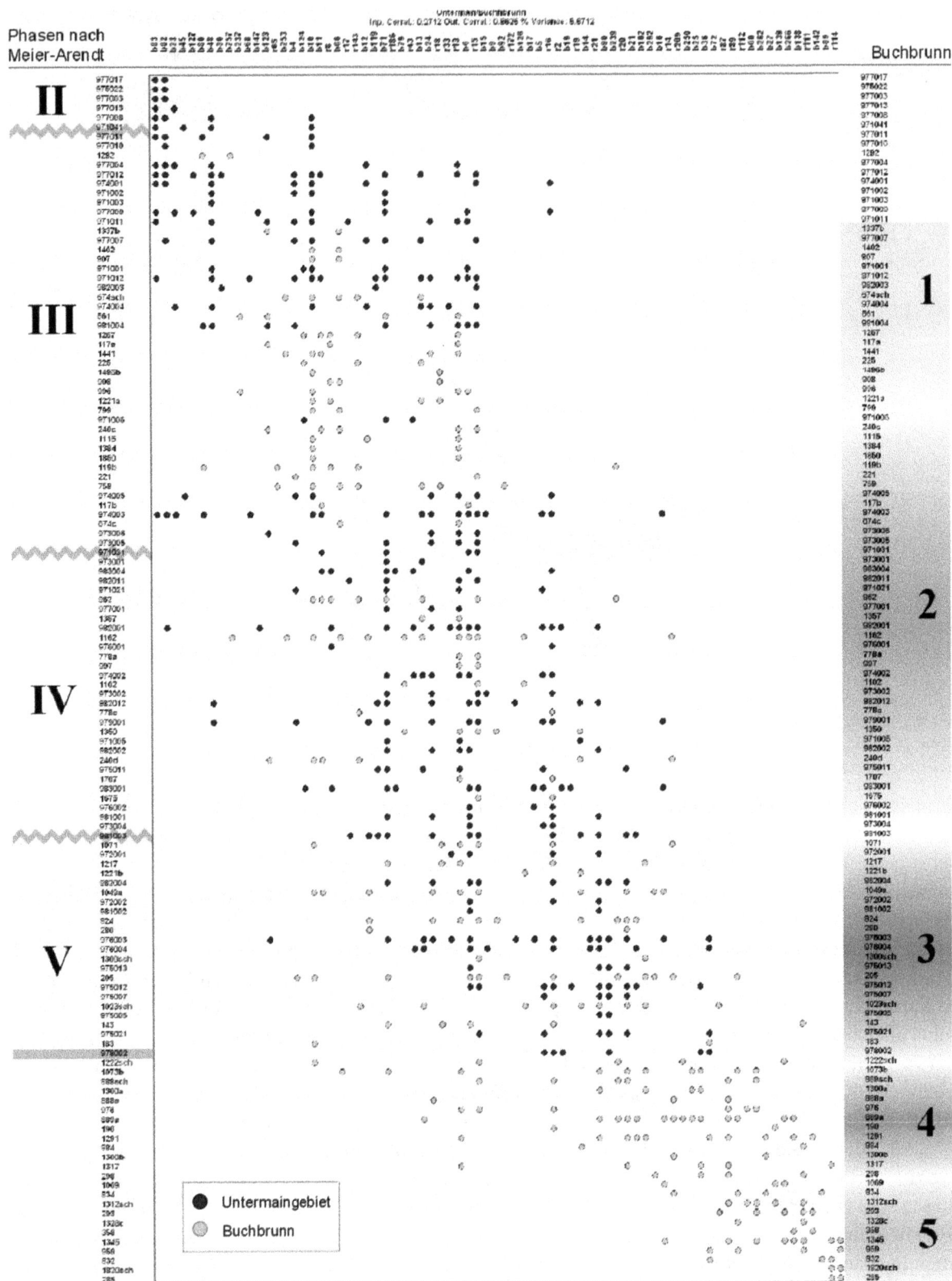

Abb. 5. Gemeinsame Seriation des Buchbrunner und des untermainischen Keramikmaterials. Linke Seite: Einteilung nach den Verzierungsphasen nach Meier-Arendt, rechte Seite: Einteilung nach den Buchbrunner Verzierungsphasen.

Kulturaustausch auswirkt, müsste dagegen der Rhein-Main-Schraffurstil häufiger vertreten sein. Dieser allerdings wurde im Material eher selten erkannt. Aus diesem Grund wurde die Verbindung zwischen dem Buchbrunner Material und den untermainischen Fundkomplexen genauer untersucht. Es wurde eine gemeinsame Seriation erstellt, wobei für das untermainische Gebiet die Keramikkomplexe herangezogen wurden, die von H.-C. Strien in einer Arbeit zur Bandkeramik in Württemberg Verwendung fanden (Strien 2000, 180–181 Tab 4.54, 118–119.). Beachtet werden muss dabei, dass es sich bei diesen Fundkomplexen um Oberflächenfunde handelt, während die Scherben aus Buchbrunn aus geschlossene Befunde stammen. Da mit diesem Vergleich nur Tendenzen aufgezeigt werden sollen, kann diese Ungleichheit vernachlässigt werden. Als Methode wurde eine detrendete Korresponenzanalyse herangezogen, die bereits bei Unter- suchungen der hessischen Bandkeramik erprobt wurde (Kerig 2005, 129). Innerhalb der Darstellung ist eine klare Trennung der beiden Komplexe erkennbar, die sich durch das Vorkommen verschiedener Bandmuster erklären lässt (Abb. 3). Während das Verzierungsspektrum des Untermains stark von der Verwendung von Schraffurbändern geprägt ist, ist bei den Buchbrunner Inventaren ein erheblicher Anteil von Kamm- und Furchenstichbändern zu verzeichnen. Vereinfacht lässt sich damit aussagen, dass sich das Verzierungsspektrum von Buchbrunn mehr am Plaidter Stil orientiert, als dass es die Eigenheiten des näher gelegenen Rhein-Main-Schraffurstils übernimmt. Um diese Annahme zu stützen wurde eine weitere detrendete Korrespondenzanalyse erstellt, in der zusätzlich Funde aus Lothringen, dem Moseltal und den Gebieten des Neckars aufgenommen wurden. (Schmidgen-Hager 1993, Anhang D Nachweislisten 2 und 3, Beilage 4). In dieser Darstellung zeigt sich eindeutig ein Zusammenhang zwischen den Buchbrunner Inventaren und denen des Moseltales, vornehmlich des Neuwieder Beckens. Dies bestätigt wiederum die bereits bei der Berechnung der prozentualen Anteile der Muster gemachte Annahme, dass sich die Verzierungen am Plaidter Stil orientieren (Abb. 4).

Nun stellt sich allerdings die Frage, ob es sich bei den Beobachtungen um ein rein geographisches Phänomen handelt oder ob auch ein chronologischer Aspekt fassbar ist. Charakteristische Zierweisen, die jeden Verzierungsstil prägen, dienen oft zur Abgrenzung einzelner Keramikphasen und damit einer relativ-chronologischen Einordnung des Scherbenmaterials. Es ist daher notwendig die Siedlung von Buchbrunn in das relativ-chronologische Gefüge der Linearbandkeramik einzuordnen. Zu diesem Zweck wurde erneut eine gemeinsame Seriation der Keramikinventare Buchbrunns und des Untermains erstellt. Zu Beginn der Seriation sind nur untermainische Fundorte zu erkennen, da die Besiedlung in Buchbrunn erst mit der mittleren Linearbandkeramik einsetzt (Phase III nach Maier-Arendt). Vergleicht man die Stufeneinteilung Maier-Arendts mit der Buchbrunns ab Phase III sind durchaus Übereinstimmungen zu finden. So korrespondieren die Stufen III bis V nach Maier-Arendt eindeutig mit den Stufen 1 bis 3 in Buchbrunn. Nach Phase V nach Maier-Arendt bricht die linearbandkeramische Entwicklung im Un- termaingebiet ab. Im Verzierungsspektrum von Buchbrunn allerdings tauchen Muster auf, die eindeutig einer jüngeren Zeitstellung angehören und in den untermainischen Inventaren nicht vertreten sind (v. a. Kamm- und Furchenstichmuster) (Abb. 5).

Mit der Bearbeitung der Siedlung von Buchbrunn ist es erstmals gelungen, genauere Informationen zur Linearbandkeramik in Unterfranken zu erhalten. Ein Problem ist allerdings, wie anfangs schon be- schrieben, dass weitere größere Siedlungsgrabungen fehlen. Da somit keine direkten Vergleiche für die Situation in Buchbrunn vorhanden sind, können die hier gemachten Beobachtungen nur bedingt auf den gesamten unterfränkischen Raum übertragen werden. Eine feinchronologische Abfolge der Linear- bandkeramik konnte zwar beispielhaft an einer Siedlung dargelegt werden, ob diese allerdings für den gesamten unterfränkischen Raum gültig ist, muss erst noch bewiesen werden.

Projekt „Grenzgebiete? Kulturelle Identitäten nördlich und südlich des Thüringer Waldes zur Zeit der Linearbandkeramik"

Aus diesem Ansatz heraus entstand die Idee zu dem seit 2014 von der DFG geförderten Projekt „Grenz- gebiete. Kulturelle Identitäten nördlich und südlich des Thüringer Waldes zur Zeit der Linearbandke- ramik". Unterfranken und das südliche und mittlere Thüringen und ihre Rolle im bandkeramischen Kulturgefüge stehen im Mittelpunkt der Untersuchung. Durch ihre zentrale Lage im Verbreitungsgebiet

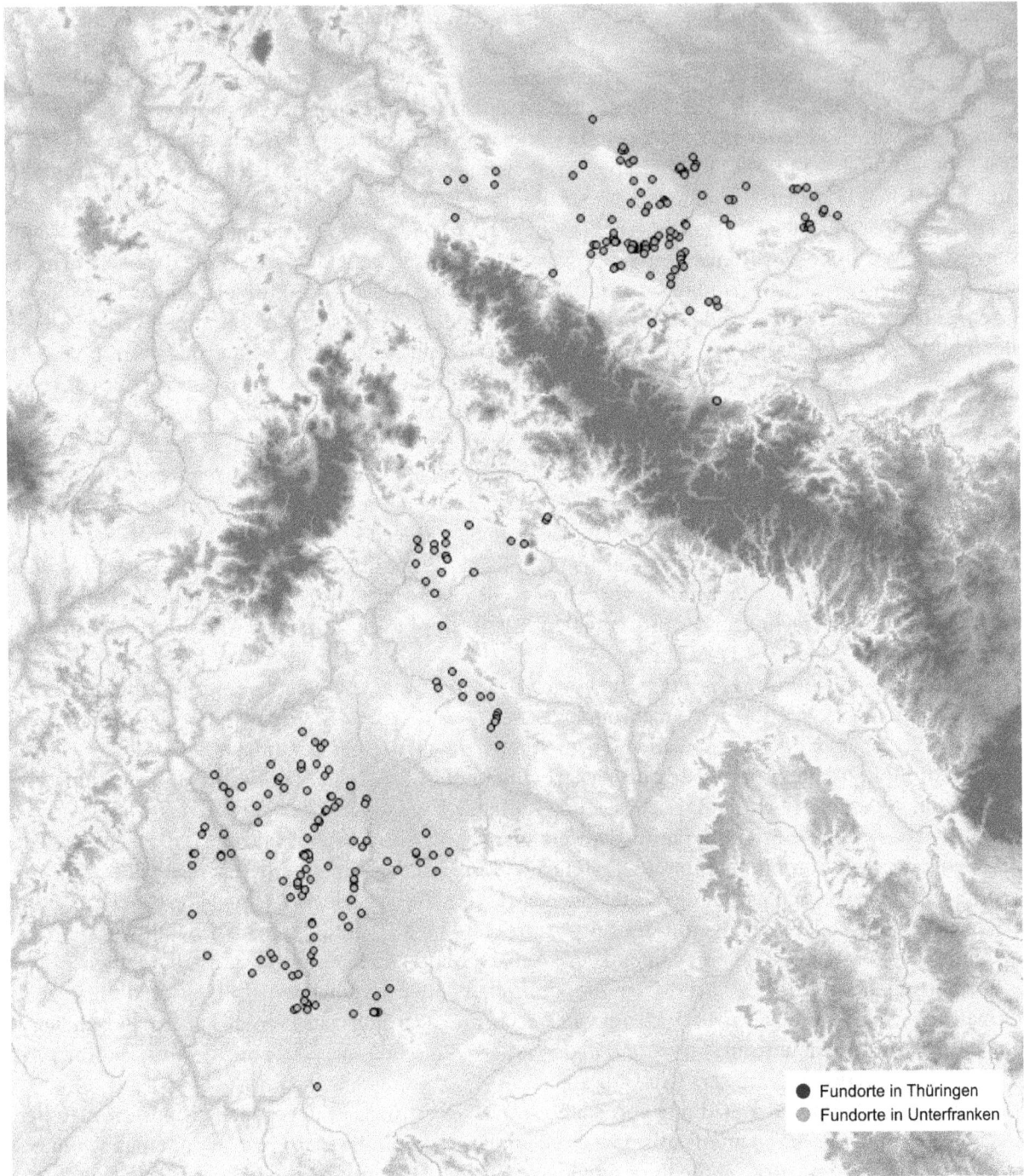

Abb. 6. Fundplätze in Unterfranken und Süd-und Mittelthüringen (Fachdaten 2015 © Bayerisches Landesamt für Denkmalpflege und Thüringisches Landesamt für Denkmalpflege).

der Linearbandkeramik stehen die beiden Regionen im Spannungsfeld zwischen rheinischer und mitteldeutscher Ausprägung der Kultur und sind deshalb von besonderem Interesse. Ein weiterer Aspekt ist zudem, dass beide Gebiete durch den Thüringer Wald voneinander abgegrenzt sind, der Höhen bis zu 1000 m erreicht. Beide Bearbeitungsgebiete fanden in der Forschung bisher kaum Beachtung, weshalb eine Neubearbeitung notwendig ist. Der Forschungsstand in Unterfranken wurde bereits genügend dargestellt. Die Situation in Süd- und Mittelthüringen ist ähnlich schlecht zu bewerten, da auch hier eine Standardchronologie fehlt. Bisher mussten bei Untersuchungen ebenfalls Chronologiesysteme aus anderen

Regionen herangezogen werden, was oft zu Schwierigkeiten führte (Hoffmann 1963). Seit den 1970er Jahren sind zudem keine größeren Übersichtsarbeiten erschienen (u. a. Kaufmann 1976; Behrens 1973; Müller 1970/71). Durch einige Aufsätze zu neueren Ausgrabungen, die vielversprechende Ergebnisse erwarten lassen, ist das thüringische Gebiet in letzter Zeit wieder ins Blickfeld der Forschung geraten (Reps 2010/2011; Küßner 2006; Wulf 2005). Die Funde von Südthüringen werden derzeit im Rahmen eines Dissertationsvorhabens aufgenommen. Eine Bearbeitung des östlichen Teils Thüringens wurde erst kürzlich von R. Einicke vorgelegt (Einicke 2014). Nach einer ersten Durchsicht der Fundstellenverzeichnisse des Thüringer Landesamtes für Denkmalpflege und Archäologie in Weimar liegen vorläufig 141 Fundstellen für eine Bearbeitung vor. Nach Norden hin wird als ungefähre Grenze das Weimarer Land genommen, da die Siedlungen hier Verbindungen zur mitteldeutschen Bandkeramik liefern könnten. Die westlichsten Fundstellen liegen im Raum Eisenach (Abb. 6). Das Siedlungsaufkommen nimmt nach Osten hin ab, was einer natürlichen Verteilung entspricht. Auch wenn die Höhen des Thüringer Waldes sicher kein Hindernis im eigentlichen Sinn dargestellt haben, ist hier verständlicherweise kaum tatsächliches Siedlungsgeschehen nachweisbar. Ein interessanter Aspekt bei der Interpretation der Rolle des Mittelgebirges als natürliche Grenze sind die Keramikfunde in den Höhlen des Thüringer Waldes (Walter 1985). Das Gebiet Südthüringens geht, ohne dass natürliche Grenzen vorhanden wären, in Unterfranken über. Das Bearbeitungsgebiet in Unterfranken wird im Osten vom Steigerwald und den Hassbergen begrenzt. Die südliche Grenze wird von dem Übergang zu Mittelfranken festgelegt. Die natürlichen Höhen des Spessarts und der Rhön fassen das Gebiet nach Westen ein. Eventuell werden zudem einzelne Fundorte aus Oberfranken, die in der Nähe des Thüringer Waldes gelegen sind, Beachtung finden.

Das grundlegende Ziel des Projektes ist es, für beide Arbeitsgebiete jeweils eine allgemeingültige Referenzchronologie zu erstellen. Dazu wird die Keramik ausgewählter Fundplätze in eine Datenbank aufgenommen. Als Basis für die Bestimmung der Muster dienten bereits vorhanden Verzierungskataloge (u. a. Stehli 1973). Aufgrund der begrenzten Zeit, die für die Aufnahme zur Verfügung steht, wurde ein vereinfachtes Aufnahmesystem entwickelt, das sich rein an der Fragestellung orientiert. Da für diese nur eindeutig bestimmbare und damit datierbare Muster relevant sind, wurden ungenau anzusprechende Verzierungen von vorneherein aussortiert. Weitere Informationen zu den einzelnen Scherben, die über die reine Typenbestimmung der Muster hinausgehen, wurden vernachlässigt (z. B. Wanddicke, Erhaltung, Magerung). Bei der Aufnahme wurden die Verzierungen ausgezählt, das heißt es wurde festgestellt, welcher Verzierungstyp wie oft auf einem Fundplatz vertreten ist. Da die Daten vor allem für statistische Untersuchgen herangezogen werden, sind diese Informationen ausreichend. Aufgrund dieses komprimierten Aufnahmesystems konnten möglichst viele Fundplätze in möglichst wenig Zeit bearbeitet werden. Dabei wurden die Fundplätze nach Sammlern getrennt betrachtet, da manche Stellen von mehreren Sammlern begangen werden. Gerade im Hinblick auf die Quellenkritik ist dies wichtig.

Zuerst wurden die Fundplätze in Unterfranken aufgenommen, auf die im Folgenden Bezug genommen wird. Da die Siedlung von Buchbrunn erst ab der mittleren Linearbandkeramik belegt ist, werden innerhalb der Fundkomplexe nur die Verzierungen berücksichtigt, die ebenfalls ab dieser Phase datieren. Die Keramik älterer Zeitstellung findet keine Beachtung. Die einzelnen Stellen wurden anhand der Fundmeldungen des Landesamtes für Denkmalpflege in Bayern lokalisiert.

Insgesamt wurden bisher 158 einzelne Fundplätze aufgenommen. Zum größten Teil wurde mit Oberflächenfunden gearbeitet, nur 12 Fundplätze stellen Ausgrabungen dar. Bei der Bearbeitung hat sich bisher gezeigt, dass der Zeitaufwand bei der Aufnahme von Ausgrabungen in keinem Verhältnis zur der gewonnenen chronologischen Information steht. Wie im Folgenden mit Ausgrabungen umgegangen werden soll, muss noch geklärt werden. Bei einigen Fundensembles älterer Sammlungen ist zudem oftmals nicht geklärt, welchen eigentlichen Fundstellen sie zuzuordnen sind, da die vom Denkmalpflegeamt vergebenen Aktennummern nicht bekannt sind. Es kann davon ausgegangen werden, dass sich aufgrund von Zusammenfassungen verschiedener Fundkomplexe die Anzahl der Fundstellen unwesentlich verringern wird.

Vornehmlich wurde, wie bereits erwähnt, mit Oberflächenfunden gearbeitet. Da es sich bei diesen nicht um geschlossene Funde handelt, müssen die Informationen, die sie liefern, quellenkritisch hinterfragt werden. Das Problem der selektiven Auswahl durch die Sammler, die häufig vor allem „schön" verzierte Keramik aufsammeln, kann vernachlässigt werden. In die Aufnahme flossen überwiegend ebensolche

Scherben ein, die folglich meist eine eindeutig
bestimmbare und zugleich datierbare Verzierung aufweisen. Der größte Teil der Grobkera-
mik, sowie sehr kleinteilige Scherben wurden
vernachlässigt. Gerade ältere Sammlungen
enthielten oft sehr gut erhaltene Keramikscherben. Dies hängt mit der Tatsache zusammen,
dass früher noch nicht die Vielzahl leistungs-
starker Geräte und Maschinen zur Feldbear-
beitung zum Einsatz kam, die wie zum Beispiel
heutige Kreiseleggen oder Fräsen die Scherben
in kleinere Teile zertrümmern können.

Bei der Auswahl der Fundplätze wurde eine
umfassende Übersicht angestrebt. Wie bereits

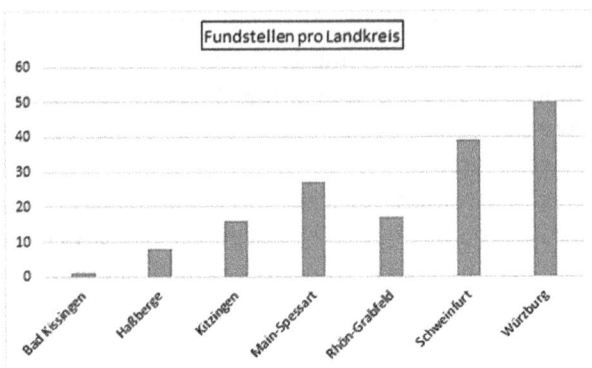

Abb. 7. Anzahl der Fundstellen in den einzelnen Landkreisen.

erwähnt, wurden nur die Gebiete östlich des Spessarts bearbeitet, sodass die Landkreise Aschaffenburg
und Miltenberg ausgeklammert werden. Für eine Vereinfachung wurde eine Übersicht nach Landkreisen
vorgenommen, ohne auf die jeweiligen natürlichen geographischen Gegebenheiten Rücksicht zu nehmen
(z. B. Flusstäler, Bewaldung) (Abb. 7). Mit 50 Fundstellen am häufigsten vertreten ist der Landkreis Würzburg. Eine ebenfalls hohe Anzahl findet sich im Landkreis Schweinfurt. Beide Landkreise haben Anteil am
Gebiet des Maindreiecks, das, wie schon berichtet, aufgrund seiner guten Böden als Altsiedellandschaft
bekannt ist. Ein erhöhtes Vorkommen von Siedlungen bedingt eine erhöhte Sammeltätigkeit, weshalb in
beiden Regionen eine Vielzahl an Sammlern bekannt ist. Ebenfalls zum Maindreieck gerechnet werden
kann der Landkreis Kitzingen, der mit 16 Fundstellen vertreten ist. Der Landkreis Main-Spessart wird von
der Archäologischen Arbeitsgemeinschaft Karlstadt betreut, weshalb dieser mit 27 Fundstellen ebenfalls
gut belegt ist. Die Archäologische Arbeitsgruppe Rhön-Grabfeld ist in ebendieser Region aktiv, sodass eine
linearbandkeramische Besiedlung auch hier mit 17 Fundstellen gut bezeugt ist. Dieses Gebiet ist gerade
im Hinblick auf seine Nähe zum Thüringer Wald äußerst interessant. Der Landkreis Bad Kissingen ist
bisher nur mit einem Fundplatz belegt.

Die Fundstellenverteilung weist auf das quellenkritische Problem hin, dass nicht alle Regionen gleich
gut von Sammlern begangen werden. Das in einer Verbreitungskarte entstehende Bild, muss nicht mit der
tatsächlichen Besiedlungsdichte übereinstimmen. Dennoch wurde versucht, durch gezielte Befragung der
Sammler zu erfahren, inwieweit fundleere Bereiche der Wirklichkeit entsprechen. Dabei ist allerdings zu
beachten, dass aufgrund der unterschiedlichen Landschaftsnutzung auch diese Informationen nur eine
bedingte Aussagekraft haben.

Bei einer statistischen Auswertung muss dem Umstand Rechnung getragen werden, dass nicht von
allen Fundstellen gleich viele Keramikverzierungen überliefert sind. Die Spanne reicht dabei von fünf bis
zu über 500 Einzelverzierungen. Inwiefern hier eine unterschiedliche Gewichtung von Verzierungen vorgenommen werden muss oder welche statistischen Mittel überdies hilfreich sind, wird sich bei der Bearbeitung zeigen. Eine Möglichkeit ist es, die einzelnen Fundplätze zu größeren Einheiten zusammenzufassen.
So finden sich oftmals Fundstellen, die sich zwar in ihrer offiziellen Denkmalnummer unterschieden, aber
in nächster Nähe zueinander gelegen sind. Hier wäre es möglich, solche Fundstellen in sinnvoller Weise zu
einem Fundkomplex zusammenzufassen. Denkbar wäre es auch noch einen Schritt weiter zu gehen und
Fundplätze nach übergeordneten Kriterien zusammenzulegen. Als rein statistisches, künstlich festgelegtes
Abgrenzungsmerkmal könnten hierbei Gemeindegrenzen dienen. Näher an der Wirklichkeit allerdings
wäre eine Einteilung nach geographischen, natürlichen Gegebenheiten (z. B. Höhenrücken, Flusstal).

Anschließend sollen die Fundplätze dem Standardverfahren einer Seriation verbunden mit einer
Korrespondenzanalyse unterzogen werden. Ziel ist es dabei, eine Standardchronologie für Unterfranken
– und parallel dazu für Süd- und Mittelthüringen – herauszuarbeiten. Die Chronologie der Siedlung von
Buchbrunn wird dabei als Grundlage herangezogen. Auf diese Weise ist es möglich, die chronologischen
Aussagen, die anhand der Siedlung getroffen wurden, zu überprüfen und zu verifizieren. Ein weiterführen-
des Verfahren wäre die sogenannte kanonische Korrespondenzanalyse, in die im Gegensatz zur einfachen

Abb. 8. Keramik aus Unterfranken (kein einheitlicher Maßstab). Fundorte (in Klammern Denkmalnummer des BLfD): 1. Wargolshausen (56280047); 2. Wasserlosen (59250050); 3. Hohestadt (63260090); 4. Reichenberg (62250004); 5. Mühlhausen (61260006); 6. Vasbühl (59260074); 7. Hausen-Rieden (60260148); 8. Hausen-Rieden (60260149).

Korrespondenzanalyse eine dritte Variable einfließen kann. Hierbei wäre zum Beispiel an Koordinaten zu denken. So könnte herausgearbeitet werden, ob sich hinter einem rein chronologischen Aspekt noch eine geographische Komponente verbirgt. Da davon ausgegangen werden kann, dass die Fundplätze aus Südthüringen sich von ihrem Kulturkreis her den unterfränkischen Fundplätzen angleichen, können diese eventuell auch in die Analyse mit einfließen. Nach demselben Verfahren soll eine Chronologie für Süd- und Mittelthüringen erstellt werden. Anschließend können beide miteinander verglichen werden, um Gemeinsamkeiten und Unterschiede herauszuarbeiten. Interessant ist hierbei die Frage, inwieweit sich die beiden Gebiete gegenseitig beeinflusst haben und in welcher Weise ein möglicher Kulturaustausch stattgefunden hat.

Auf den ersten Blick scheinen sich die bisher aufgenommenen Scherben sehr gut in das Fundspektrum der Siedlung von Buchbrunn einzupassen. Die Fundplätze decken die Zeitspanne von der mittleren bis zur jüngsten Phase ab und geben somit einen umfassenden chronologischen Überblick. Eine Durchsicht erweckt den Eindruck, dass je weiter westlich ein Fundort liegt, desto mehr Kreuzschraffur nachgewiesen werden kann. Diese Aussage würde sich mit der bereits erwähnten Forschungsmeinung hinsichtlich des Rhein-Main-Schraffurstils decken. Eventuell lässt sich eine Grenze zu den unterfränkischen Verzierungen im Plaidter Stil herausarbeiten. In einigen Fundorten ließen sich tatsächlich Scherben nachweisen, die auf ebendiesen Stil hindeuten (Abb. 8). Ob diese Annahmen hinsichtlich der Verbreitung einzelner Zierstile bestätigt werden können, muss noch gezeigt werden.

Den zweiten Teil der Untersuchungen stellen GIS-basierte Analysen dar. Neben anderen vielfältigen Einsatzmöglichkeiten ist es das primäre Ziel, die Siedlungsdichte zur Zeit der Linearbandkeramik kenntlich zu machen, um mögliche Siedlungsabläufe nachstellen zu können. Mit Hilfe aussagekräftiger Verzierungstypen sollen Stilprovinzen herausgearbeitet werden. An dieser Stelle kann an das bereits angesprochene Problem der ungenügenden stilistischen Verbindung von unterfränkischen Fundkomplexen und denen des Rhein-Main-Gebietes erinnert werden. Bereits bei der Scherbenaufnahme zeigte sich das Phänomen, dass bei Fundstellen die weiter mainabwärts lagen im Vergleich zu dem Buchbrunner Inventar, vermehrt Kreuzschraffur nachgewiesen werden konnte. Diese bisher statistisch noch nicht untermauerte Aussage, würde die vorherrschende Forschungsmeinung bestätigen.

Eine weitere Untersuchungsmethode stellt die Cost Surface Analyse dar. Bei dieser werden die Informationen der Landschaft, die eine Fundstelle umgibt, mit berücksichtigt (z. B. Gewässernähe, Relief) (Posluschny 2010, 313–319; Gitl/Doneus/Fera, 2008, 342–351). Dadurch erhält man Informationen, die sich den natürlichen Gegebenheiten besser annähern. Im Zusammenhang damit sind Least Cost Path Analysen zu sehen, die mögliche Verbindungen zwischen Siedlungen und Landschaftsgebieten anzeigen können (u. a. Herzog 2009). Auf der Basis dieser Untersuchungen wird eine Netzwerkanalyse angestrebt, mit deren Hilfe soziale Strukturen innerhalb einer Gesellschaft kenntlich gemacht werden können (Claßen 2004; Müller 2009, 735–745). Gerade im Hinblick auf den Einfluss des Thüringer Waldes auf das Siedlungsgefüge, kann eine solche Analyse wertvolle Hinweise auf mögliche feste Strukturen geben. So könnten etwa Siedlungen, die in der Nähe des Thüringer Waldes und somit in der Nähe von postulierten Handelsrouten liegen, eine spezielle Stellung innerhalb der sozialen Ordnung mehrerer benachbarter Siedlungen zukommen. Eventuell lassen sich hier hierarchische Strukturen herausarbeiten. Ebendieser Einfluss des Thüringer Waldes als natürliche Grenze zwischen zwei Kulturkreisen soll als letzter Punkt behandelt werden.

Danken möchte ich allen Sammlern und Institutionen, die bisher am Gelingen des Projektes beteiligt waren.

Literatur

BEHRENS 1973: H. Behrens, Die Jungsteinzeit im Mittelelbe-Saale-Gebiet (Berlin 1973).

BRANDT 1985: M. Brandt, Materialvorlage und statistische Untersuchungen zur Bandkeramik in Unterfranken (Kallmünz/Opf. 1985).

CLASSEN 2004: E. Claßen, Verfahren der „sozialen Netzwerkanalyse" und ihre Anwendung in der Archäologie. Arch. Inf. 27, 2004, 219–226.

DINKL 2009: S. Dinkl, Der Hausbefund der Linienbandkeramik von Unterpleichfeld, Lkr. Würzburg. Beitr. Arch. Unterfranken 2008. Mainfränk. Stud. 77, 2009, 9–98.

DOHRN-IHMIG 1979: M. Dohrn-Ihmig, Bandkeramik an Mittel- und Niederrhein. In: H.-E. Joachim (Hrsg.), Beiträge zur Urgeschichte des Rheinlands III. Rhein. Ausgr. 19 (Bonn 1979) 191–362.

EINICKE 2014: R. Einicke, Die Tonware der Linienbandkeramik im östlichen Thüringen. Alteurop. Forsch. Arb. Inst. Kunstgesch. u. Arch. Europas Martin-Luther-Univ. Halle-Wittenberg N. F. 6 (Langenweissbach 2014).

GIETL U. A. 2008: R. Gietl/M Doneus/M Fera, Cost Distance Analysis in an Alpine Environment. Comparison of Different Cost Surface Modules. In: A. Posluschny/K. Lambers/I. Herzog (Hrsg), Layers of Perception. Proceedings of the 35th International Conference on Computer Applications and Quantitative Methods in Archaeology (CAA), Berlin 2007. Koll. VFG 10 (Berlin 2008) 342–351.

HOFFMANN 1963: E. Hoffmann, Die Kultur der Bandkeramik in Sachsen. Forsch. Vor- u. Frühgesch. 5 (Berlin 1963).

HERZOG 2009: I. Herzog, Analyse von Siedlungsterritorien auf der Basis mathematischer Modelle. In: D. Krause/O. Nakoinz (Hrsg.), Kulturraum und Territorialität. Archäologische Theorien, Methoden und Fallbeispiele. Internat. Arch. Arbeitsgemeinschaft, Symposium, Tagung, Kongress 13 (Rahden/Westf. 2009) 71–86.

KAUFMANN 1976: D. Kaufmann, Wirtschaft und Kultur der Stichbandkeramiker im Saalegebiet. Veröff. Landesmus. Vorgesch. Halle 30 (Berlin 1976).

KERIG 2005: T. Kerig, Zur relativen Chronologie der westdeutschen Bandkeramik. In: J. Lüning/Ch. Frirdich/A. Zimmermann (Hrsg.), Die Bandkeramik im 21. Jahrhundert. Symposium Brauweiler 2002. Internat. Arch. Arbeitsgemeinschaft, Symposium, Tagung, Kongress 7 (Rahden/Westf. 2005) 125–138.

KNEIPP 1998: J. Kneipp, Bandkeramik zwischen Rhein, Weser und Main. Studien zu Stil und Chronologie der Keramik. Universitätsforsch. Prähist. Arch. 47 (Bonn 1998).

KÜSSNER 2006: M. Küßner, Der östliche Teil des Stegal-Loop zwischen Dürrengleina und Apfelstädt – Überblick und Frühneolithikum. Neue Ausgr. u. Funde Thüringen 2, 2006, 23–42.

KUHN 2012: J. Kuhn, Buchbrunn. Eine Siedlung der Linearbandkeramik in Nordbayern. Berliner Arch. Forsch. 10 (Rahden/Westf. 2012).

MEIER-ARENDT 1966: W. Meier-Arendt, Die Bandkeramische Kultur im Untermaingebiet (Bonn 1966).

MEIER-ARENDT 1972 : W. Meier-Arendt, Zur Frage der jüngerlinienbandkeramischen Gruppenbildung: Omalien, „Plaidter", „Kölner", „Wetterauer" und „Wormser" Typ; Hinkelstein. In: H. Schwabedissen (Hrsg.), Die Anfänge des Neolithikums vom Orient bis Nordeuropa. Teil Va, Westliches Mitteleuropa. Fundamenta A 3 (Wien 1972) 85–152.

MÜLLER 1970/71: D. W. Müller, Einige seltene Zierelemente in der Linearbandkeramik Westthüringens. Alt-Thüringen 11, 1970/71, 235–246.

MÜLLER 2009: U. Müller, Netzwerkanalysen in der Historischen Archäologie. In: S. Brather/C. Huth/D. Geuenich (Hrsg.), Historia Archaeologia. Festschrift zum 70. Geburtstag von H. Steuer. Reallexikon der germanischen Altertumskunde, Ergänzungsband 70 (Berlin 2009) 735–745.

OBST 2012: R. Obst, Die Besiedlungsgeschichte am nordwestlichen Maindreieck vom Neolithikum bis zum Ende des Mittelalters. Würzburger Arb. Prähist. Arch. 4 (Rahden/Westf. 2012).

PFISTER 2011: D. Pfister, Vor- und frühgeschichtliche Besiedelung im östlichen Unterfranken von der ältesten Linearbandkeramik bis zum Ende der römischen Kaiserzeit (Würzburg 2001). https://opus.bibliothek.uni-wuerzburg.de/frontdoor/index/index/docId/10552 (30.11.2015).

POSLUSCHNY 2010: A. Posluschny, Over the Hills and Far Away? – Cost Surface based Models of Prehistoric Settlement Hinterlands. In: B. Fischer/J. Webb Crawford/D. Koller (Hrsg.), Making History Interactive. Computer Applications and Quantitative Methods in Archaeology (CAA). Proceedings of the 37th Internat. Conference Williamsburg/VA, USA 2009. BAR Internat. Ser. 2079 (Oxford 2010) 313–319.

REPS 2010/11: M. Reps, Die Schlitzgruben aus der bandkeramischen Siedlung von Queienfeld, Lkr. Schmalkalden-Meiningen. Neue Ausgr. u. Funde Thüringen 6, 2010/2011, 17–30.

SCHIER 1990: W. Schier, Die vorgeschichtliche Besiedlung im südlichen Maindreieck. Materialh. Bayer. Vorgesch. A 60 (Kallmünz/ Opf. 1990).

SCHMIDGEN-HAGER 1993: E. Schmidgen-Hager, Bandkeramik im Moseltal. Universitätsforsch. Prähist. Arch. 18 (Bonn 1993).

SCHUSSMANN 2004: M. Schußmann, Eine bandkeramische Siedlung in Unterfranken: Ausgrabungen an der Umgehungsstraße nördlich Estenfeld. Arch. Jahr Bayern 2004 (2005) 18–20.

STEHLI 1973: P. Stehli, Keramik. In: J.-P. Farrugia u. a. (Hrsg.), Der bandkeramische Siedlungsplatz Langweiler 2, Gem. Aldenhoven, Kr. Düren. Rhein. Ausgr. 13 (Bonn 1973) 57–100.

STRIEN 2000: H.-C. Strien, Untersuchungen zur Bandkeramik in Württemberg. Universitätsforsch. Prähist. Arch. 69 (Bonn 2000).

WALTER 1985: D. Walter, Thüringer Höhlen und ihre holozänen Bodenaltertümer (Weimar 1985).

WULF 2005: D. Wulf, Rentwertshausen 3 – eine bandkeramische Siedlung zwischen Grabfeld und Thüringer Wald. Neue Ausgr. u. Funde Thüringen 1, 2005, 15–23.

Jessica Siller
Institut für Prähistorische Archäologie der FU Berlin
Fabeckstraße 23-25
14195 Berlin
jsiller@zedat.fu-berlin.de

J. Pechtl / T. Link / L. Husty (Hrsg.), Neue Materialien des Bayerischen Neolithikums. Tagung im
Kloster Windberg vom 21. bis 23. November 2014. Würzburger Studien zur Vor- und
Frühgeschichtlichen Archäologie 2 (Würzburg 2016) 77–86.

Nonnhof und Seulohe – Prospektion potentieller Silexgewinnungsstellen in der mittleren Frankenalb

Silviane Scharl

Zusammenfassung
Mit ihren reichen Jurahornsteinvorkommen stellt die Fränkische Alb während der Jungsteinzeit eine
wichtige Abbauregion für diesen Rohstoff dar. Bislang sind Silexgewinnungsstellen jedoch vor allem aus
der südlichen Frankenalb bekannt. Die mittlere und nördliche Frankenalb ist diesbezüglich hingegen
kaum erforscht. Die Analyse bandkeramischer und mittelneolithischer Silexinventare aus dem westlich
benachbarten Unter- und Mittelfranken deutet jedoch darauf hin, dass auch dieses Gebiet eine gewisse
Rolle in der Silexversorgung gespielt hat. Um erste Erkenntnisse hierzu zu gewinnen, wurden mehrere
aus der Literatur bekannte Silexgewinnungsstellen im Bereich der mittleren Alb prospektiert – Seulohe,
Nonnhof und Fürnried. Erste Ergebnisse zeigen, dass die Region reich an oberflächlich verfügbarem Hornstein ist, der teilweise eine hohe Qualität aufweist. Funde von Werkzeugen belegen dessen prähistorische
Nutzung. Eine Gewinnung in größerem Maßstab lässt sich dagegen derzeit nur für Seulohe belegen. Die
Ergebnisse werfen die Frage auf, ob die Silexgewinnung in der mittleren und nördlichen Alb aufgrund
der geologischen Gegebenheiten anders strukturiert war als in ihrem südlichen Teil.

Abstract
During the Neolithic the lithic sources of the Franconian Jura constitute an important source for raw
material supply. So far, only the extraction sites from the southern part of this region have been analy-
sed in more detail whereas research on the central and northern parts is still lacking. As the analysis of
lithic assemblages from LBK and Middle Neolithic settlements further to the west shows, however, the
latter area must have played a certain role. In order to gain first insights into this aspect, already known
extraction sites in the central part of the Franconian Jura have been prospected – Seulohe, Nonnhof and
Fürnried. As first results show, all sites yielded rich surface finds of lithic raw material which partly is of
remarkable quality. Moreover, its exploitation is confirmed by finds of various prehistoric lithic artefacts.
It is only for Seulohe, however, that a large-scale extraction can be confirmed. In general, the results raise
the questions whether chert extraction in the central and northern Franconian Jura was organized in a
different way than in the southern part, due to geology.

Einleitung

Silex stellt aufgrund seiner Eigenschaften – große Härte, muscheliger Bruch, optimales Bruchverhal-
ten – ein ideales Material für die Herstellung verschiedenster Werkzeuge dar. Entsprechend war er für
die Menschen der Vorgeschichte, bis weit in die Metallzeiten hinein, ein Gut des täglichen Bedarfs. Die
Versorgung mit Silex erfolgte in vielen Fällen über die regionalen Vorkommen, aber auch über Quellen,
die weiter entfernt lagen. Obwohl die räumliche Verbreitung der natürlichen Silexvorkommen im Vergleich zu anderen Materialien (z. B. verschiedene Metallerze) relativ gleichmäßig ist, gibt es Regionen,
in denen qualitativ hochwertiges Silexmaterial selten ist oder gar ganz fehlt, während es in anderen Gebieten wiederum gehäuft auftritt beziehungsweise leicht zugänglich ist. Diese Situation ist zum Beispiel
im nordbayerischen Raum zu beobachten. Während die Fränkische Alb reich an Hornsteinvorkommen
ist, fehlt qualitativ hochwertiger Silex im Bereich des heutigen Unterfrankens sowie dem nordwestlichen

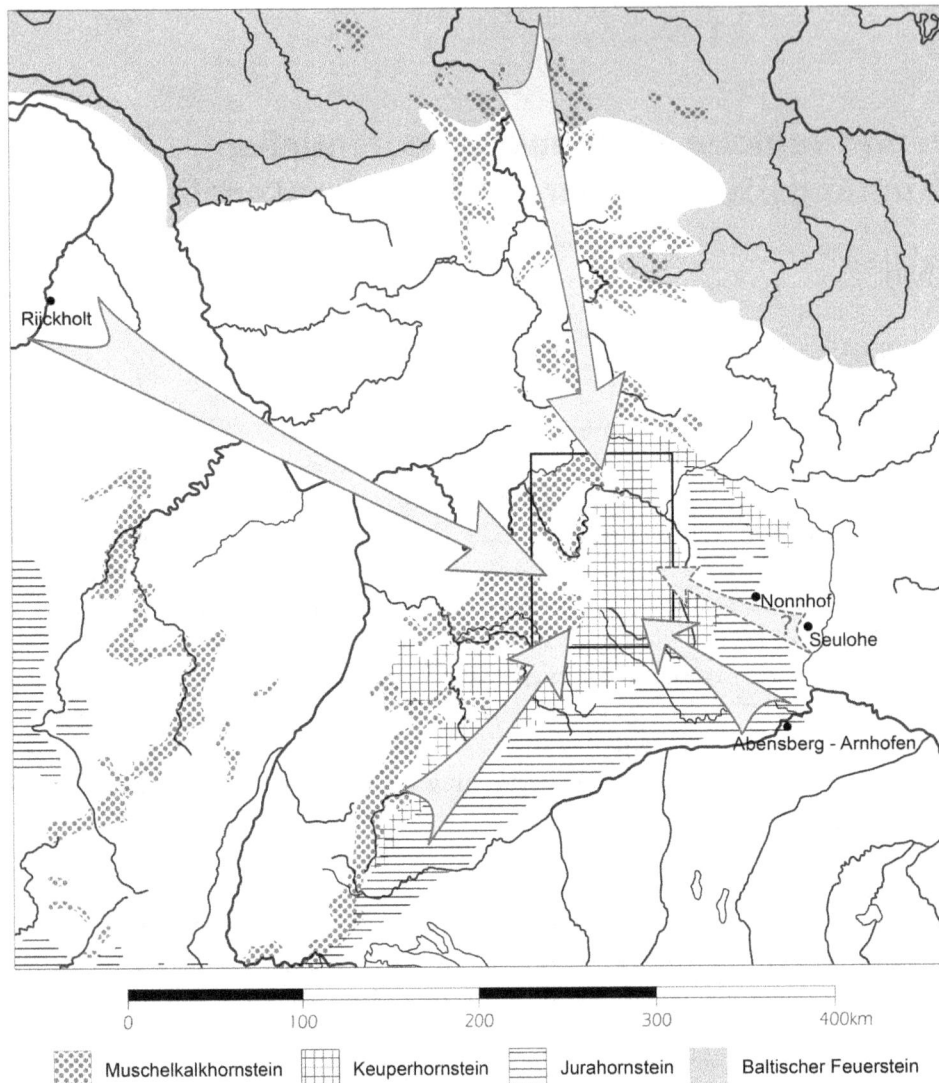

Abb. 1. Herkunftsgebiete der wichtigsten Silexrohmaterialien, die in verschiedenen bandkeramischen und mittelneolithischen Siedlungen im westlichen Franken (markiert durch schwarzes Rechteck) genutzt wurden. Kartengrundlage: Floss 1994.

Mittelfranken. Dort kommen vor allem Hornsteine aus den Trias-zeitlichen Schichten Muschelkalk und Keuper an die Oberfläche. Da Keuperhornstein jedoch stark zerklüftet ist und Muschelkalkhornstein zahlreiche und teilweise große Fossileinschlüsse aufweist, sind beide nicht geeignet, um größere regelmäßige Klingen und Abschläge herzustellen. Daher wurden diese Rohmaterialien insbesondere ab dem Neolithikum kaum genutzt. Stattdessen versorgten sich die zahlreichen Bewohner dieser fruchtbaren Lössregion mit Silex aus benachbarten, aber auch weiter entfernt gelegenen Gebieten. Dies konnte anhand einer Auswertung von insgesamt 25 alt- und mittelneolithischen Silexinventaren gezeigt werden (Scharl 2010). Die Analyse der verwendeten Rohmaterialien zeigt, dass lokal verfügbare Rohmaterialien, wie Muschelkalk- oder Keuperhornstein, oder auch der im Main vorkommende Kieselschiefer nur vereinzelt zur Herstellung von Geräten verwendet wurden. Stattdessen versorgten sich die Menschen über Tauschnetzwerke mit baltischem Feuerstein aus der Region nördlich der Mittelgebirge, mit Rijckholt-Feuerstein aus der Region um Maastricht/Niederlande sowie mit Hornstein aus der Schwäbischen und Fränkischen Alb (Abb. 1). Die Anteile der Rohmaterialien in den untersuchten Inventaren sind dabei abhängig von der Entfernung zwischen der Abbau- beziehungsweise Gewinnungsstelle des Rohmaterials und der Siedlung. So zeigte sich, dass baltischer Feuerstein vor allem in den Siedlungen nördlich des Mains genutzt wurde.

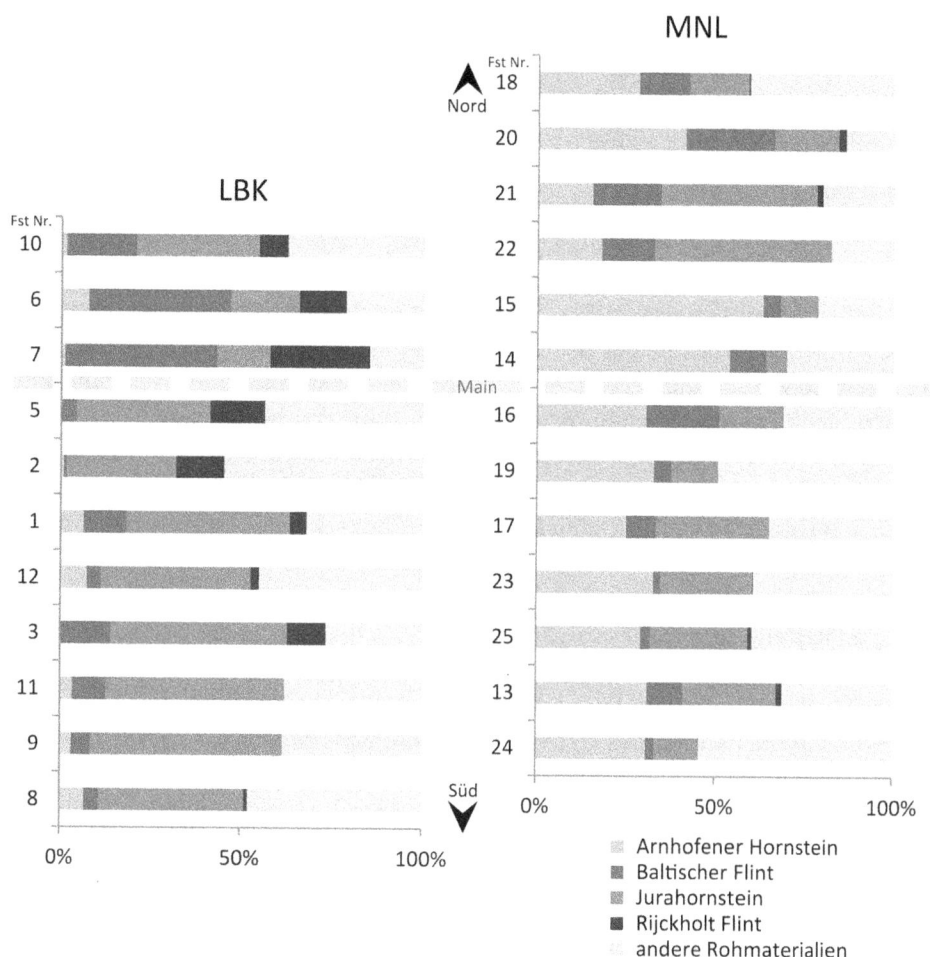

Abb. 2. Prozentualer Anteil verschiedener Rohmaterialtypen innerhalb bandkeramischer (links) sowie mittelneolithischer (rechts) Siedlungsinventare im westlichen Franken. Die Fundstellennummern beziehen sich auf Scharl 2010. Die Anordnung der Fundstellen entspricht ihrer geographischen Lage von Nord nach Süd. Der Verlauf des Mains ist schematisch eingezeichnet.

Rijckholt-Feuerstein kommt hauptsächlich in den Siedlungen entlang des Mains vor. Dies spiegelt die Bedeutung des Flusses als Verkehrsweg wider. Spezifische Jurahornsteinvarietäten aus der Schwäbischen Alb sowie der südlichen Frankenalb sind überwiegend in den Siedlungen südlich des Mains belegt[1]. Unspezifischer Jurahornstein ist hingegen in allen untersuchten Siedlungen in vergleichsweise ähnlichen Anteilen vertreten (Abb. 2).

Fragestellung und Ziele

Diese regelhaften räumlichen Verteilungsmuster, konkret die Beobachtung, dass die Entfernung zwischen Gewinnungsstelle und Siedlung entscheidenden Einfluss auf die Menge des verwendeten Rohmaterials hat, erlauben den Rückschluss, dass auch Jurahornstein aus der mittleren und nördlichen Frankenalb für die Versorgung der bandkeramischen und mittelneolithischen Gruppen Nordbayerns eine Rolle gespielt haben dürfte. Denn sonst würde dieses Rohmaterial in den Siedlungen nördlich des Mains nur in geringen Anteilen vertreten sein.

---

1   Dies gilt für alle genutzten Rohmaterialien außer für den gebänderten Plattenhornstein aus Abensberg-Arnhofen in den mittelneolithischen Inventaren. Er wurde speziell in dieser Periode über andere, direktere Tauschsysteme verteilt, sodass dessen Anteile auch in den weit vom Bergwerk entfernten Siedlungen relativ hohe Werte erreichen können (Roth 2008; Scharl 2010).

Bislang liegen jedoch kaum Untersuchungen zu den Hornsteinvorkommen in diesem Raum vor. Während die südliche Frankenalb, auch und vor allem aufgrund des Engagements verschiedener ehrenamtlicher Sammler, bezüglich natürlicher Silexvorkommen und vorgeschichtlicher Gewinnungsstellen vergleichsweise gut erforscht ist, sind aus der mittleren und nördlichen Frankenalb nur einige wenige potentielle Abbaustellen belegt. So sind aus der südlichen Frankenalb in den Regionen um Eichstätt, Kelheim und Regensburg knapp 20 Vorkommen bekannt, die als potentielle und teilweise auch gesicherte Gewinnungsstellen angesprochen werden – allen voran das Silexbergwerk von Abensberg-Arnhofen. In der mittleren Frankenalb sind hingegen bislang nur vier Fundstellen dokumentiert, für die eine solche Funktion diskutiert wird: Burglengenfeld/Lkr. Schwandorf sowie Seulohe, Nonnhof-Fürnried und Schnellersdorf im Lkr. Amberg-Sulzbach (z. B. Moser 1981, 444–453; Gayck 2000, 239–288; Flintsource.net). Ebenfalls von Interesse werden die Ergebnisse aus den Grabungen und Oberflächenabsammlungen der bandkeramischen Siedlung von Ebermannstadt-Eschlipp/Lkr. Forchheim sein, die seit 2013 durch die Universität Erlangen unter der Leitung von D. Mischka untersucht wird. Denn aufgrund der Sammelfunde wird eine Sonderfunktion des Platzes diskutiert, die mit der Bearbeitung von Silexartefakten in Zusammenhang stehen soll (Mischka 2015). Dabei könnte die Nutzung eines lokalen Hornsteinvorkommens eine Rolle gespielt haben.

Übergeordnetes Ziel ist es daher, die Bedeutung von Jurahornstein aus der mittleren und nördlichen Frankenalb für die Herstellung von Silexartefakten in verschiedenen prähistorischen Epochen abzuschätzen. Dies kann durch die Untersuchung verschiedener Siedlungsinventare aus der Region selbst sowie aus benachbarten Regionen erfolgen. Hier besteht jedoch die Schwierigkeit, dass es sich um ein relativ unspezifisches Rohmaterial handelt, das keiner konkreten Quelle zugeordnet werden kann, sodass kaum Aussagen zur Bedeutung der hier im Fokus stehenden Quellen zu erwarten sind. Die andere Möglichkeit besteht in der Untersuchung der Silexvorkommen selbst, konkret in der Suche nach Spuren einer gezielten Gewinnung in verschiedenen prähistorischen Epochen. Dies kann anschließend durchaus auch durch Analysen von Silexinventaren aus Siedlungen der Region ergänzt werden, für die eine Nutzung der entsprechenden Vorkommen plausibel gemacht werden kann.

Ausgehend davon wurden in den Jahren 2014 und 2015 systematische Feldbegehungen an den bereits bekannten Fundstellen von Nonnhof-Fürnried und Seulohe durchgeführt (Abb. 1). In diesem Rahmen sollte gezielt nach Hinweisen auf Silexgewinnung sowie nach datierendem Fundmaterial gesucht werden. Im Vorfeld wurden die zu den Fundstellen verfügbaren Erkenntnisse aus der Literatur zusammengetragen, die nachfolgend ebenfalls kurz vorgestellt werden. Wie die kritische Durchsicht der Literaturquellen ergab, lässt sich für Seulohe durchaus eine Ansprache als Gewinnungsstelle wahrscheinlich machen, während dies für Nonnhof-Fürnried bislang ungeklärt ist (z. B. Birkner 1933, 154; Reisch 1974, 24; 73).

Prospektionen in Nonnhof und Fürnried

Die beiden benachbarten Ortschaften Nonnhof und Fürnried liegen im Bereich der Albhochfläche in der mittleren Frankenalb. In der Umgebung der Orte kommen die Hornstein-führenden Schichten des Weißen Juras (Malm) an die Oberfläche. Die zahllosen Silexknollen, die heute auf verschiedenen Feldern zu finden sind, entstammen der Riffrandfazies und den Bankkalken des Malm-Epsilon (Gayck 2000, 241; Moser 1981, 453). Diese fielen bereits F. Birkner auf, der 1921 an der „Wurmrauscher Straße" Hornsteine entdeckte. Er ordnete sie jedoch als Pseudoartefakte ein (Birkner 1933, 154). 1962 schließlich fand L. Übelacker beim Bau der Landstraße Aichazandt-Fürnried in einem Hangprofil im Ortsbereich Nonnhof zahlreiche Silices, von denen er einige als prähistorische Artefakte ansprach. Das am nordöstlichen Hang des Kupferberges gelegene Profil, das er gemeinsam mit M. Moser dokumentierte, weist unter dem Humus eine sandig-lehmige Schicht auf, die kaum Steinmaterial enthielt. In diese eingelagert ist eine schwarzbraune, stark Holzkohle-haltige Schicht, die ein Hufeisen enthielt. Dieses datieren Moser und Übelacker aufgrund seiner Form in das 14. oder 15. Jh. Darunter schließt sich wiederum eine hellbraune bis teilweise rötlichbraune, stark lehmige Schicht an, in die im oberen Bereich zahlreiche Kalksteinbrocken, Hornsteinbruchstücke und Artefakte eingelagert waren. Bei letztgenannten handelt es sich um rund 150 Stücke, die laut Moser und Übelacker allesamt „sicher als Artefakte anzusprechen" seien (Moser/Übelacker 1966, 23).

Da etwa 150–200m weiter nördlich vergleichbare Stücke zutage kamen, gingen beide von einer 300 x 300 m großen Fläche zur Gewinnung der Hornsteinknollen aus, die vermutlich durch „Abgrabungen im Hang" erfolgt sei (Moser 1981, 453). Funde, die eine engere zeitliche Einordnung ermöglichen würden, kamen nicht zutage. Dies gilt auch für weitere Fundstellen nahe der westlich benachbarten Ortschaft Fürnried, die ebenfalls vergleichbare Silexartefakte lieferten (Moser/Übelacker 1966, 24). Dennoch wird eine Zugehörigkeit zu der von K. Gumpert Anfang der 1930er Jahre definierten „Jurakultur" (später dann dem sogenannten Campignien zugerechnet) diskutiert, die auch als grobgerätiges Mesolithikum bezeichnet wurde (Gumpert 1933; Moser/Übelacker 1966, 17–22; Reisch 1974, 28). Einen Teil der Fundstellen, die dieser umstrittenen „Kultur" zugerechnet wurden, konnte Reisch im Rahmen seiner Dissertation zur Hornstein-Abbaustelle von Lengfeld als Überreste neolithischer Silexgewinnungsstellen identifizieren (Reisch 1974, 19–28; 72–81). Andere müssen im Rückblick als natürliche Anhäufungen von Silexrohmaterial angesehen werden, für die ein stichhaltiger Nachweis menschlicher Nutzung ausbleibt. Für die Funde von Nonnhof und Fürnried bleibt festzuhalten, dass eine genauere zeitliche Einordnung nicht möglich war und dass, wie Moser und Übelacker zurecht anmerken, anhand der damaligen Funde und Befunde nicht letztgültig geklärt werden konnte, ob in Nonnhof Silex bergbaumäßig gewonnen worden war (Moser/Übelacker 1966, 25). Unter den abgebildeten Artefakten finden sich jedoch durchaus Stücke, die als durch den Menschen modifizierte Artefakte angesprochen werden können, wie zum Beispiel ein potentieller Klingenkern (Moser/Übelacker 1966, Taf. 11, 3).

Ziel der Begehungen in Nonnhof und Fürnried war daher in erster Linie der gesicherte Nachweis einer Silexgewinnungsstelle und erst in zweiter Linie eine genauere chronologische Einordnung. Hierfür wurden mehrere Begehungsflächen ausgewählt. Zum einen wurden Felder in der Nähe des von Moser und Übelacker dokumentierten Profils begangen. Zum anderen wurden Flächen prospektiert für die beim Bayerischen Landesamt für Denkmalpflege Fundmeldungen aus dem Mesolithikum und Neolithikum vorlagen (über Bayernviewer Denkmal). Schließlich wurde Hinweisen des Landwirts E. Purrer nachgegangen, dem Felder mit massiven Anhäufungen von Hornsteinknollen aufgefallen waren[2]. So konnten insgesamt neun geackerte Flächen teilweise oder vollständig prospektiert werden (Abb. 3). Dies umfasst eine Gesamtfläche von circa 14,9 ha, die systematisch begangen wurde. Hierzu liefen die Prospektionsteilnehmer in einer Reihe im Abstand von etwa 1 m über die Flächen. Jeder Fund wurde mithilfe eines GPS-Gerätes dreidimensional eingemessen und mit einer entsprechenden Nummer versehen.

Insgesamt wurden rund 200 Funde dokumentiert, von denen jedoch bereits beim Waschen unmodifizierte beziehungsweise natürliche Trümmer aussortiert wurden. Übrig blieben lediglich 42 Stücke, die sicher als „durch den Menschen modifiziert" angesprochen werden konnten. Diese Diskrepanz zwischen Artefakten und Geofakten kann unter anderem damit erklärt werden, dass viele Flächen zahllose Hornsteine und Hornsteinbruchstücke lieferten. Insbesondere im Bereich des Kesselbergs und des Ödersbergs werden die Hornstein-führenden Schichten durch die landwirtschaftliche Nutzung ausgeackert. Pflug und Frost führen zur Entstehung von Geofakten, die häufig nur schwer von Artefakten unterschieden werden können, vor allem in ungewaschenem Zustand. Dies machte die Prospektion dieser Stellen generell nicht ganz einfach und erforderte von den Teilnehmern Geduld und eine gewisse Erfahrung mit Silexrohmaterial sowie -artefakten.

Das in Nonnhof und Fürnried geborgene Rohmaterial soll hier kurz charakterisiert werden. Es handelt sich um Hornsteinknollen, deren Spaltflächen farblich stark variieren können. Die Farben reichen von grauweiß bis grau, es kommen aber auch braune Farbtöne vor die teilweise ins rotbraune gehen (s. auch Gayck 2000, 241). Die Spaltflächen sind in der Regel opak und weisen kaum Strukturen auf. Teilweise findet sich eine verwaschene, nur schwach erkennbare Zonierung. Fossileinschlüsse fehlen. Vereinzelt sind Drusen belegt. Die Rinde ist glatt und an den meisten Stücken relativ dünn (< 1 mm). Farblich variiert sie zwischen hell, fast weiß und rötlich-braun. Letzteres dürfte durch die Lagerung entstanden sein.

Die Sichtung der Funde und deren Kartierung ermöglichten weiterführende Aussagen. Wie die räumliche Verteilung der als Artefakte bestimmten Stücke zeigt, konzentrieren sich diese auf zwei Felder südlich

---

2   Ihm sei an dieser Stelle für die große Unterstützung gedankt.

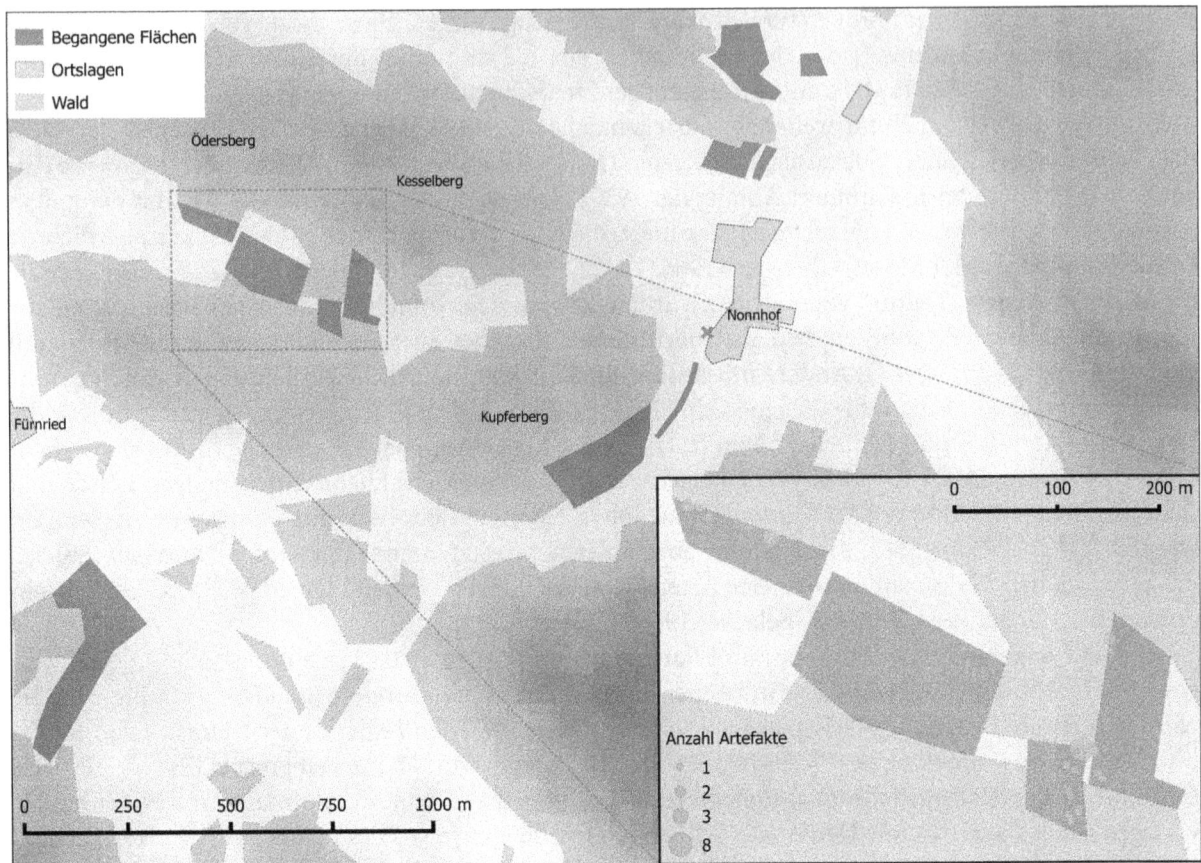

Abb. 3. Überblick: Kartierung der bei Nonnhof und Fürnried begangenen Flächen. Das Kreuz im Ortsbereich von Nonnhof markiert grob die Lage des 1962 durch Moser und Übelacker dokumentierten Profils. Rechts unten Detail: Kartierung der Funde, die sicher als Silexartefakte angesprochen werden konnten.

des Ödersbergs und des Kesselbergs (Abb. 3). Die in der Umgebung des 1962 dokumentierten Profils begangenen Flächen lieferten keine Silexartefakte, ebenso wenig wie mehrere Felder nordöstlich der Ortschaft Nonnhof, für die bereits Fundmeldungen beim Bayerischen Landesamt für Denkmalpflege vorlagen. Und auch von der südlich von Fürnried begangenen Fläche kommen keine prähistorischen Funde. Damit engt sich der Blick auf den südlichen Bereich der beiden genannten „Berge" ein. Dort konnten insgesamt 42 sichere und zwei mögliche Artefakte[3] geborgen werden. Dabei handelt es sich um 23 Abschläge, von denen jedoch nur zwei eindeutig sekundär modifiziert sind, zwei mesolithische Kerne, drei nicht weiter zuweisbare Kerne beziehungsweise Restkerne sowie zwei Vorkerne. Zudem wurden drei Fragmente von Klingen geborgen, darunter eine modifizierte und zwei unmodifizierte. Eine der letztgenannten könnte aufgrund ihrer Größe als „Großklinge" angesprochen werden. Bei den restlichen Stücken handelt es sich um Frostaussprünge, die Retuschen aufweisen (N=6), ein ausgesplittertes Stück sowie nicht weiter bestimmbare Trümmerstücke (N=2) mit Negativen oder Spuren von Hitzeeinwirkung.

Da auf den Feldern, auf denen diese Stücke geborgen wurden, natürliche Trümmer von Silexknollen in großer Zahl vorkommen, ist diese geringe Zahl modifizierter Stücke durchaus bemerkenswert. Sie häufen sich zudem im Bereich südlich des Kesselbergs, wo im BayernViewer Denkmal bereits eine „mesolithische Freilandstation", neben einer urnenfelderzeitlichen Siedlung, verzeichnet ist. Es könnte sich daher bei den Funden durchaus um Überreste einer Siedlungsstelle handeln, zumal fünf der als sicher bestimmten Artefakte getempert waren und daher in das Mesolithikum eingeordnet werden können.

3   Eines der insgesamt 45 Artefakte wurde auf einem der Felder nordöstlich von Nonnhof geborgen.

Hinweise auf eine Silexgewinnungsstelle fehlen dagegen. Es ist natürlich nicht auszuschließen, dass unter den zahllosen nicht geborgenen natürlichen Trümmern, die durchweg Schlagnarben aufweisen, Stücke sind, die „angetestete Knollen" darstellen. Aufgrund der intensiven landwirtschaftlichen Nutzung können die Ausbrüche jedoch ebenso vom Pflug verursacht worden sein und die Rostspuren auf zahlreichen Stücken unterstützen diese Vermutung. Unabhängig davon wäre jedoch eine deutlich größere Zahl von Abschlägen und auch Kernen zu erwarten.

Aufgrund dieser Fakten ist es daher derzeit nicht möglich in Nonnhof eine Silexgewinnungsstelle nachzuweisen, weder im Bereich des in den 1960er Jahren dokumentierten Profils, noch im Bereich des Ödersbergs und des Kesselbergs. Die teilweise kindskopfgroßen Hornsteinknollen, die durch die landwirtschaftliche Nutzung an die Oberfläche kommen, stellen durchaus ein geeignetes und qualitätvolles Rohmaterial dar, und die Funde der mesolithischen Freilandstation dokumentieren auch dessen Nutzung. Im Bereich der bisher begangenen Flächen fehlen aber eindeutige Hinweise für eine großmaßstäbigere Gewinnung. Dies schließt jedoch nicht aus, dass deren Nachweis an anderer Stelle gelingen kann. Daher ist für die folgenden Jahre die Begehung weiterer Flächen, insbesondere im Bereich des Ödersbergs und des Kesselbergs geplant.

Seulohe

Deutlich vielversprechender sind hingegen die Ergebnisse der Begehungen in Seulohe. Die von A. Pils entdeckte Fundstelle, die in der Literatur teilweise unter der Bezeichnung „Seulohe-Südwest" geführt wird, wurde von Gumpert 1932 im Rahmen einer kleinen Grabung untersucht. Sie liegt auf einem flachen Nordhang, circa 30 m über dem Tal, in dem sich rund 1 km weiter nordöstlich der moderne Ort gleichen Namens befindet (Gayck 2000, 239; Gumpert 1936, 6; Reisch 1974, 21). Bei der Grabung konnte Gumpert fünf Schichten unterscheiden von denen die unteren drei geprägt waren durch rotbraunen Verwitterungslehm, der mit Jaspisknollen durchsetzt war. Darüber (Schicht 2) fand sich gelblich-brauner Verwitterungsschutt mit zahlreichen Werkzeugen und „Silexschutt", der wiederum vom Humus (Schicht 1) bedeckt war. Auch letztgenannter enthielt zahlreiche Silexartefakte und -abfall (Gumpert 1936, 84; Reisch 1974, 21). Bereits vor der Grabung lagen Gumpert etwa 10 000 Funde aus Oberflächenbegehungen vor, von denen er 2300 als sicher artifiziell ansprach. Davon konnten jedoch nur circa 700 detaillierter angesprochen werden. Darunter machten die für die Jurakultur als charakteristisch angesehenen Grobgeräte etwa ein Drittel aus (ca. 230 Stücke), während es sich bei den restlichen rund 470 Stücken vor allem um Klingen und Klingenkerne handelte (Gumpert 1936, 84f.; Reisch 1974, 22). Dies interpretierte er als Hinweis auf zwei unterschiedliche Fundgruppen oder gar unterschiedliche Kulturen. Die in der Grabungsfläche dokumentierte Konzentration von 85 Klingen und mehreren Kernen sprach er als Überreste eines Arbeitsplatzes oder Depots an. Den gesamten Platz charakterisierte er als Siedlung und Werkplatz (Gumpert 1936, 81–86). Reisch (1974, 74) kam nach seiner Auswertung des Lengfelder Inventars hingegen zu dem Schluss, dass es sich „offensichtlich um einen an der Stelle eines Hornsteinvorkommens etablierten Schlagplatz für Klingen bzw. Klingenkernsteine" handelt. Die in den Verwitterungslehmen eingelagerten Hornsteinknollen könnten – so Reisch – in ähnlichen Gruben wie in Lengfeld gewonnen worden sein. Dafür sprächen die Fülle des verarbeiteten Rohmaterials und seine teilweise recht tiefe Einbettung (ebd.). Er stellte Seulohe in eine Reihe mit den in der südlichen Frankenalb gelegenen Fundstellen Ochsenfeld-Tempelhof, Lengfeld und Inching sowie Borgerhau in der schwäbischen Alb, für die allesamt eine Funktion als neolithische Silexgewinnungsstellen diskutiert wird oder bereits belegt ist (Reisch 1974, 74 f.). Diesen Fundstellen sei „der Mangel an vollständigen, ansprechbaren Silexgeräten – zumindest ihre große Seltenheit – bei einer gleichzeitigen Überfülle von Abfallformen oder technologischen Zwischenprodukten sowie das Fehlen eindeutiger Siedlungsreste und die Bindung an Hornsteinlagerstätten" gemeinsam (Reisch 1974, 75). Für diese Interpretation spricht auch, dass der Großteil der Klingen, die Gumpert geborgen hat, noch Rindenreste auf der Dorsalseite aufwies und weitere Modifikationen fehlen (Gumpert 1936, 86). Hierbei könnte es sich um Kernkantenklingen handeln, die bei der Präparation der Kerne anfielen.

Die Ergebnisse der Begehung 2014 bestätigen die vorangehenden Feststellungen. Auf dem in der Nähe von Gumperts Grabung begangenen Feld (ca. 1,5 ha Fläche) wurden 822 Stücke geborgen, von denen 400 als Artefakte angesprochen werden konnten. Darunter fanden sich unter anderem 329 Abschläge von

denen 187 ganz oder teilweise mit Rinde
bedeckt waren, 142 Abschläge wiesen
keine Rinde auf. Darüber hinaus wurden 26 Kerne aufgesammelt, von denen
sieben als Klingenkerne angesprochen
werden können, sowie zehn artifizielle
Trümmer. Als Klingen konnten insgesamt nur fünf Stücke charakterisiert werden. Damit konnte Reischs Einordnung
des Platzes als Silexgewinnungsstelle
weiter untermauert werden. Was hingegen bislang nicht gelungen ist, ist eine
konkrete Datierung des Nutzungszeit-
raums dieser Gewinnungsstelle. Gumpert äußerte sich hierzu zurückhaltend
und Reischs Einordnung der Fundstelle
legt eine neolithische Datierung nahe
(Gumpert 1936, 86; Reisch 1974, 74).
Ziel der Begehung war daher auch die
Suche nach datierendem Fundmaterial.
Diagnostische Keramik konnte jedoch
nicht geborgen werden. Dies ist aufgrund
der postulierten Funktion der Fundstelle
jedoch auch nicht weiter verwunderlich,
da datierendes Fundmaterial hier häufig
fehlt (Gayck 2000, 17). Einen Anhaltspunkt für die Datierung könnten aber die
Silices selbst liefern. So befanden sich bei
den Kernen zwei als „mesolithisch" anzusprechende Stücke, die einen Hinweis auf
eine Nutzung des Rohmaterials in dieser Zeit liefern. Diese waren getempert,
in ihren Maßen vergleichsweise klein
und wiesen mehrere Abschlagnegative
auf. Zudem wurden mehrere Klingenkerne geborgen, die eine auffällige Form
aufweisen. Die insgesamt drei Stücke
zeichnen sich dadurch aus, dass die der
Abbaufläche gegenüberliegende Seite
durch die gezielte Abtrennung mehre-

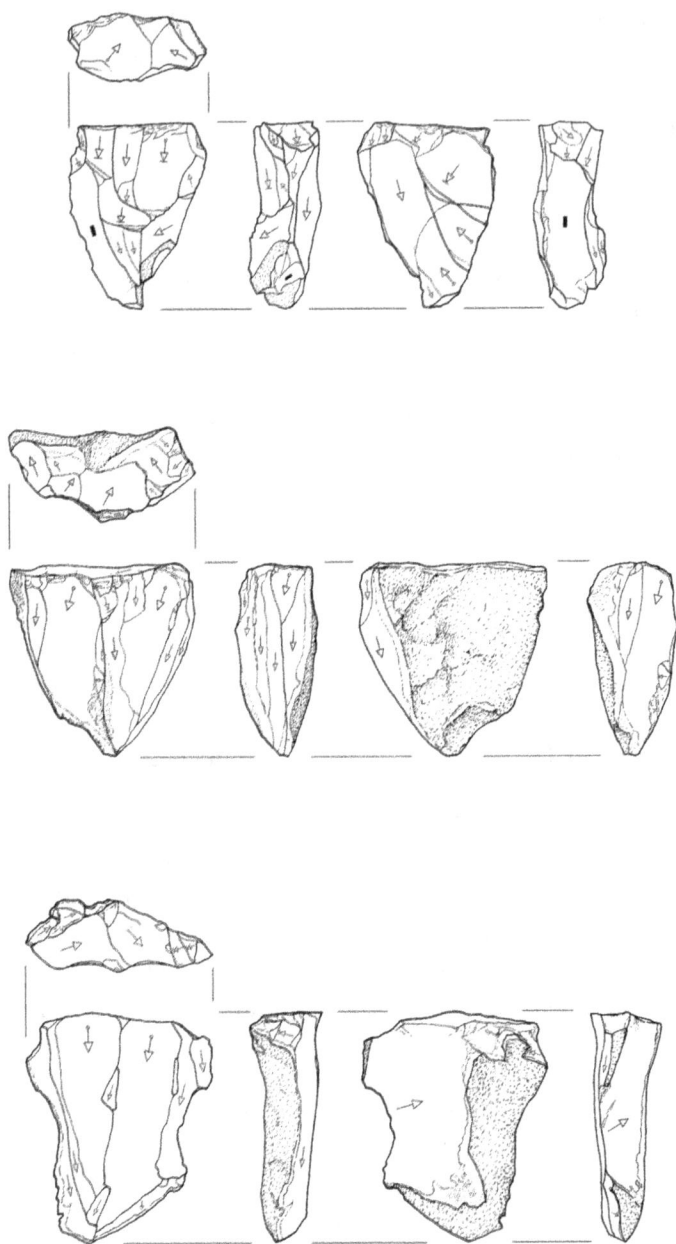

Abb. 4. Drei Klingenkerne aus Seulohe, M 1:2. Zeichnungen: A. Rüschmann, Institut für Ur- und Frühgeschichte der Universität Köln.

rer Abschläge reduziert wurde, sodass bemerkenswert flache Kernsteine entstanden (Abb. 4). Da dies an
mehreren Stücken zu beobachten ist, könnte hier das Ergebnis eines spezifischen Kernkonzeptes vorliegen,
das – mit aller Vorsicht – wiederum eher ins Neolithikum als in vorangehende Epochen weisen könnte[4].

  Abschließend soll das Rohmaterial beschrieben werden. Es handelt sich um knolliges Material, dessen
Spaltflächen ein breites Farbspektrum aufweisen. Es dominieren jedoch Grautöne, darunter bläuliches,
ebenso wie rötliches oder auch bräunliches Grau. Die Spaltflächen sind in vielen Fällen opak, können
jedoch am Rand, teilweise auch im Inneren der Knolle transluzid sein. So finden sich zahlreiche Stücke mit
einem am Rand durchscheinenden, braunen Band. Vereinzelt sind diese und die grauen opaken Partien

4   Freundliche mündliche Mitteilung Birgit Gehlen. Für die Begutachtung der Stücke sei ihr herzlich gedankt.

auch zwiebelschalenartig angeordnet. Die Spaltflächen weisen häufig kleine Fossilieneinschlüsse (bis zu 2 mm Durchmesser) auf, die in helleren Spaltflächen dunkelgrau erscheinen, in dunkleren Spaltflächen dagegen hell. Vereinzelt konnten Klüftungen beobachtet werden, ebenso wie Drusen. Die Rinde ist grobkörnig und nicht mit dem Fingernagel ritzbar. Sie kann über 5 mm Dicke erreichen.

Wie ein Blick auf die geologische Karte zeigt, liegt das begangene Feld im Bereich des Malm, jedoch unweit (< 1 km Luftlinie) kreidezeitlicher Ablagerungen aus der Oberen Kreide. Aufgrund der Fossileinschlüsse und der durchscheinenden Spaltflächenstrukturen lag die Vermutung nahe, dass es sich hier um kreidezeitliche Silices handeln könnte. Durch eine Mikrofossilanalyse[5], die durch Dr. J. Affolter/Genf durchgeführt worden war, konnte jedoch die Herkunft aus dem Oberen Jura (Malm) bestätigt werden.

Schlußbemerkungen und Ausblick

Eingangs wurde die Frage nach der Bedeutung der Hornsteinvorkommen der mittleren und nördlichen Frankenalb für die Herstellung von Silexartefakten in verschiedenen prähistorischen Epochen gestellt. Mithilfe von Begehungen potentieller Silexgewinnungsstellen sollten erste Erkenntnisse hierzu gewonnen werden. Wie die Ergebnisse aus den Begehungen in Nonnhof und Fürnried zeigen, konnte zwar die Nutzung dieser Hornsteinvarietät belegt werden (mesolithische Freilandstation), für eine großmaßstäbigere Gewinnung, wie sie vor allem seit dem Neolithikum in Mitteleuropa fassbar wird, liegen jedoch keine eindeutigen Hinweise vor. Die reichen natürlichen Vorkommen dieser qualitativ hochwertigen Hornsteinknollen lassen deren gezielte Gewinnung jedoch durchaus wahrscheinlich erscheinen, weshalb in Nonnhof in den kommenden Jahren noch weitere Felder gezielt prospektiert werden sollen. In Seulohe konnte die Silexgewinnung hingegen bestätigt werden. Eine Datierung in das Neolithikum kann dagegen derzeit weder eindeutig be- noch widerlegt werden, sie erscheint aufgrund der neolithischen Datierung vergleichbarer Fundplätze jedoch durchaus plausibel. Auch hier sollen weitere Feldbegehungen Klarheit schaffen.

Übergeordnet werfen diese Ergebnisse jedoch die Frage auf, ob die geringe Zahl potentieller Hornsteingewinnungsstellen in der mittleren und nördlichen Frankenalb nicht doch die prähistorische Realität widerspiegelt. Ab dem Neolithikum werden spezifische Silexvarietäten gezielt abgebaut und getauscht, wie zum Beispiel der gebänderte Plattenhornstein aus Abensberg-Arnhofen, der während des Mittelneolithikums im südlichen Mitteleuropa weite Verbreitung fand. Das zugehörige Bergwerk liegt jedoch im Bereich der alt- und mittelneolithischen Siedlungsgebiete, wo sich auch noch weitere Abbaustellen häufen. In der mittleren und nördlichen Frankenalb stellte sich die Situation dagegen bis vor wenigen Jahren anders dar. Durch das weitgehende Fehlen der für den frühen Kulturpflanzenanbau notwendigen fruchtbaren Lössböden, schien die bandkeramische und mittelneolithische Besiedlung vergleichsweise dünn bis gar nicht vorhanden. Erst ab dem Jung- und Spätneolithikum, so der Forschungsstand, war es dem Menschen aufgrund neuer Agrartechniken (Brandfeldbau, intensivierte Viehhaltung) möglich, auch schlechtere Böden nutzbar zu machen und damit Regionen wie die Alb zu besiedeln (Tillmann 1998, 132; Bürger 2008, 129; Schier 2009). Da jüngere Forschungen jedoch deutlich machen, dass der Bereich der mittleren und nördlichen Frankenalb nicht völlig frei von alt- und mittelneolithischer Besiedlung war und sich die Fundstellenzahl stetig erhöht – Bürger nennt 2008 bereits fast 100 bandkeramische Fundplätze im Raum Oberfranken –, können siedlungsstrukturelle Muster nicht als hinreichende Begründung für die geringe Zahl an Silexgewinnungsstellen gewertet werden (zusammenfassend z. B. Bürger 2008, 129 f. und Abb. 1; s. auch Mischka 2015; O'Neill/Claßen 2013). Hier muss also einmal mehr betont werden, dass dieses Bild durch den Forschungsstand der letzten Jahrzehnte geprägt ist. Was jedoch durchaus zu fragen ist, ist ob die Silexgewinnung in der mittleren und nördlichen Alb aufgrund der geologischen Gegebenheiten anders strukturiert war, das heißt die Versorgungsstrategien entsprechend an diese angepasst waren. Konkret ist denkbar, dass viele verschiedene kleinere Vorkommen genutzt wurden, statt ausgewählter großer, wie in der südlichen Frankenalb. Dies zu klären ist Aufgabe

---

5 Hierbei wird mithilfe eines Stereomikroskops (bis zu 80fache Vergrößerung) nach Makro- sowie Mikrofossilien sowie weiteren Einschlüssen gesucht, die die Bestimmung des geologischen Alters der Steine ermöglichen. Sedimentäre Merkmale liefern zudem Hinweise auf die spezifische Umwelt, in der ein Stein entstanden ist (z. B. im Fall der Seuloher Proben in der Riffumgebung/strandnah).

zukünftiger Forschungen, die in Kooperation mit Experten aus naturwissenschaftlichen Disziplinen, wie der Geologie, erfolgen müssen. Denn nur so wird es möglich sein, ein konsistentes Bild der Bedeutung der Hornsteinvorkommen in der mittleren und nördlichen Frankenalb zu gewinnen.

Danksagung
Birgit Gehlen, Ingrid Koch und Daniel Schyle sei herzlich für die Durchsicht der geborgenen Silices gedankt. E. Purrer/Nonnhof und Herrn Friedrich/Seulohe sei für die Unterstützung bei der Auswahl geeigneter Begehungsflächen und die Erlaubnis zur Begehung gedankt. Zudem möchte ich A. Rüschmann für die Anfertigung der Zeichnungen der Kerne aus Seulohe danken.

Literatur

BIRKNER 1933: F. Birkner in: K. Gumpert, Die Jurakultur, eine spätpaläolithische Faustkeilkultur (mit Bemerkungen von F. Birkner). Korrespondenzbl. Gesamtver. dt. Gesch.- u. Altertumsvereine 81, 1933, 149–155.

BÜRGER 2008: I. Bürger, Die Funde der Bandkeramik vom Motzenstein bei Wattendorf, Lkr. Bamberg. Ein Beitrag zur Besiedlungsgeschichte der Nördlichen Frankenalb 5500–4900 v. Chr. In: J. Müller/T. Seregély (Hrsg.), Endneolithische Siedlungsstrukturen in Oberfranken II. Wattendorf-Motzenstein: eine schnurkeramische Siedlung auf der Nördlichen Frankenalb. Naturwissenschaftliche Ergebnisse und Rekonstruktion des schnurkeramischen Siedlungswesens in Mitteleuropa. Universitätsforsch. Prähist. Arch. 155 (Bonn 2008) 129–150.

Flintsource.net: http://www.flintsource.net (15.02.2016).

FLOSS 1994: H. Floss, Rohmaterialversorgung im Paläolithikum des Mittelrheingebietes. Monogr. RGZM 21 (Bonn 1994).

GAYCK 2000: S. Gayck, Urgeschichtlicher Silexbergbau in Europa. Eine kritische Analyse zum gegenwärtigen Forschungsstand. Beitr. Ur- u. Frühgesch. Mitteleuropas 15 (Weissbach 2000).

GUMPERT 1933: K. Gumpert, Die Jurakultur, eine spätpaläolithische Faustkeilkultur (mit Bemerkungen von F. Birkner). Korrespondenzbl. Gesamtver. dt. Gesch.- u. Altertumsvereine 81, 1933, 149–155.

GUMPERT 1936: K. Gumpert, Die steinzeitliche Freilandstation Seulohe-Südwest, B.A. Amberg, Oberpfalz. Germania 20, 1936, 81–86.

MISCHKA 2015: D. Mischka, Die bandkeramische Siedlung Eschlipp. Arch. Jahr Bayern 2014 (2015) 23–25.

MOSER 1981: M. Moser, Nonnhof. In: G. Weisgerber (Hrsg.), 5500 Jahre Feuersteinbergbau. Die Suche nach dem Stahl der Steinzeit. Ausstellung im Bergbau-Museum Bochum vom 24. Oktober 1980 bis 31. Januar 1981. Veröff. Dt. Bergbau-Mus. 22 (Bochum 1981) 453.

MOSER/ÜBELACKER 1966: M. Moser/L. Übelacker, Fürnried und Nonnhof, Lkr. Sulzbach-Rosenberg, zwei neue Grobgerätestationen in der westlichen Oberpfalz. In: Beiträge zur Oberpfalzforschung 2 (Kallmünz/Opf. 1966) 17–29.

O'NEILL/CLASSEN 2013: A. O'Neill/E. Claßen, Stadel – Schlüssel zu einer bandkeramischen Siedlungsgruppe an der Itz. In: Beitr. Arch. Ober- u. Unterfranken 8 (Büchenbach 2013) 9–28.

REISCH 1974: L. Reisch, Der vorgeschichtliche Hornsteinabbau bei Lengfeld, Lkr. Kelheim und die Interpretation „grobgerätiger" Silexindustrien in Bayern. Materialh. Bayer. Vorgesch. 26 (Kallmünz/Opf. 1974).

ROTH 2008: G. Roth, Geben und Nehmen. Eine wirtschaftshistorische Studie zum neolithischen Hornsteinbergbau von Abensberg-Arnhofen, Kr. Kelheim (Niederbayern) (Dissertation Köln 2008). http://kups.ub.uni-koeln.de/4176/ (17.12.2015).

SCHARL 2010: S. Scharl, Versorgungsstrategien und Tauschnetzwerke im Alt- und Mittelneolithikum – Die Silexversorgung im westlichen Franken. Berliner Arch. Forsch. 7 (Rahden/Westf. 2010).

SCHIER 2009: W. Schier, Extensiver Brandfeldbau und die Ausbreitung der neolithischen Wirtschaftsweise in Mitteleuropa und Südskandinavien am Ende des 5. Jahrtausends v. Chr. Prähist. Zeitschr. 84, 2009, 15–43.

TILLMANN 1998: A. Tillmann, Zur jungsteinzeitlichen Besiedlung der östlichen Oberpfalz. In: Oberpfalz und Böhmen (Regensburg 1998) 127–139.

Silviane Scharl
Institut für Ur- und Frühgeschichte
Universität zu Köln
Weyertal 125
50931 Köln
sscharl@uni-koeln.de

J. Pechtl / T. Link / L. Husty (Hrsg.), Neue Materialien des Bayerischen Neolithikums. Tagung im Kloster Windberg vom 21. bis 23. November 2014. Würzburger Studien zur Vor- und Frühgeschichtlichen Archäologie 2 (Würzburg 2016) 87–98.

Fossae sub muris tectae – Neolithische Hausgrundrisse unter einer römischen villa rustica bei Gaimersheim, Lkr. Eichstätt (Oberbayern)

Daniel Meixner

Zusammenfassung

Nördlich der oberbayerischen Ortschaft Gaimersheim wurden 1985/85 bei einer durch Straßenbaumaß-nahmen veranlassten Rettungsgrabung Gräbchenstrukturen entdeckt, die durch die Grundmauern einer römischen villa rustica vor der Bodenerosion geschützt waren und vermutlich neolithische Hausgrund-risse bzw. Teile davon darstellen. Die Vorlage und Diskussion der Befunde sowie die Betrachtung von Parallelen führt zu dem Ergebnis, dass es sich dabei aller Wahrscheinlichkeit nach um den verstärkten NW-Teil eines mittelneolithischen Hauses (Haus 2) sowie um zwei jungneolithische Häuser der Münchs-höfener Kultur (Haus 1 und 3) handelt, obwohl eine Datierung über Funde problematisch ist. Gerade für die Münchshöfener Kultur, aus der bislang kaum Hausgrundrisse bekannt waren, sind die vorgestellten Befunde eine wichtige Bereicherung des Quellenbestands. Es zeichnet sich ab, dass mit unterschiedlichen Haustypen zu rechnen ist, die Parallelen teils in im Rössener, teils im Lengyel-Kulturraum finden. Das Beispiel Gaimersheim zeigt, dass es sich lohnen kann, vermeintlich unscheinbare Befunde einer näheren Betrachtung zu unterziehen.

Abstract

In 1985/86 during a rescue excavation caused by road construction works north of the upper bavarian village of Gaimersheim several small foundation trenches were discovered, which had been protected from soil erosion by the foundation walls of a roman villa rustica. These trenches seem to represent ground plans of Neolithic houses or parts of them. The discussion of these features and comparable houses from other sites leads to the interpretation of one structure as the reinforced northwestern part of a middle Neolithic house (house 1) and of the two others as younger neolithic houses of the Münchshöfen Culture (houses 2 and 3), although dating by finds is not possible. Especially for the Münchshöfen Culture, which hardly yielded any house plans until know, the new discoveries considerably enrich the archaeological record. It becomes apparent that different types of houses existed within the Münchshöfen Culture, which are partly influenced by the Rössen Culture, party by the Lengyel Culture. The case of Gaimersheim exemplifies that closer examination of apparently unimpressive features can be worthwile.

Einleitung

Hausgrundrisse sind in Süddeutschland für das Alt- und Mittelneolithikum in Form charakteristischer Langhäuser mit massiven tragenden Pfosten gut und zahlreich belegt (Pechtl 2011, 75–76 Anh. 1; Engel-hardt u. a. 2006, bes. 67 Abb. 26). Im unmittelbar darauf folgenden frühen Jungneolithikum verschlechtert sich dem gegenüber die Quellenlage enorm (Böhm 2002, 238–240; Husty 2011, 134–136).

Dies gab den Ausschlag zur Beschäftigung mit bislang unpublizierten, dem Verfasser jedoch seit längerem bekannten mutmaßlichen Hausgrundrissen oder Resten davon in Form von Wandgräbchen-Strukturen aus einer in den 1980er Jahren durch das Bayerische Landesamt für Denkmalpflege durch-geführten Grabung bei Gaimersheim, Lkr. Eichstätt. Bemerkenswert ist dabei der Umstand, dass die

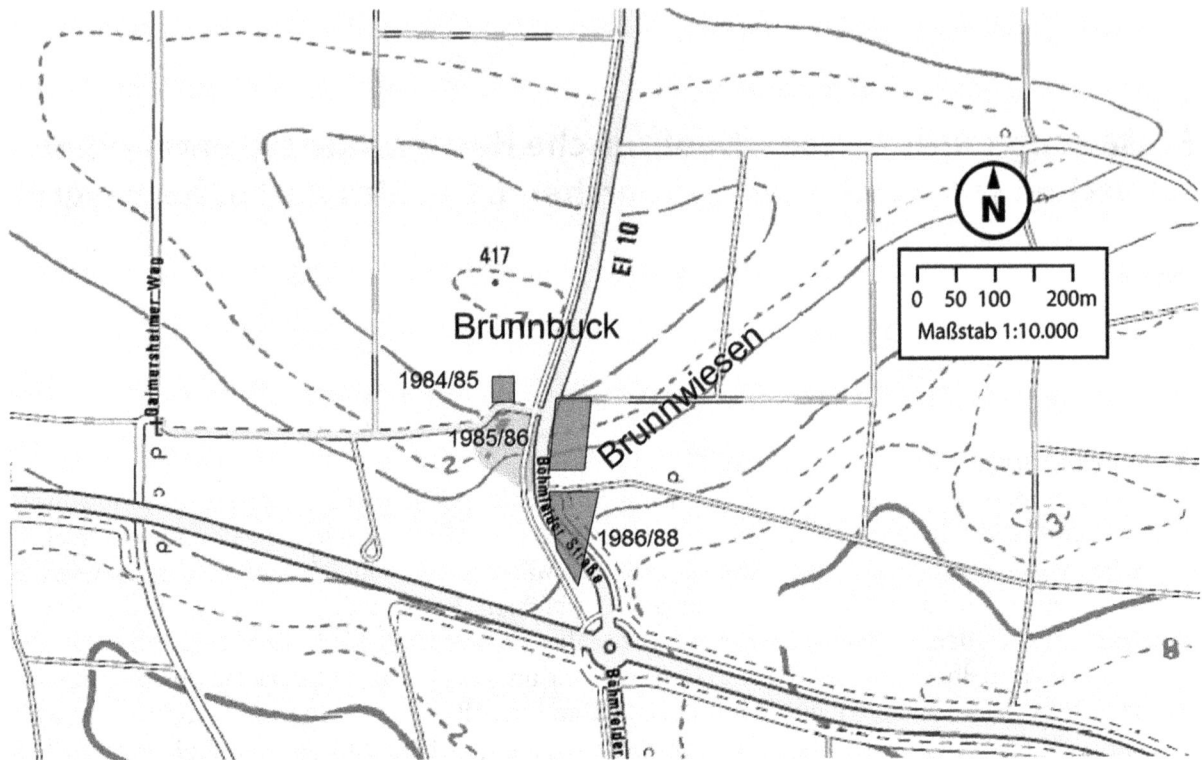

Abb. 1. Gaimersheim – „Brunnbuck"/„Brunnwiesen". Ungefähre Lage und Ausdehnung der Grabungsflächen im Gelände. M. 1:10.000. Kartengrundlage: Bayerische Vermessungsverwaltung.

zum Teil sehr flachen Befunde wohl nur deshalb erhalten blieben, weil die massiven Grundmauern einer römischen villa rustica die Erosion verlangsamten beziehungsweise allzu tiefes Pflügen dauerhaft verhinderten. Andererseits wird das Befundbild jedoch stark durch die jüngeren Siedlungshorizonte verunklart. Obgleich sich die Interpretation durchaus nicht unproblematisch gestaltet, sollen die Befunde dennoch im Folgenden vorgestellt und diskutiert werden.

Topographie und Forschungsgeschichte

Das Grabungsareal liegt auf halber Strecke zwischen Gaimersheim und Lippertshofen auf dem nur mäßig flachen südöstlichen Ober- und Mittelhang des „Brunnbuck", einer kuppenartigen Erhebung der zum Donautal hin auslaufenden Südlichen Frankenalb von 417 m ü. NN (Abb.1). Unter einer geringen Lössüberdeckung stehen hier Sande der Oberen Süßwassermolasse an. Wie der Flurname „Brunnwiesen" nahe legt, tritt am Hangfuß Karstwasser aus. Lesefunde und unklare Luftbildbefunde wiesen bereits vor den Ausgrabungen auf ein Siedlungsareal hin.

Im Zuge der Verlegung der „Böhmfelder Straße" zur Entschärfung einer Kurve dokumentierte das Bayerische Landesamt für Denkmalpflege hier auf einer Fläche von circa 0,2 ha 1985/86 etwa 350 archäologische Befunde. Im Vordergrund stand dabei das fast vollständig erfasste Hauptgebäude einer römischen villa rustica, daneben konnten aber auch etliche neolithische Befunde, darunter die hier interessierenden Gräbchenstrukturen, sowie sehr vereinzelt Befunde der Bronze-, Urnenfelder-, Hallstatt- und Latènezeit erfasst werden (Abb. 2).

1986–1988 konnte nur wenige Meter hangabwärts eine weitere Fläche ergraben werden, die neben Befunden des Südostbayerischen Mittelneolithikums und der Münchshöfener Kultur vor allem Reste der hochmittelalterlichen Wüstung „Prunn" erbrachte (Weinig 1987). Dabei kamen auch umfangreiche Reste einer mittelneolithischen Kalkperlenproduktion zum Vorschein (Weinig 1989).

Bereits 1984–85 war für eine Forschungsgrabung auf dem Oberhang
eine sehr begrenzte Fläche geöffnet
worden, die einen mittelneolithischen
Grubenkomplex, den Rest einer zeit-
gleichen Hausstelle sowie einen Ofen
der Münchshöfener Kultur erbracht
hatte (Weinig 1992).

Befundbeschreibung und Interpre-
tation

Abb. 3 zeigt isoliert die neolithischen
Gräben sowie eventuell zugehörige
Pfostengruben und Strukturen in stra-
tigraphischem Zusammenhang sowie
die hier vorgeschlagenen rekonstru-
ierten Hausgrundrisse, Abb. 4 die entsprechenden Profile. Alle relevanten Befunde sind in ihren Achsen sehr ähnlich
orientiert, nämlich N/NNW-S/SSO in
der Längs- und W/WNW-O/ONO in
der Querrichtung. Dies entspricht in
etwa dem Hanggefälle.

Haus 1 (Grabenzug Bef. 99/Bef. 100/
Bef. 300):

Es handelt sich um einen bereits in Planum 1 beziehungsweise 2 sichtbaren,
U-förmigen Grabenzug. Der kürzere
Querschenkel ist circa 5,8 m lang, die
beiden Längsschenkel werden jeweils
von römischen Befunden gekappt und
sind 16,8 m respektive 15 m lang. Da

Abb. 2. Gaimersheim – „Brunnwiesen". Befunde der Grabung 1985/86.
Zusammenzeichnung der Plana 1–4. Zeitstellung: Braun – Neolithikum,
Rot – Metallzeiten, Blau – Römische Kaiserzeit, Magenta – Mittelalter, Grau
– Undatiert, Schraffiert – rezente Störung (Postkabel). M. 1: 400.

sie sich nicht fortsetzen, ist ihr Ende auf Höhe des römischen Grabens Bef. 5 anzunehmen. Ob die Struktur
ursprünglich geschlossen oder offen war, muss dahin gestellt bleiben. Die Breite des Gräbchens ist sehr
einheitlich und beträgt etwa 0,3–0,4 m. Die Querprofile zeigen sich kasten- oder muldenförmig, wobei
ihre Tiefe von Süden nach Norden kontinuierlich auf maximal 0,34 m zunimmt. Die geringste Tiefe liegt
dagegen nahe der SW-Ecke mit 0,05 m vor. Die geringfügig bessere Erhaltung von Bef. 300 ist wohl seiner Lage direkt unter den römischen Mauerzügen zu verdanken. Anzumerken ist, dass das Gefälle der
Oberfläche von Nord nach Süd mehr als einen Meter beträgt; bei der Eintiefung des Grabens muss also
zum Teil das Hanggefälle ausgeglichen worden sein, sonst wäre er im oberen Bereich nicht mehr so tief
erhalten. Die (nicht abgebildeten) Längsprofile weisen eine unauffällige, stellenweise etwas wellige Sohle
auf. Wie auch in den Querprofilen sind keine einzelnen Pfostenbefunde erkennbar. Die Verfüllung ist
insgesamt homogen. Zugehörig als Teil einer Mittelpfostenreihe sind möglicherweise die Bef. 111, 122
und 124, die zur Längsachse leicht nach Westen versetzt liegen. Die Abstände untereinander betragen
4,9 m beziehungsweise 2,8 m. Die Durchmesser der Pfostengruben liegen bei rund 0,5 m; sie sind von
Nord nach Süd 0,2 m, 0,3 m und 0,6 m tief. Bei der Pfostengrube Bef. 122 konnte eine Standspur von 0,3
m Durchmesser dokumentiert werden. Weiter im Süden sind eventuell noch die Pfostengruben Bef. 130
mit 2,6 m Abstand zur nächsten südlichen Grube und Bef. 286 mit 3,8 m Abstand zugehörig. Die beiden
Befunde erreichen jedoch nur Durchmesser von 0,3–0,4 m.

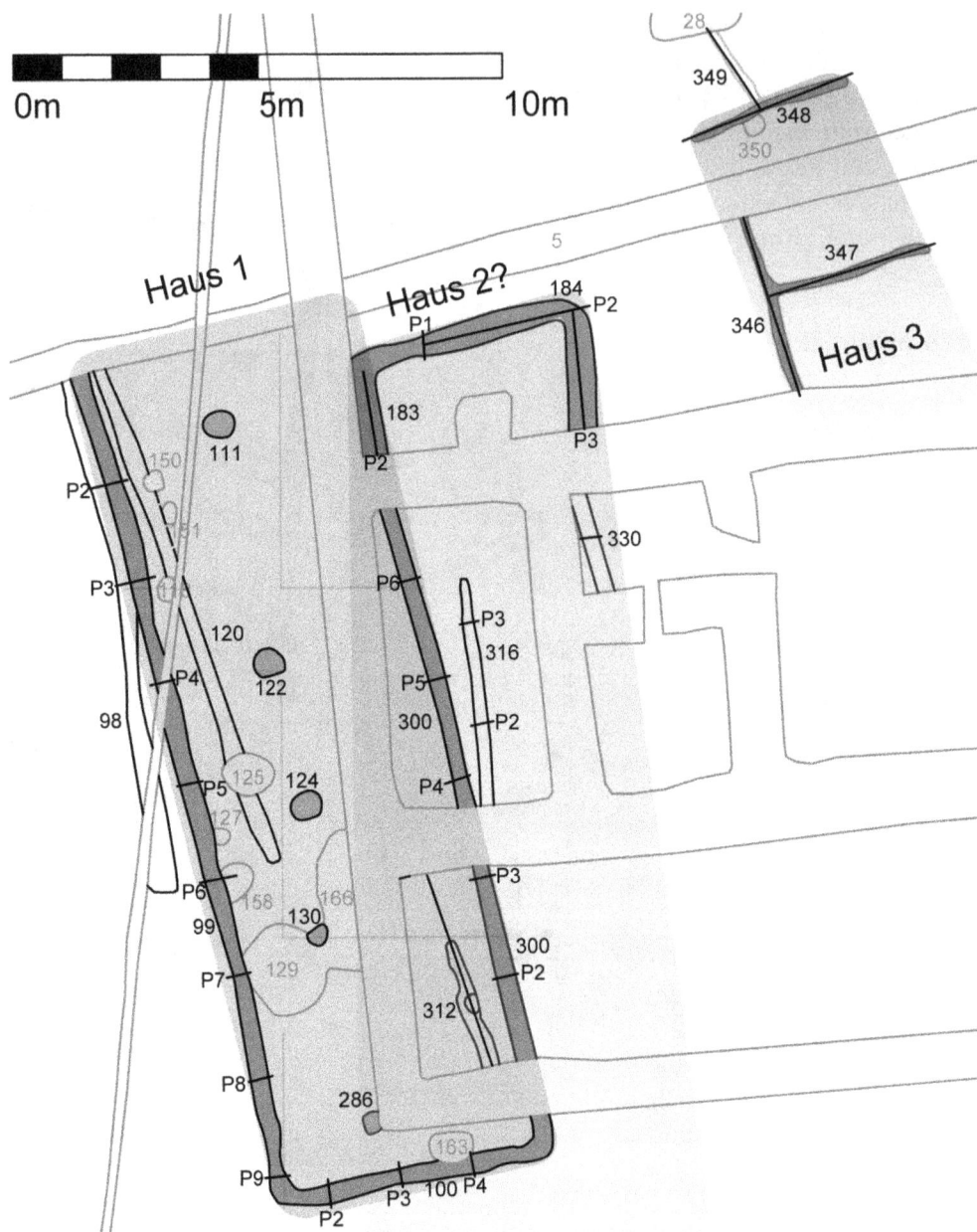

Abb. 3. Gräbchen- und Pfostenstrukturen sowie in stratigraphischer Beziehung stehende andere Befunde (grau) mit ausge-wählten Profilen. Schwarz – Planum 1/2, Blau – Planum 3, Grün – Planum 4. M. 1:150.

Aus dem Fundamentgraben liegt neben Keramik des mittleren SOB auch ein flacher Gefäßboden vor, der in die Münchshöfener Kultur weisen könnte. Diese Datierung wird durch die stratigraphische Überlagerung der durch verzierte Keramik mittelneolithisch datierten Befunde 127 und 129 durch den westlichen Grabenschenkel Bef. 99 gestützt. Die Pfostengruben Bef. 111 und 122 enthielten zwar keine Keramik, jedoch Silices.

Die Befunde ergeben einen gut erhaltenen zweischiffigen Hausgrundriss von etwa 17 x 6 m. Unklar ist lediglich der nördliche Abschluss.

Die besten Parallelen dazu finden sich im Bereich der Epi-Lengyel-Kulturen, so zum Beispiel die Grundrisse 1 und 2 aus dem niederösterreichischen Schleinbach (Schwammenhöfer 1983). Haus 2 ist mit 17 x 7 m in den Abmessungen nahezu identisch (Abb. 5). Der nördliche Hausabschluss ist in Schleinbach offen mit einem Firstpfosten beziehungsweise mit einer Pfostenreihe konstruiert. Diese Möglichkeiten

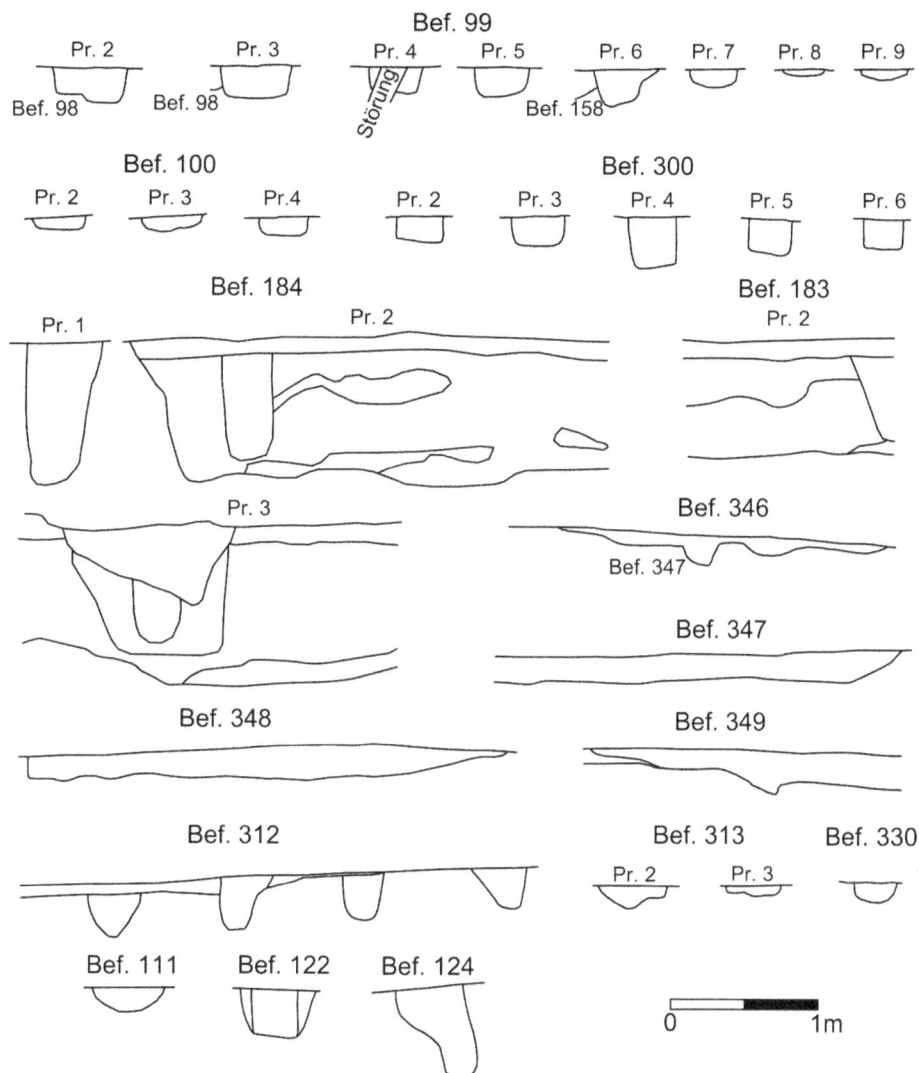

Abb. 4. Ausgewählte Profile. M. 1:50.

bieten sich auch für Gaimersheim an, wo die Situation durch einen jüngeren Graben verunklart ist. Auf jeden Fall dürfte auch hier der Eingang im Norden gelegen haben. Wie in Gaimersheim konnten in Schleinbach keine Pfostenstellungen in den Fundamentgräbchen entdeckt werden.

Vergleichbar, wenngleich mit 25 x 10 m deutlich größer, ist auch ein Hausgrundriss aus dem westungarischen Mosonszentmiklós (Virág/Figler 2007). Nach J. Pavúk (2012, 282) ist dieser Haustyp besonders charakteristisch für die Balaton-Lasinja-Kultur. Als weiteres Beispiel sei hier ein Grundriss aus Zamárdi vom Südufer des Balaton angeführt (Kiss/Réty 2005), der mit 18,5 x 9 m dem Gaimersheimer Befund besser entspricht (Abb. 6). Im Nordwesten und im Südosten lässt der ansonsten durchgehende Fundamentgraben, in dem einzelne Pfostenstellungen identifiziert werden konnten, auf den Schmalseiten Zugänge frei.

In Südwestdeutschland sind Häuser mit durchgehenden Wandgräbchen in den Epi-Rössener Gruppierungen vertreten, beispielsweise in Nördlingen-Baldingen oder Creglingen-Frauental (Zeeb 1994, Taf. 5; 39). Von der Größe her lassen sich einige dieser Befunde gut mit Haus 1 von Gaimersheim vergleichen, doch handelt es sich bei den südwestdeutschen Belegen durchwegs um Grubenhäuser. Es ist allerdings nicht ausgeschlossen, dass es sich auch beim Gaimersheimer Befund ursprünglich um ein Grubenhaus handelte, von dem sich lediglich die tiefer als die eigentliche Hausgrube eingegrabenen Wandgräbchen erhalten haben, wie es für einen Bischheimer Grundriss aus Bad Friedrichshall-Kochendorf, Lkr. Heilbronn, vorgeschlagen wurde (Friederich 2011, 127–128).

Hinzweisen ist zudem auf einen unlängst entdeckten Befund bei einem Erdwerk der jüngeren Münchshöfener Kultur nahe Kösching, Lkr. Eichstätt, das nur rund 20 km östlich von Gaimersheim liegt (Hümmer 2014). Der leider unvollständige, WNW-OSO orientierte Grundriss war 6 m breit sowie noch 12 m lang und bestand aus bis zu 0,4 m tiefen Wandgräbchen, in die einzelne Pfostenstellungen eingebracht waren. Mittelpfosten fehlten hier allerdings.

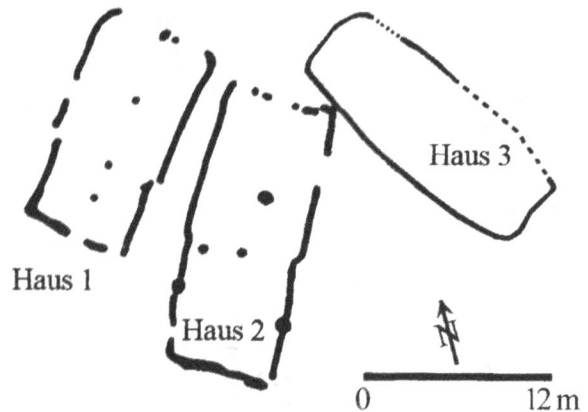

Abb. 5. Schleinbach, NÖ. Befundplan (nach Strobel 2000).

Haus 2(?): Grabenzug Bef. 183/Bef. 184:

Der westliche Schenkel des erst in Planum 3 erkennbaren, U-förmigen Grabenzugs wird unter Bef. 183 geführt, der östliche und der Querschenkel unter Bef. 184. Während die beiden Längsabschnitte mit einer erhaltenen Länge von 2,1 m beziehungsweise 2,6 m von einer römischen Mauer gekappt werden, weist der Querschenkel eine Länge von etwa 4,9 m auf. Im Planum erreicht der Grabenzug eine Breite von circa 0,6 m, während seine Tiefe zwischen 0,75 m (Bef. 183) und rund 1 m (Bef. 184) beträgt. Seine Sohle ist weitgehend eben, die Verfüllung geschichtet. Es ist nicht auszuschließen dass die obere Verfüllungsschicht von Bef. 183 die nördliche Fortsetzung des Grabenschenkels Bef. 300 darstellt, der dann Bef. 183 überlagern würde. Pfostengruben lassen sich in den beiden Ecken des Grabenzugs sowie am S-Ende von Befund 184 erkennen. Hier sind Standspuren von 0,3 m Durchmesser und 0,8 m Tiefe erhalten.

Die Funde aus dem Grabenzug sind mittelneolithisch; lediglich ein nur fingernagelgroßes Fragment zeigt Reste feinen Furchenstichs und könnte in die Münchshöfener Kultur datieren, ohne damit den gesamten Befund chronologisch festzulegen.

Da der Grabenzug breiter und tiefer als alle anderen hier behandelten Gräbchen ausfällt und

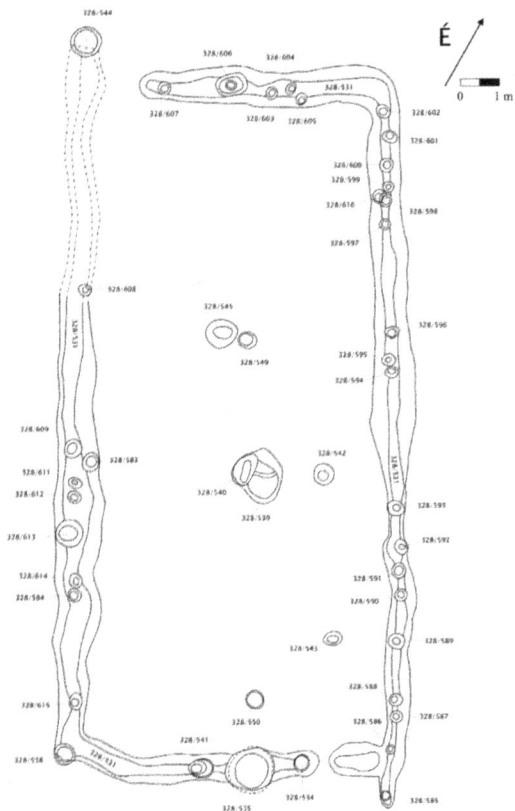

Abb. 6. Zamárdi, Ungarn. Befundplan (nach Kiss/Réty 2005).

sich auch in der Verfüllung unterscheidet, erscheint ein wie auch immer gearteter, chronologischer oder funktionaler Zusammenhang unwahrscheinlich. Plausibler erscheint dagegen die Deutung als massiver Nordwest-Abschluss eines mittelneolithischen Hausgrundrisses. Gerade im mittleren Südostbayerischen Mittelneolithikum sind derartige Haustypen gut belegt (Abb. 7). Wie die Befunde aus Hienheim (Moddermann 1977, z.B. 16, Abb. 2: Gebäude 3 und 4) zeigen, können die Nordwest-Fundamentgräben derartiger Häuser durchaus entsprechende Tiefen erreichen. Auch die Breite findet gute Entsprechungen. Bei dieser Deutung verwundert allerdings das weitgehende Fehlen weiterer massiver Pfosten der Außenwände und

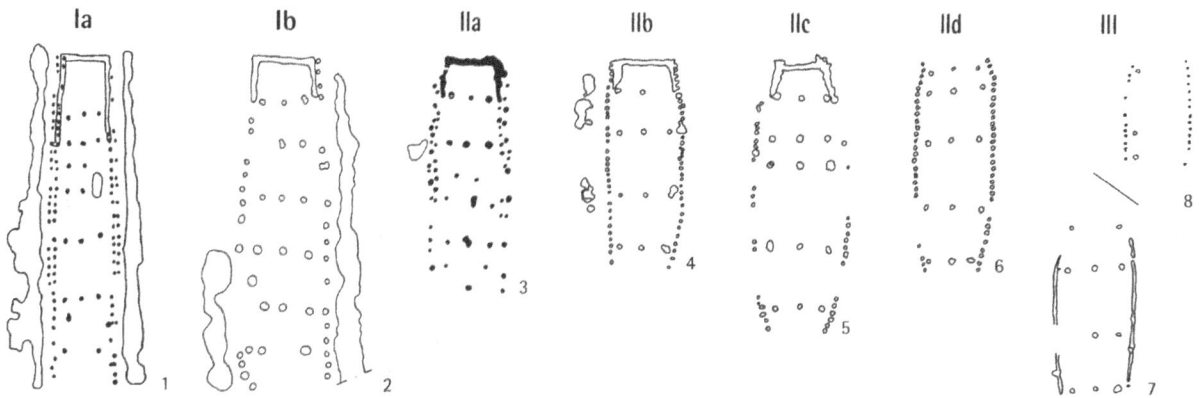

Abb. 7. Entwicklung des Hausbaus während des Südostbayerischen Mittelneolithikums. 1 Straubing- Lerchenhaid, 2 Atting-Rinkam, 3 Harting-Nord, 4–7 Geiselhöring-Süd, 8 Aldersbach-Kriestorf. M. etwa 1:650 (nach Engelhardt u. a. 2006).

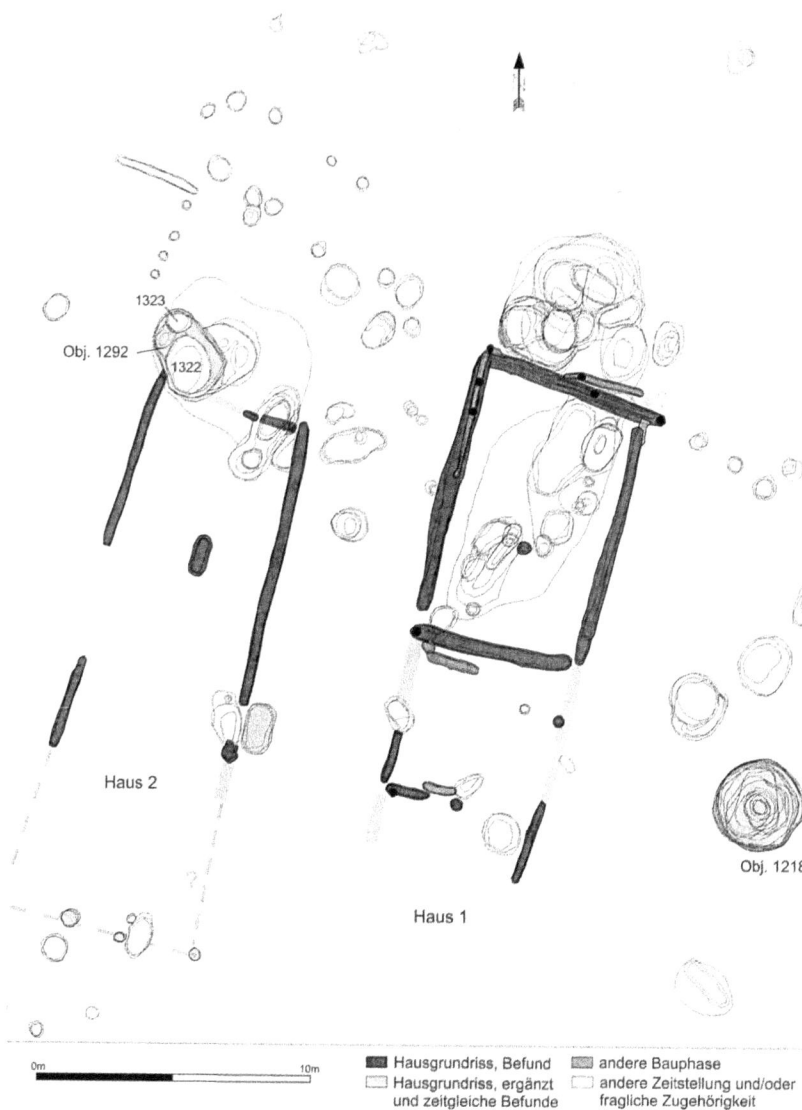

Abb. 8. Maissau, Niederösterreich. Befundplan (nach Schmitsberger 2008).

der Dachkonstruktion. Diese Konstruktionselemente könnten zumindest teilweise der intensiven jüngeren Besiedlung des Geländes zum Opfer gefallen sein.

Haus 3: Gräbchenstruktur Bef. 346/ Bef. 347/ Bef. 348:
Bei den erst in Planum 4 erkennbaren Befunden handelt es sich um ein Längs- und zwei Quergräbchen, die anscheinend aufeinander bezogen sind. Bef. 346 bildet zusammen mit Bef. 347 eine auf der Seite liegende T-förmige Struktur. Bef. 346 verläuft in NW-SO-Richtung. Im Norden wird der Befund von einem römischen oder vorrömischen, quer über die gesamte Grabungsfläche verlaufenden Graben (Bef. 5) gekappt, im Süden von einer römischen Mauer. Die erhaltene Länge beträgt im Planum 3,6 m, im Profil scheint das Gräbchen jedoch nicht mehr an die jüngeren Befunde heranzureichen und erreicht nur mehr eine Länge von 2,25 m, wobei die Grabenenden auslaufen. Die Breite beträgt 0,2–0,25 m, die Tiefe 0,05–0,1 m. Das Längsprofil ist leicht wellig. Bef. 347 schließt rechtwinklig etwa auf halber Höhe von Bef. 346 an, ist 0,2 m breit und erreicht eine Länge von 3,1 m. Die Sohle des noch maximal 0,2 m tiefen Befundes ist eben, das östliche Grabenende deutlich ausgeprägt. Das Querprofil ist muldenförmig. Bef. 348 ist ein weiterer Quergraben, der parallel zu Bef. 347 etwa 3,4 m weiter nördlich verläuft. Er ist 3,4 m lang, rund 0,2 m breit und 0,15–0,2 m tief. Während das östliche Grabenende sehr deutlich rechtwinklig ausgeprägt ist, scheint der Graben im Westen kontinuierlich flacher zu werden und auszulaufen; dies kann jedoch auch durch die Lage des Längsschnitts bedingt sein. Ein weiteres Gräbchen, Bef. 349 schließt stumpfwinklig nördlich an Bef. 348 an und wird von diesem und dem metallzeitlichen Bef. 28 überlagert. Seine erhaltene Länge beträgt 1,75 m, die Breite 0,2 m, die Tiefe 0,1–0,2 m bis maximal 0,3 m. Das Längsprofil zeigt eine ebene Sohle, die nur durch eine unregelmäßige Ausbuchtung in der Mitte unterbrochen ist. Ein funktionaler Zusammenhang mit Bef. 348 erscheint unwahrscheinlich. Sämtliche der oben beschriebenen Gräbchen hatten eine einheitliche Verfüllung. Aufgrund der Funde datieren die Gräbchen allgemein neolithisch, Bef. 349 erbrachte verzierte mittelneolithische Keramik.

Es scheint der Rest eines zweiräumigen Gebäudes vorzuliegen, das bei angenommener Symmetrie circa 7 x 3 m messen würde. Derartige Grundrisse mit durchgehender Raumteilung klassifiziert J. Pavúk (2012, 281–282) als Typ 4 (Branč), welcher charakteristisch ist für ein spätes Lengyel oder Epi-Lengyel in Tschechien und der Slowakei. Lediglich der sehr ähnliche Typ 2 (Svodín) wird in das ältere Lengyel datiert, wobei diese Einordnung nicht unproblematisch erscheint (vgl. Strobel 2000, 308 m. Anm. 924). Aus Niederösterreich lassen sich Grundrisse wie der von Haus 1 von Maissau anführen (Schmitsberger 2008, 446–447 m. Abb. 26), wenngleich die Querteilung hier mit Baufugen einhergeht (Abb. 8). Die österreichischen Hausgrundrisse dieser Art werden an die Wende vom späten Lengyel (MOG IIa) zum Epi-Lengyel (MOG IIb) datiert. Erwähnenswert ist allerdings, dass die hier besprochenen Parallelen mit Längen über 20 m deutlich größer als der Gaimersheimer Befund ausfallen, falls dieser annähernd richtig ergänzt ist.

Aus dem Bereich der Münchshöfener Kultur ist auf einen Befund von Wallerdorf, Lkr. Deggendorf, zu verweisen (Ganselmeier 2009). Es handelt sich zwar um einen Grundriss, der sich aus tragenden Pfosten und sehr schmalen Wandgräbchen zusammensetzt, doch ist die Größe von 8 x 8 m wenigstens annähernd vergleichbar, sofern der Grundriss vollständig ist. Allerdings ist die Zweiteilung hier nicht in Quer- sondern in Längsrichtung angelegt.

Größenmäßig vergleichbar sind zudem ein gesicherter Pfostenbau der Münchshöfener Kultur aus Murr, Lkr. Freising, mit 6 x 3 m (Neumaier 2000) sowie die Schussenrieder Pfostenbauten von Eberdingen-Hochdorf, Lkr. Ludwigsburg (Keefer 1988, 42–46), mit etwa 5 x 3,5 m, ebenso einige Feuchtboden-Bauten von Taubried I und Riedschachen I, Lkr. Biberach, sowie Ehrenstein, Alb-Donau-Kreis (vgl. Strobel 2000, 280 Abb. 278).

Weitere Gräbchen und Gräbchenabschnitte sind nicht eindeutig einem Grundriss zuzuordnen, sollen aber dennoch erwähnt werden:

Graben Bef. 98:
Der Graben ist auf einer Länge von 10,3 m nachweisbar und verläuft annähernd parallel zu Bef. 99, von dem er im nördlichen Bereich überlagert wird, um dann von Bef. 5 gekappt zu werden. Seine Breite

beträgt 0,3–0,4 m, seine gleich bleibende Tiefe 0,1–0,15 m. Die Querprofile zeigen sich muldenförmig, das Längsprofil leicht wellig. Die Verfüllung ist einheitlich und erbrachte mittelneolithisches Fundmaterial.

Graben Bef. 120:

Der Graben ist auf einer Länge von 10,4 m nachweisbar und verläuft annähernd parallel zu Bef. 98 und Bef. 99; wie diese wird er im Süden von Bef. 5 gekappt. Die Breite des Grabens beträgt rund 0,3 m. Im Profil war er nicht mehr nachweisbar, dennoch liegen neolithische Silices vor.
Ob die beiden Befunde 98 und 120 mit Vorgängerbauten oder Bauphasen von Haus 1 in Zusammenhang stehen, muss dahingestellt bleiben.

Graben Bef. 312:

Der Graben ist in Planum 3 auf einer Länge von 2,6 m nachweisbar und erreicht eine Breite von 0,25–0,3 m. Im Süden wird er von einer römischen Mauer gekappt und setzt sich nicht darüber hinaus fort. Das Längsprofil zeigt, dass der eigentliche Befund nur mehr maximal 0,07 m tief ist und in regelmäßigen Abständen von Pfostengruben gegliedert wird, von denen einer sogar noch jenseits des im Planum nachweisbaren Befundes liegt. Diese erreichen Tiefen von 0,3–0,35 m und Durchmesser von 0,2–0,3 m. Die Mittelpunkte sind 0,8–0,9 m voneinander entfernt. Die Verfüllung ist homogen und kann nur allgemein vorgeschichtlich datiert werden.

Graben Bef. 316:

Der Graben ist in Planum 2 auf einer Länge von 4,5 m nachweisbar und erreicht eine Breite von 0,35 m. Im Süden wird er von einer römischen Mauer gekappt und setzt sich nicht darüber hinaus fort. In den Querprofilen stellt sich der Befund muldenförmig dar und ist noch 0,07–0,15 m tief. Im (nicht abgebildeten) Längsprofil zeigt sich die Grabensohle sehr unregelmäßig; der Befund setzt zwischen den beiden Querprofilen auf einer Strecke von etwa 1 m aus. Die Verfüllung ist homogen und erbrachte keine Funde. Aufgrund des teilweise parallelen Verlaufs könnte ein Zusammenhang mit Bef. 98 bestehen.

Grabenabschnitt Bef. 330:

Der Befund ist in Planum 3 auf einer Länge von 2 m zwischen zwei römischen Mauern nachweisbar, über die er sich nicht fortsetzt. Im Querprofil ist der muldenförmige, einheitlich verfüllte Graben 0,3 m breit und noch 0,13 m tief. Die Funde können lediglich allgemein vorgeschichtlich datiert werden. Aufgrund der leicht abweichenden Ausrichtung sowie geringerer Breite und Tiefe ist es nahezu auszuschließen, dass der Grabenabschnitt die Fortsetzung des östlichen Grabenschenkels von Haus 2 (Bef. 184) darstellt.

Datierung

Die zeitliche Einordnung der Befunde ist nicht unproblematisch: Ausweislich der geborgenen Funde und anhand von Befundüberschneidungen können die meisten der beschriebenen Gräbchenstrukturen vor die Metallzeiten und damit in das Neolithikum datiert werden. Dennoch stellt sich die Frage, ob die geborgene Keramik des Südostbayerischen Mittelneolithikums (SOB) den *terminus ad* oder vielmehr *post quem* angibt. Da Fundamentgräben in der Regel unmittelbar nach dem Aushub wieder verfüllt werden, ist nicht unbedingt mit zeitgenössischem Fundmaterial zu rechnen. Dass Funde älterer Siedlungshorizonte in die Verfüllung gelangt sind, ist dagegen sehr gut vorstellbar. Somit spricht bei den Grundrissen von Haus 1 und Haus 3 nichts gegen eine aus den angeführten Parallelen abgeleitete Datierung in das Jungneolithikum, genauer in die Münchshöfener Kultur, während der unvollständige Grundriss von Haus 2 wohl den NW-Abschluss eines mittelneolithischen Hauses darstellt.

Ungewöhnlich erscheint allerdings, dass die Durchsicht sämtlicher Funde der Grabung keine klar münchshöfenzeitliche Keramik erbrachte. Solche liegt jedoch von den Nachbarflächen in nennenswerten Mengen und aus mehreren Befunden vor. Die Grabungsfläche ist demnach mit circa 35 x 60 m nicht groß genug bemessen, um weiterreichende Schlüsse zum zeitgenössischen Siedlungsumfeld der beiden mutmaßlich jungneolithischen Häuser zuzulassen. Wie uns andere Fundstellen mit jungneolithischen

Hausbefunden lehren, liegen datierende Siedlungsbefunde wie Vorratsgruben nicht zwingend im absoluten Nahbereich der Grundrisse. So befanden sich im württembergischen Bad Friedrichshall-Kochendorf, Lkr. Heilbronn, korrespondierende Siedlungsbefunde eines bischheimzeitlichen Hausgrundrisses in rund 70–150 m Entfernung (Friederich 2011, 222–223 m. Abb. 187). Auch Epi-Lengyel-zeitliche Hausgrundrisse Niederösterreichs, zum Beispiel von Unterradlberg bei St. Pölten (Neugebauer u. a. 1990, 49–50) oder Münchendorf bei Mödling (Carneiro 2002) konnten mangels Begleit-(Be)funden lediglich über die Grundriss- und Siedlungsform beziehungsweise ein ^{14}C-Datum datiert werden.

Fazit

Falls die Überlegungen zur Datierung der vorgestellten Befunde zutreffen, konnten in Gaimersheim die ersten und einzigen derzeit bekannten mittel- und jungneolithischen Hausgrundrisse im nördlichen Oberbayern aufgedeckt werden.

Gerade für die jungneolithische Münchshöfener Kultur stellt dies einen nicht unerheblichen Quellenzuwachs dar. Nachdem erst in jüngster Zeit grundlegende Fragen zum Bestattungswesen (Meixner 2009) und zur Chronologie der Münchshöfener Kultur (Meixner im Druck) geklärt werden konnten, kommt nun auch Licht in den bislang fast unbekannten Hausbau. Es deutet sich bereits jetzt an, dass mit unterschiedlichen Haustypen und -größen zu rechnen ist. So konnten in Kösching und Gaimersheim (Haus 1) Langhäuser mit durchgehenden Fundamentgräben dokumentiert werden, in Wallerdorf und möglicherweise Gaimersheim (Haus 3) kleinere Hauser, die aus Grabenabschnitten und Pfostengruben bestehen und eine Raumaufteilung aufweisen. In Murr dagegen gelang der Nachweis kleinerer Pfostenbauten, vom Frauenberg bei Weltenburg liegt möglicherweise ein Grubenhaus vor (Meixner 1999, 9–14). Damit scheint die Münchshöfener Kultur, auch was den Hausbau anbelangt, eine Zwischen- und Mittlerstellung zwischen dem Rössener/Epi-Rössener Kulturkomplex im Westen und dem Lengyel/Epi-Lengyel-Kreis im Osten einzunehmen. Zukünftige Untersuchungen müssen allerdings noch klären, inwieweit die festgestellten Unterschiede chronologisch bedingt sein können.

Darüber hinaus lehren uns die Befunde aus Gaimersheim, dass es sich lohnen kann, zunächst unscheinbare und schwer zu datierende (Haus-)Befunde einer näheren Betrachtung zu unterziehen.

Literatur

Böhm 2002: K. Böhm, 125 Jahre Münchshöfen. In: K. Schmotz (Hrsg.), Vorträge des 20. Niederbayerischen Archäologentages (Rahden/Westf. 2002) 227–244.

Carneiro 2002: Â. Carneiro, Das neolithische Haus von Münchendorf, Drei Mahden, in Niederösterreich. Ein Beitrag zu den langrechteckigen Bauten der Endphase der Lengyelkultur. Arch. Austriaca 86, 2002, 45–53.

Engelhardt u. a. 2006: B. Engelhardt/K. Riedhammer/S. Suhrbier, Mittelneolithikum – Eine neue Zeit mit alten Wurzeln. In: Archäologie in Bayern – Fenster zur Vergangenheit (Regensburg 2006) 65–75.

Friederich 2011: S. Friederich, Bad Friedrichshall-Kochendorf und Heilbronn-Neckargartach: Studie zum mittelneolithischen Siedlungswesen im Mittleren Neckarland. Forsch. u. Ber. Vor- u. Frühgesch. Baden-Württemberg 123 (Stuttgart 2011).

Ganslmeier 2009: R. Ganslmeier, Lost Villages: Wallerdorf – Ein Weilerhof der Münchshöfener Kultur. Bemerkungen zu terrestrischen Siedlungen der frühen Kupferzeit. In: L. Husty/M. M. Rind/K. Schmotz (Hrsg.), Zwischen Münchshöfen und Windberg. Gedenkschrift für Karl Böhm. Internat. Arch. – Studia honoraria 29 (Rahden/Westf. 2009) 109–130.

Hümmer 2014: M. Hümmer, Ein Grabenwerk und ein Hausgrundriss der späten Münchshöfener Kultur bei Kösching. Arch. Jahr Bayern 2013 (2014) 27–29.

Husty 2011: L. Husty, Südostbayern in der 2. Hälfte des 5. Jahrtausends. Forschungsfortschritte der letzten 20 Jahre. In: M. Chytráček/H. Gruber/J. Michálek/R. Sandner/K. Schmotz (Hrsg.), Fines Transire 20 (Rahden/Westf. 2011) 113–128.

Keefer 1988: E. Keefer, Hochdorf II. Eine jungsteinzeitliche Siedlung der Schussenrieder Kultur. Forsch. u. Ber. Vor- u. Frühgesch. Baden-Württemberg 27 (Stuttgart 1988).

Kiss/Réty 2005: V. Kiss/Zs. Réti: Középső rézkori alapárkos ház Zamárdiból. Ősrég. Levelek 7, 2005, 73–90.

MEIXNER 1999: D. Meixner, Zum Übergang vom Mittel- zum Jungneolithikum auf dem Frauenberg bei Weltenburg, Lkr. Kelheim, und im bayerischen Donauraum (unpubl. Magisterarb. Regensburg 1999).

MEIXNER 2009: D. Meixner, Ausnahme oder Regel – Zum Phänomen der Münchshöfener Bestattungen. In: K. Schmotz (Hrsg.), Vorträge des 27. Niederbayerischen Archäologentages (Rahden/Westf. 2009) 91–144.

MEIXNER im Druck: D. Meixner, Alles „klassisch"? Überlegungen zur inneren Chronologie der frühjungneolithischen Münchshöfener Kultur. In: F. Eibl /U. Töchterle (Hrsg.), Tagungsband zum internationalen Arbeitstreffen 16.–18. Februar 2012 in Innsbruck: Das Inntal als Drehscheibe zwischen Kulturen nördlich und südlich des Alpenhaumtkammes. Zeitscheibe Neolithikum und Kupferzeit. IA-ASTK 20 (Rhaden/Westf. im Druck).

MODDERMANN 1977: P. J. R. Modderman, Die neolithische Besiedlung bei Hienheim, Ldkr. Kelheim, I. Die Ausgrabungen am Weinberg 1965–1970. Materialh. Bayer. Vorgesch. A 33 (Kallmünz/Opf. 1977).

NEUGEBAUER U. A. 1990: J.-W. Neugebauer/A. Gattringer/Ch. Mayer/B. Sitzwohl, Rettungsgrabungen im Unteren Traisental im Jahre 1990. Neunter Vorbericht über die Aktivitäten der Abt. f. Bodendenkmale des Bundesdenkmalamtes im Raum St. Pölten-Traismauer. Fundber. Österr. 29, 1990, 45–89.

NEUMAIR 2000: E. Neumair, Neue Aspekte zum Siedlungswesen der Münchshöfener Kultur anhand von Untersuchungen in Murr, Freising. In: H.-J. Beier (Hrsg.), Varia Neolithica I. Beitr. Ur- u. Frühgesch. Mitteleuropa 22 (Weissbach 2000) 99–114.

PAVÚK 2012: J. Pavúk, Kolové stavby lengyelskej kultúry. Pôdorysy, interiér a ich funkcia. Slov. arch. LX 2, 2012, 251–284.

PECHTL 2011: J. Pechtl, Zwei Dekaden LBK-Forschung in Altbayern (1991–2010) - ein kritisches Resümee. M. Chytráček/H. Gruber/J. Michálek/R. Sandner/K. Schmotz (Hrsg.), Fines Transire 20 (Rahden/Westf. 2011) 53–77.

SCHMITSBERGER 2008: O. Schmitsberger, Ausgrabungen auf der Trasse der Ortsumfahrung Maissau 2008/Fläche „1-Süd": Befunde vom Altneolithikum bis zum Frühmittelalter. Fundber. Österr. 47, 2008, 438–500.

SCHWAMMENHÖFER 1983: H. Schwammenhöfer, Eine Gehöftgruppe der Epilengyelzeit in der Ziegelei Schleinbach, NÖ. Fundber. Österr. 22, 1983, 169–202.

STROBEL 2000: M. Strobel, Die Schussenrieder Siedlung Taubried 1 (Bad Buchau, Kreis Biberach). Ein Beitrag zu den Siedlungsstrukturen und zur Chronologie des frühen und mittleren Jungneolithikums in Oberschwaben (Stuttgart 2000).

VIRÁG/FIGLER 2007: Zs. M. Virág/M. Figler, Data on the settlement history of the late Lengyel period of Transdanubia on the basis of two sites from Kisalföld (Small Hungarian Plain). In: J. K. Kozłowski/P. Raczky (Hrsg.), The Lengyel, Polgár and related cultures in the Middle/Late Neolithic in Central Europe (Kraków 2007) 345–364.

WEINIG 1987: J. Weinig, Die Besiedlungsgeschichte der Brunnhöhe bei Gaimersheim. Arch. Jahr Bayern 1986 (1987) 157–158.

WEINIG 1989: J. Weinig, Eine neolithische Schmuckwerkstätte aus Gaimersheim. In: K. H. Rieder/A. Tillmann/J. Weinig (Hrsg.), Steinzeitliche Kulturen an Altmühl und Donau. Ausstellungskatalog Stadtmuseum Ingolstadt (Ingolstadt 1989) 152–158.

WEINIG 1992: J. Weinig, Ein mittelneolithischer Ofen bei Gaimersheim. Überlegungen zur chronologischen Abfolge des „späten Mittelneolithikums". Das Pfostenloch 1, 1992, 77–99.

ZEEB 1994: A. Zeeb, Die Hausbefunde der frühjungneolithischen Siedlung von Nördlingen-Baldingen im Nördlinger Ries. Arb. Arch. Süddeutschland 2 (Büchenbach 1994).

Daniel Meixner
Bayerisches Landesamt für Denkmalpflege
Hofgraben 4
80539 München

J. Pechtl / T. Link / L. Husty (Hrsg.), Neue Materialien des Bayerischen Neolithikums. Tagung im Kloster Windberg vom 21. bis 23. November 2014. Würzburger Studien zur Vor- und Frühgeschichtlichen Archäologie 2 (Würzburg 2016) 99–126.

Zwei endneolithische Grubenhäuser auf dem „Alten Berg" bei Burgerroth (Lkr. Würzburg, Unterfranken)

Thomas Link

mit einem Beitrag von Christoph Herbig

Zusammenfassung

Bereits 1919–21 fanden auf dem „Alten Berg" bei Burgerroth groß angelegte archäologische Ausgrabungen statt. Seither ist Burgerroth als Schlüsselfundplatz des Spät- und Endneolithikums in Unterfranken bekannt. Im Winter 2012/13 wurden auf einem bisher nicht untersuchten Areal Magnetometerprospektionen durchgeführt. Sie gaben eine Grabenanlage mit mindestens zwei Gräben sowie zahlreiche, 3–6 m große, quadratische Anomalien zu erkennen, deren Deutung als neolithische Grubenhäuser anhand der Befunde der Altgrabung sehr wahrscheinlich ist. Die Fläche der Siedlung auf dem alten Berg ist somit wesentlich größer, als bislang angenommen. Im Sommer 2013 wurden zwei der quadratischen Anomalien mit schmalen Schnitten sondiert. Ihre Deutung als Grubenhäuser konnte verifiziert werden, und es kam ein sehr reichhaltiges Fundmaterial zu Tage, das sich unter anderem durch eine exzellente Knochenerhaltung und eine sehr hohe Anzahl von Knochen- und Geweihgeräten auszeichnet. Die Keramik findet Parallelen in den regional benachbarten Kulturgruppen des Spätneolithikums bzw. frühen Endneolithikums (Goldberg III, Cham, Wartberg, Bernburg u. a.), wobei Burgerroth keiner dieser Gruppen exklusiv zugeordnet werden kann, sondern durch eine Mischung von Einflüssen aus unterschiedlichen Himmelsrichtungen gekennzeichnet ist. Überraschend hoch ist jedoch auch der Anteil schnurkeramischer Siedlungsware. Auch die ^{14}C-Daten verweisen bereits ins 27.–25. Jh. v. Chr. In Burgerroth ist somit ein Nebeneinander regionaler spätneolithischer Traditionen und schnurkeramischer Innovationen zu beobachten.

Abstract

Already in 1919–21 large scale excavations have been carried out on the „Alter Berg" („Old Hill") near Burgerroth. Since then, Burgerroth is a well-known key site for the Late and Final Neolithic of Lower Franconia. In winter 2012/13 magnetic prospection was carried out in a previously unexamined area of the site. The results showed a ditch system consisting of at least two ditches and numerous square anomalies measuring 3–6 metres. They closely resemble the pit houses discovered in the first excavation and most probably can be interpreted accordingly. The size of the settlement thus is much larger than expected before. In summer 2013 two of the square anomalies were examined by small scaled sondage excavations. Their interpretation as pit dwellings or houses with dug-in floors could be verified. The abundant finds are characterized by excellent preservation of bone material and a large number of bone and antler tools. Pottery shows parallels with regionally neighbouring cultural groups of the Late Neolithic or Early Final Neolithic (Goldberg III, Cham, Wartberg, Bernburg and others). However, Burgerroth cannot be assigned to one of these regional groups exclusively but is characterized by a mixture of influences from different origins and directions. Surprisingly, there is also a high amount of Corded Ware settlement pottery and the radiocarbon dates point to the 27th to 25th centuries BC. Burgerroth thus reveals parallel existence of regional Late Neolithic traditions and Corded Ware innovations.

Lage und Forschungsgeschichte

Südöstlich von Burgerroth (Stadt Aub, Lkr. Würzburg, Unterfranken) bildet die Gollach, wenige Kilometer vor ihrer Mündung in die Tauber, eine markante Schleife. Das Muschelkalkplateau der Talränder ist hier zu einem an drei Seiten steil abfallenden Sporn ausgeformt (Abb. 1–2). An prominenter Stelle nahe der Spornspitze erhebt sich die romanische Kunigundenkapelle (Menth 1985), in deren Umfeld eine umfangreiche Bebauung vorliegt, die mindestens bis ins 11. Jahrhundert zurück reicht. Zur mittelalterlichen Besiedlung gehört auch ein noch heute als flache Erhebung im Gelände sichtbarer Wall.

In der Forschung zum Spät- und Endneolithikum Süddeutschlands ist der „Alte Berg" bei Burgerroth seit langem bekannt (vgl. Pescheck 1958, 28 f.; 36–42). Große Teile des Bergsporns wurden leider schon Anfang des 20. Jahrhunderts durch Steinbrüche unbeobachtet zerstört. Die Würzburger Außenstelle des Bayerischen Landesamtes für Denkmalpflege führte unter Leitung des Hauptkonservators Georg Hock und des Grabungstechnikers Josef Maurer als Rettungsmaßnahme in den Jahren 1919–1921 fünf Grabungskampagnen im Umfeld der Kunigundenkapelle durch. Aus mehreren, in den anstehenden Muschelkalk eingetieften Gruben und Grubenhäusern kam ein ausgesprochen reichhaltiges und gut erhaltenes Fundmaterial zutage, das schon bald den Status einer regionalen Referenz für das späte Neolithikum erlangte (vgl. die Erwähnung bei Reinecke 1924, 14 und Dehn/Sangmeister 1954, 24 f.). Vollständig vorgelegt und ausgewertet wurde das Fundensemble jedoch erst 1984 von Dirk Spennemann. Aufgrund der sehr spärlichen Dokumentation mussten bei seiner Bearbeitung der Altgrabung allerdings zahlreiche Fragen, vor allem hinsichtlich der Befundsituation, offenbleiben, und auch die Lage der Grabungsflächen ließ sich nicht mehr genau lokalisieren. Bereits 1969 war bei erneuten Steinbrucharbeiten südlich der Kunigundenkapelle ein Graben angeschnitten worden, den

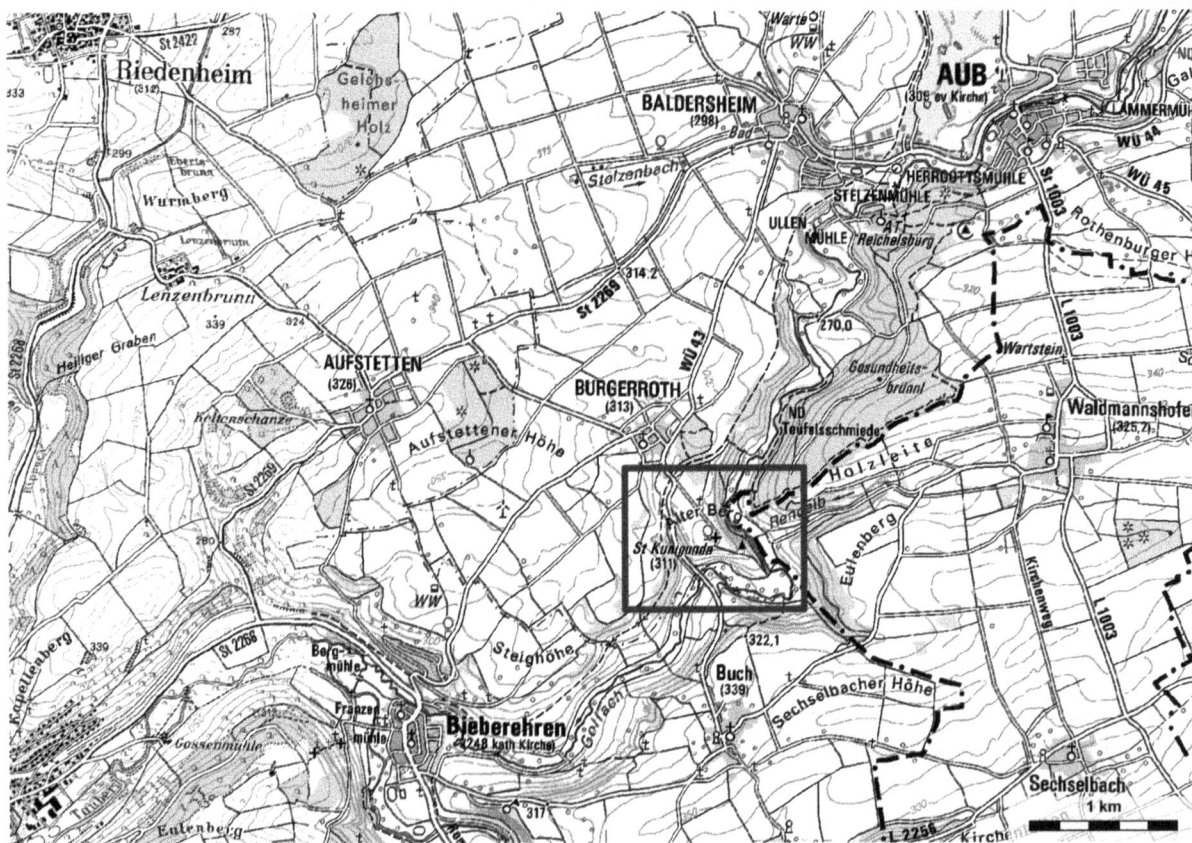

Abb. 1. Lage des Fundorts Burgerroth (TK50: © Bayerische Vermessungsverwaltung, www.geodaten.bayern.de).

Abb. 2. Zweifach überhöhtes 3D-Geländemodell mit Luftbild und Magnetogramm (Geobasisdaten: © Bayerische Vermessungsverwaltung, www.geodaten.bayern.de).

Spennemann bei einer Nachuntersuchung 1981 neolithisch datieren konnte; der Verlauf des Grabens blieb allerdings unklar (Spennemann 1984, 36–38).

Wie bereits Christian Pescheck (1958, 28 f.) feststellte und Spennemann (1984, 137–142; ders. 1985) untermauerte, weist das Fundmaterial aus Burgerroth regionale Bezüge zu verschiedenen benachbarten spät- bzw. endneolithischen Kulturgruppen auf (Goldberg III, Cham, Bernburg, Wartberg) und stellt damit ein wichtiges Bindeglied zwischen Südwestdeutschland, Bayern und Mitteldeutschland dar. Überregionale Bedeutung kommt dem Fundort aber nicht nur wegen des reichhaltigen Fundmaterials zu, sondern auch wegen des in Süddeutschland außerhalb der Feuchtbodensiedlungen generell sehr seltenen Auftretens spät- und endneolithischer Baubefunde. Die Altgrabung erbrachte mehrere in den anstehenden Muschelkalk eingetiefte Grubenhäuser mit quadratischem bis rechteckigem Grundriss und Abmessungen von ca. 3–6 m (Pescheck 1958, 28 f.; 36–42; Spennemann 1984, 18–33). Die prominentesten Vergleiche hierzu finden sich auf dem etwa 80 km entfernten Goldberg im Nördlinger Ries, ähnliche Baubefunde sind aber auch von anderen spät- und endneolithischen Fundorten bekannt (vgl. z. B. die Zusammenstellung bei Hecht 2008, Abb. 4–6).

Seit Spennemanns Aktivitäten in den frühen 1980er-Jahren fanden keine Untersuchungen vor Ort mehr statt – alles schien dafür zu sprechen, dass die neolithische Siedlung durch die mittelalterliche Bautätigkeit, den neuzeitlichen Steinbruchbetrieb und schließlich die Altgrabung praktisch vollständig zerstört worden war. Einzig eine bereits bei Spennemann (1984, 19 Abb. 6; 25) verzeichnete Lesefundstelle außerhalb der Steinbrüche und des 1919–21 gegrabenen Areals gab Anlass zu der Hoffnung, dass dem doch nicht so sein könnte.

Geophysikalische Prospektion

Die Aussicht auf möglicherweise noch erhaltene Siedlungsareale gab Anlass zu einer Magnetometerprospektion, die zwischen November 2012 und Juli 2013 vom Lehrstuhl für Vor- und Frühgeschichtliche Archäologie der Universität Würzburg durchgeführt wurde. Nördlich und nordwestlich der Kunigundenkapelle wurden insgesamt ca. 3,5 ha mit einem Dual-Fluxgate-Gradiometer vom Typ Bartington Grad

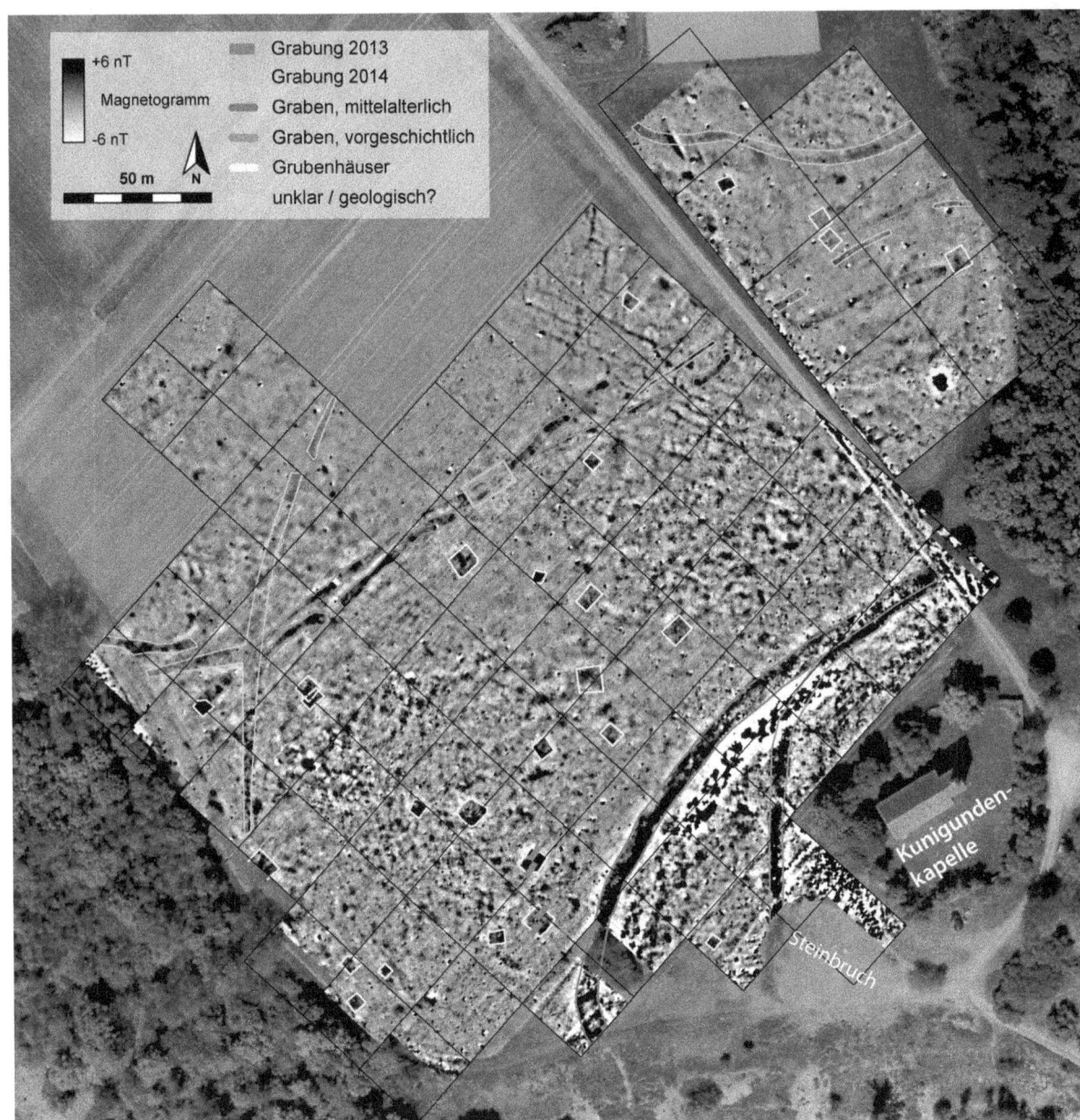

Abb. 3. Magnetogramm mit interpretierender Umzeichnung. Dual-Fluxgate-Gradiometer Bartington Grad 601-2, Dynamik ±6 nT in 256 Graustufen, Messpunktdichte 12,5 x 50 cm (interpoliert auf 12,5 x 25 cm), 20 m- bzw. 30 m-Gitter. (Luftbild: © Bayerische Vermessungsverwaltung, www.geodaten.bayern.de).

601-2 prospektiert (Abb. 3; vgl. auch Link 2013). Ergänzend wurden Bohrungen mit einem Handbohrer vom Typ Edelmann und Oberflächenaufsammlungen durchgeführt.

Als deutlichste magnetische Anomalie zeichnet sich, wie zu erwarten, der mittelalterliche Graben ab. Im Inneren des von ihm umschlossenen Areals wurde im Magnetogramm eine weitere lineare Struktur erfasst, bei der es sich um den 1969 an der Steinbruchkante erfassten und von Spennemann nachuntersuchten, neolithischen Graben handeln muss und dessen Verlauf somit geklärt werden konnte (vgl. Spennemann 1984, 36–38; 42 Abb. 22). Zwei weitere, zueinander parallel verlaufende lineare Anomalien erstrecken sich etwa 80 m nordwestlich der mittelalterlichen Befestigungsanlage. Eine Deutung als (vorgeschichtliche) Grabenanlage wird durch den geradlinigen Verlauf quer über den Bergsporn nahegelegt und durch eine deutlich erkennbare, torartige Unterbrechung im südwestlichen Drittel des inneren Grabens untermauert. Da die Gräben sehr eng benachbart sind und sich offenbar abschnittsweise überlagern,

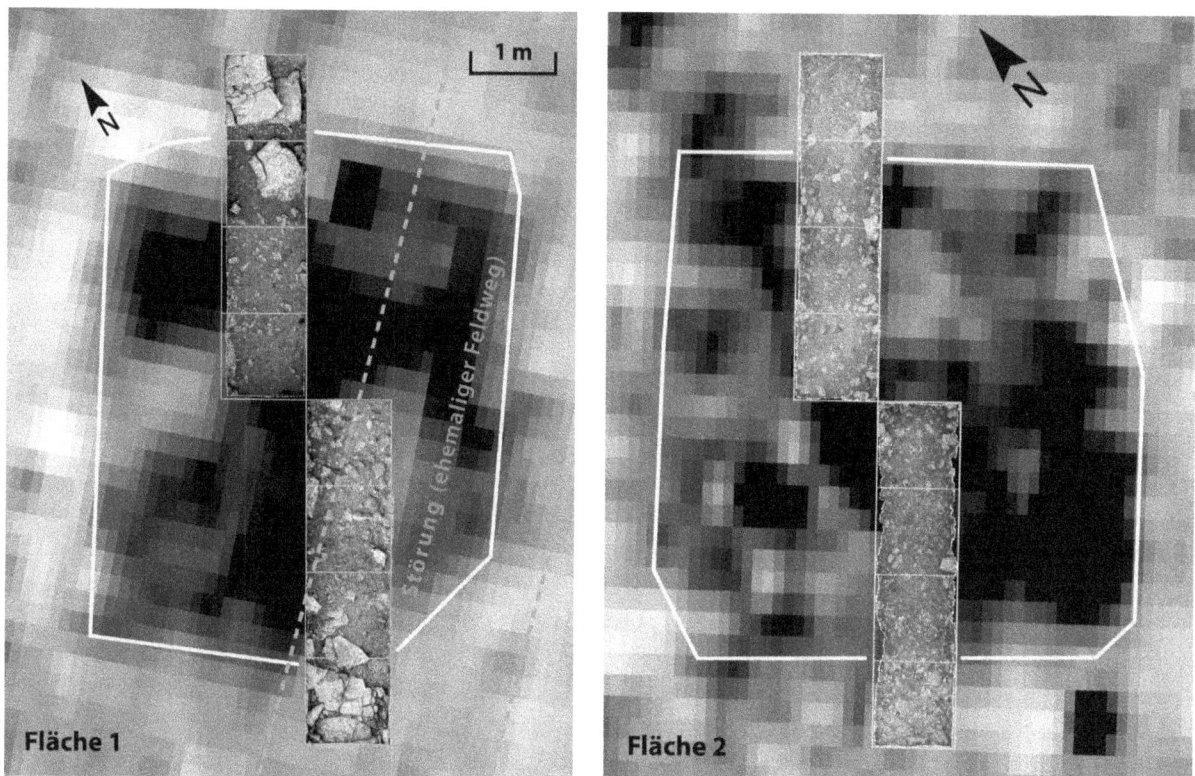

Abb. 4. Fotogrammetrie Planum 3 (Fläche 1) bzw. Planum 2 (Fläche 2) auf dem Magnetogramm mit Umzeichnung der Grubenhäuser.

muss es sich um eine mehrphasige Anlage handeln.[1] Für mehrere weitere diffuse, lineare Strukturen im Südwesten, Westen und Norden der Prospektionsfläche und die dichten, sich überkreuzenden Linien in ihrem Zentrum ist ein geologischer Ursprung anzunehmen.

Auf der Fläche zwischen dem mittelalterlichen Graben und dem neu entdeckten, äußeren Grabenwerk treten an zahlreichen Stellen quadratische bis leicht rechteckige positive Anomalien auf, bei denen es sich, wie Bohrungen bestätigten, um eingetiefte Gruben handelt. Da ihre Form und die Größe von ca. 3–6 m den Baubefunden aus der Burgerrother Altgrabung und von anderen Fundorten entsprechen, liegt eine Deutung als Grubenhäuser nahe. Die Verbreitung der mutmaßlichen Grubenhäuser scheint sich auf das Innere des Grabenwerks zu konzentrieren, und auch bei Oberflächenaufsammlungen wurde außerhalb des Grabens ein abruptes Abfallen der Funddichte festgestellt. Die Befunde konzentrieren sich im Südwesten auf der Fläche, die bereits bei Spennemann (1984, 18 f.) als neolithische Lesefundstelle ausgewiesen ist. Dennoch blieben die Deutung der Anomalien als Grubenhäuser zunächst hypothetisch und ihre Zeitstellung fraglich; eine Sondagegrabung sollte im Spätsommer 2013 Klarheit schaffen.

Die Bohrungen zeigten, dass die Grubenhäuser im Mittel wohl kaum mehr als 30 cm unter den rezenten Pflughorizont reichen. Die Gräben der äußeren Grabenanlage waren bis maximal ca. 1 m Tiefe zu erfassen, scheinen aber im hangabwärtigen Bereich bereits nahezu vollständig erodiert zu sein. Den bedenklichen Substanzverlust des Bodendenkmals zeigt auch der heute kaum noch im Gelände erkennbare mittelalterliche Wall, der noch Anfang des 20. Jahrhunderts fast einen Meter hoch erhalten gewesen sein soll (Menth 1985, 41). Es steht somit zu befürchten, dass die vorgeschichtliche Siedlung auf dem Alten Berg bei Burgerroth bereits in wenigen Jahrzehnten weitgehend der Erosion zum Opfer gefallen sein wird.

---

1   Die spät-/endneolithische Zeitstellung konnte 2014 durch eine Grabung bestätigt werden; allerdings gilt sie möglicherweise nur für einen der beiden Gräben, da auch jüngere Aktivitäten in dem Areal fassbar waren.

Die Sondagegrabung 2013

Im September und Oktober 2013 wurden zwei der quadratischen Anomalien in einer dreiwöchigen Sondagegrabung untersucht (Abb. 3).[2] Dabei wurde jeweils ein Streifen von einem Meter Breite durch das Zentrum des magnetischen Befundes gelegt. Um eine spätere Erweiterung dieser Sondagen zu einem Kreuzschnitt im selben Grabungsraster zu ermöglichen, wurden die beiden Schnitthälften in der Mitte um einen Meter gegeneinander versetzt.

Die Befunde: zwei neolithische Grubenhäuser

Die Grabungsergebnisse beider Flächen decken sich sehr gut mit den magnetischen Anomalien (Abb. 4) und bestätigen deren Deutung als neolithische Grubenhäuser. Außerhalb der Befunde wurde bereits ca. 20 cm unter der heutigen Ackeroberfläche der anstehende geologische Untergrund erreicht (jeweils in den äußeren beiden Quadratmetern beider Sondageschnitte). Er unterscheidet sich zwischen beiden Grabungsflächen: Während in Fläche 1 eine durchgehende Muschelkalk-Bank vorliegt, die durch Erosionsklüfte in Quader zerteilt wird, tritt in Fläche 2 eine Schicht mit aufgewittertem Muschelkalk in Grobkies- und Geröll-Größe, eingebettet in eine kompakte, gelbe Tonmatrix, in Erscheinung. In Fläche 1 folgt diese Grobkies-/Geröll-Schicht stratigraphisch unter der ca. 20–30 cm mächtigen Quaderkalkbank.

Im Bereich der Anomalien traten Gruben zutage, die weitere 30–40 cm in den Muschelkalk eingetieft sind. Die Ränder der magnetischen Anomalien decken sich sehr gut mit den ergrabenen Befunden (Abb. 4). Dem Magnetogramm nach zu urteilen scheinen beide Gruben annähernd quadratisch zu sein; dies bleibt durch die Erweiterung der Grabungsschnitte zu präzisieren. In Fläche 1 sind die geradlinigen Grubenkanten durch die Kluftstruktur des Muschelkalks vorgegeben: Hier konnte durch Ausbrechen der Kalkquader relativ einfach eine regelmäßige, rechteckige Grube angelegt werden. In Fläche 2 wurde die Grube dagegen in die Grobkies-/Geröll-Schicht eingetieft; auch hier verlaufen die Grubenkanten aber, soweit dies am ausgegrabenen Ausschnitt und dem Magnetogramm zu beurteilen ist, geradlinig und parallel zueinander. Es kann somit davon ausgegangen werden, dass die quadratische Form der Gruben ganz bewusst angelegt wurde und nicht nur ein Artefakt der geologischen Voraussetzungen ist. Der Durchmesser der Gruben (Abstand der Grubenränder im ausgegrabenen 1 m-Streifen) beträgt ca. 6,3 m (Fläche 1) bzw. ca. 5,7 m (Fläche 2). Abb. 5 zeigt exemplarisch zwei unterschiedliche Ausgrabungsniveaus für die beiden Flächen: die Grubensohle für Fläche 1 und die untere Verfüllungsschicht für Fläche 2 (aufgrund des Hanggefälles wurden in den nordöstlichen, hangaufwärtigen Quadranten jeweils ein bzw. zwei Plana mehr angelegt, so dass bei der Darstellung eines zusammengehörigen Schichtniveaus Plana mit unterschiedlicher Nummer herangezogen werden müssen).

Die Verfüllung weist bei beiden Grubenbefunden nahezu identischen Charakter auf (Abb. 5–6). Sie ist humos-lehmig und stark mit Steinen durchsetzt, darunter in den oberen Bereichen teils auch größere Muschelkalk-Platten, die offenbar vom Pflug aus dem Grubenrand gelöst und verlagert wurden (vgl. Abb. 4, nördlicher Rand des Befundes in Fläche 1). Teile im Süden von Fläche 1 sind bis auf die Grubensohle hinab durch einen ehemaligen Feldweg gestört, wodurch auch hier Steinblöcke aus dem Grubenrand herausgelöst und verlagert wurden. In den übrigen Bereichen beider Flächen wurden die Grubenfüllungen aber nicht durch moderne Störungen beeinträchtigt. In den Profilen beider Gruben lassen sich deutlich zwei Füllschichten unterscheiden (Abb. 6). Die jeweils obere (Befunde 4 und 7) ist rötlich-braun, schluffig-lehmig mit geringem humosem Anteil und stark mit Steinen und größeren Muschelkalkblöcken durchsetzt. Die jeweils untere Füllschicht (Fläche 1: Befund 9/12 und 9/13; Fläche 2: Befund 14 und 15) ist deutlich humoser und dunkler. In Fläche 2 konnten innerhalb der unteren Füllschicht diffus begrenzte, dunklere und holzkohlehaltige Schichtbereiche beobachtet werden (Abb. 5, Befund 16). In beiden Flächen erwies sich besonders die untere Schicht als ausgesprochen fundreich.

---

2   Ermöglicht wurde die Grabung durch die freundliche Unterstützung von Manfred Neeser und Ludwig Kinzinger, Burgerroth, wofür beiden herzlich gedankt sei.

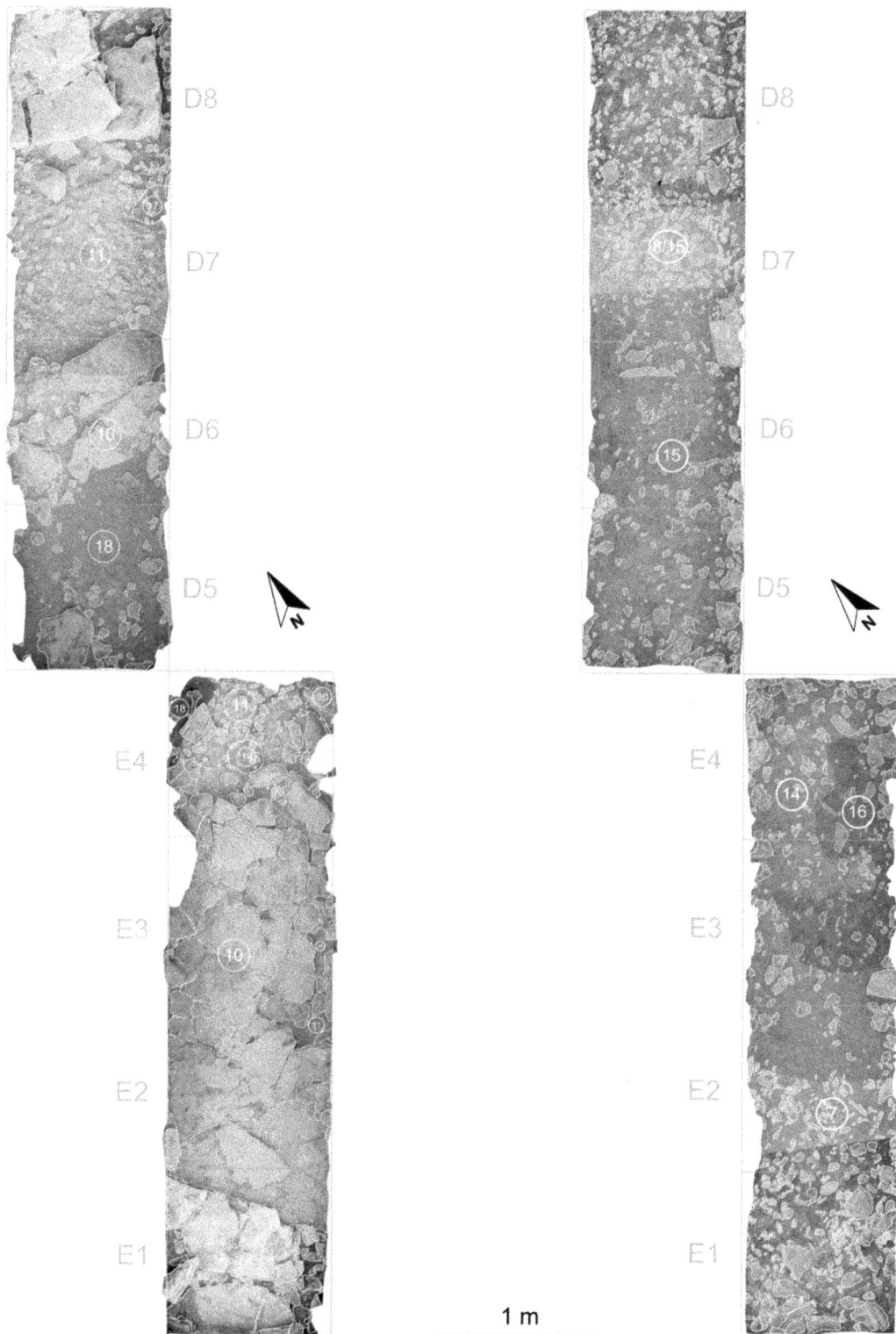

1 m

Fläche 1, Pl. 6 (E1-4) und Pl. 8 (D5-8).
Grubensohle. M. 1:40.

Fläche 2, Pl. 3 (E1-4) und Pl. 4 (D5-8).
Untere Füllschicht. M 1:40.

Abb. 5. Plana auf dem Niveau der Grubensohle von Fläche 1 und der unteren Füllschicht von Fläche 2.

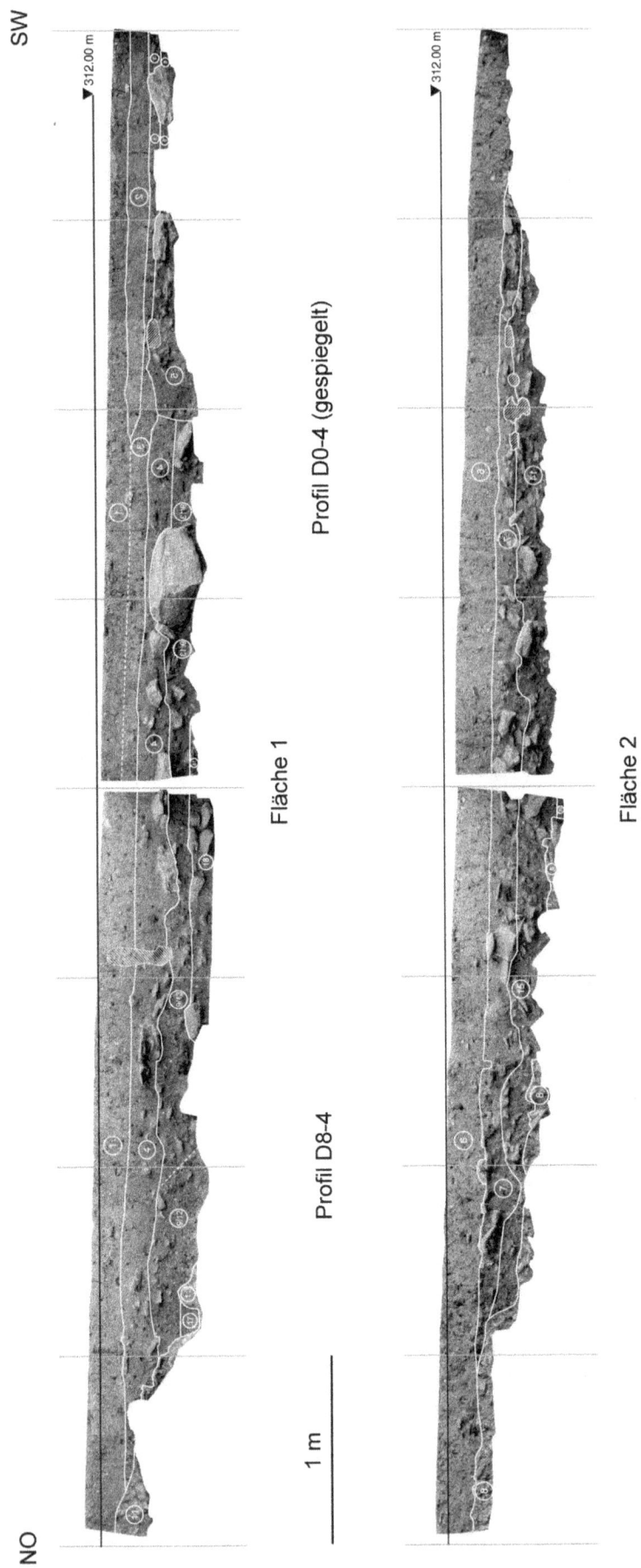

Abb. 6. Längsprofile der Flächen 1 und 2 (südwestliche Hälfte jeweils gespiegelt).

Die Sohle beider Gruben verläuft grob waagerecht und zieht zu den Rändern muldenförmig hoch. Im Süden und in der Mitte von Fläche 1 wird die Grubensohle von durchgehenden Muschelkalk-Platten gebildet, wodurch sich hier eine feste, ebene Nutzungsfläche ergab (Abb. 5, Befund 10). Im nordöstlichen Teil dagegen durchschlägt die Grubensohle die leicht ansteigende Muschelkalk-Bank und ist in die darunter folgende Grobkies-/Geröll-Schicht (Befund 11) eingetieft. Offenbar wurde hier das Ziel verfolgt, eine möglichst horizontale Grubensohle anzulegen. Auch in Fläche 2 verläuft die Grubensohle waagrecht; allerdings ermöglichte die hier durchgehend anstehende Grobkies-/Geröll-Schicht keine exakt plane Nutzungsfläche. Die in dem steinigen Untergrund beim Anlegen der Grube zwangsläufig auftretenden Unregelmäßig-

Abb. 7. Mittelgrube in Fläche 2 (Planum 5, Befund 20; Aufnahme von NO).

keiten wurden wohl unmittelbar durch Planierung mit Lehm und eingebrachtem Oberbodenmaterial ausgeglichen – darauf deutet der Umstand hin, dass die untersten Zentimeter der Grubenfüllung praktisch fundleer sind; die Verfüllung mit fundreichem Schichtmaterial setzte erst darüber und zu einem späteren Zeitpunkt ein.

Im Zentrum beider Flächen (jeweils in Quadrant D5) befindet sich eine flache Grube, die von der Sohle des Grubenhauses ausgehend weitere 10–20 cm eingetieft ist (Fläche 1: Abb. 5, Befund 18; Fläche 2: Abb. 7). Größe und Form dieser Mittelgruben sind in beiden Flächen wegen der ausschnitthaften Grabung nicht sicher zu bestimmen; dass die Befunde aber in den benachbarten Quadranten E4 keine (Fläche 2) oder nur minimale (Fläche 1) Fortsetzung finden, spricht dafür, dass sie nur wenig mehr als einen Meter Durchmesser haben. Beide Mittelgruben sind mit dunkelbraunem, humosem Material verfüllt, das sich von der darüber folgenden, unteren Füllschicht (Befund 9/13 bzw. 15) nur graduell unterscheidet. Die Mittelgrube von Fläche 1 erbrachte ein sehr reichhaltiges Fundmaterial (darunter u. a. zwei Siebgefäße, s. Abb. 11,5–6). Ähnliche Mittelgruben sind aus verschiedenen anderen Fundorten bekannt und stellen ein charakteristisches und weit verbreitetes Merkmal spät- und endneolithischer Grubenhäuser dar. Ein umfassender Überblick würde den hier verfügbaren Rahmen sprengen, als Referenzen seien nur einige Vergleichsbefunde kursorisch angeführt. Die nächstgelegenen Parallelen finden sich in Schwanfeld, Lkr. Schweinfurt (Lüning 1999, 416; Abb. 5) und am Goldberg[3], wo viele der insgesamt rund 50 Grubenhäuser Mittelgruben aufweisen, die hier außerdem teils beträchtliche Tiefen erreichen. Weitere gute Vergleiche finden sich in Stuttgart-Stammheim am mittleren Neckar (Matuschik/Schlichtherle 2009, 18–21) sowie in Mühlheim-Stetten an der oberen Donau (Hietkamp/Hanöffner 2005), ferner in Ochtendung und Kehrig am Mittelrhein (Hecht 2007, 138–141; ders. 2008, Abb. 5,1–3.9–10) oder Uerschhausen-Horn in der Schweiz (Hasenfratz/Schnyder 1998, 156 f.). In einigen Fällen, wie etwa Uerschhausen-Horn oder Kehrig, weisen Holzkohlekonzentrationen auf Feuerstellen im Zentrum der Grubenhäuser hin, während in anderen explizit das Fehlen von Brandspuren im Bereich der Mittelgruben vermerkt wird (z. B. Schwanfeld: Lüning 1999, 416). Auch in Burgerroth gibt es keine Hinweise darauf, dass die Mittelgruben als Feuerstellen gedient hätten. Durch Hitzeeinwirkung rot verfärbte Steine treten zwar in der Verfüllung beider Grubenhäuser zahlreich auf, es lässt sich aber keine klare Konzentration festmachen, die auf den Standort einer Feuerstelle hinweisen könnte.

---

3   Bersu 1937. – Bereits Pescheck (1958, 29 Anm. 85) notiert zur Mittelgrube von Haus IV der Altgrabung in Burgerroth: „Entspricht genau der immer am Goldberg gefundenen Mittelgrube!“.

Pfostenlöcher konnten in den 2013 sondierten Flächen nicht nachgewiesen werden. In Anbetracht des extrem inhomogenen Untergrunds der in weiten Bereichen anstehenden Grobkies-/Geröll-Schicht ist allerdings fraglich, ob kleinere Pfostenlöcher überhaupt erkannt bzw. von verfüllten Negativen entnommener Steine unterschieden werden könnten. Solche fraglichen Stellen liegen mit Befund 17 und 19 in Fläche 1 vor (Abb. 5). Massivere Pfosten oder gar in den Quaderkalk eingearbeitete Pfostenlöcher sind zumindest in den ausgegrabenen Sondageflächen nicht vorhanden. Einige der Grubenhäuser aus der Altgrabung sollen Pfostenstellungen aufgewiesen haben (Pescheck 1958, 29; 36; Spennemann 1984, 19–27; 32 f.), eine Evaluation der Befunde ist aber anhand der vorliegenden Dokumentation kaum noch möglich. Pfostenkonstruktionen sind dagegen bei verschiedenen anderen Fundorten mit Befunden des hier beschriebenen Typs belegt (vgl. z. B. die Häuser aus Ochtendung, Mayen, Halle-Dölauer Heide und Großobringen in den Zusammenstellungen von Hecht 2008, Abb. 5 und Rinne 2014, Abb. 43; auch bei den Grubenhäusern vom Goldberg sind mehrfach Pfosten dokumentiert: Bersu 1937; Matuschik/Schlichtherle 2009, 21 Abb. 14). Auch wenn Pfostenlöcher nicht erhalten oder tatsächlich nicht vorhanden sind, rechtfertigen somit die charakteristischen Mittelgruben in Verbindung mit der quadratischen Grundrissform und der ebenen, waagrechten Grubensohle die Ansprache der Befunde als Grubenhäuser. Bei Befunden, die trotz guter Überlieferungsbedingungen keine Pfosten aufweisen ist vorstellbar, dass die Bauten in Block- oder Schwellbalkenbauweise errichtet waren.

Das Fundmaterial

Obwohl bereits das Inventar der Altgrabung sehr reichhaltig und gut erhalten war, übertrafen Menge und Qualität des aus den lediglich 16 m² messenden Sondagen des Jahres 2013 geborgenen Fundmaterials die Erwartungen deutlich. Eine katalogartige Aufstellung der Einzelobjekte würde den Rahmen sprengen; die Abbildungen 8–13 geben aber einen repräsentativen Überblick. Im Falle der Keramik ist der größte Teil der Scherben mit diagnostischen Merkmalen (Profilverlauf, Verzierung) abgebildet, gleiches gilt für die Steingeräte; aus der Vielzahl der Knochen- und Geweihartefakte wurde eine Auswahl charakteristischer Stücke getroffen.

Keramik

Bereits Spennemann (1984, 97–112) legte für die Keramik der Altgrabung eine ausführliche Charakterisierung hinsichtlich Machart, Magerung, Herstellungstechnik etc. vor, die sich im Wesentlichen auch auf das Fundmaterial aus den neuen Sondagen übertragen lässt. Die Keramik ist überwiegend relativ grob und stark gemagert. Auffällig ist die häufige Magerung mit Gesteinsgrus, wobei meist der lokale Kalkstein Verwendung fand; auch scharfkantiger Quarzgrus tritt aber regelmäßig auf. Daneben kommt vor allem Sand als Magerungsmittel zum Einsatz. Die Oberflächen sind meist nur grob geglättet, wobei oft deutliche Glättspuren erkennbar sind. Der größte Teil der Scherben ist im Kern graubraun bis dunkelgrau. Davon setzt sich in vielen Fällen die Außenseite mit deutlich helleren, braunen Farbtönen ab, wogegen die Innenseite meist dem Kern entspricht oder sogar noch etwas dunkler, teils fast schwarz, ausfällt. Andere Stücke dagegen weisen eine relativ homogene Färbung des gesamten Scherbens auf. Innere und äußere Oberflächen weichen mitunter durch eine feinere Textur vom Scherbenkern ab; ob es sich um einen gezielt aufgebrachten Überzug oder einen Effekt des Nassverstrichs handelt, ist ohne technologische Detailanalysen allerdings nicht zu bewerten.

Aufgrund des hohen Fragmentierungsgrades sind zu den Formen nur wenige Aussagen möglich (vgl. hierzu Spennemann 1984, 126–129). Es überwiegen steilwandige Formen mit Flachboden, gelegentlich kommen aber auch gebauchte Formen vor (Abb. 9,8; 10,1). Häufig sind abgesetzte oder verdickte Schulterbereiche zu beobachten (Abb. 8,1–2; 9,8; 10,3–4.6.10). Ausschwingende Gefäßmündungen sind in Kombination mit Leistenverzierung belegt (Abb. 8,7.9; 9,9).

Der Anteil von Verzierungen ist gering, ihr Spektrum relativ eingeschränkt. Ritzverzierungen treten meist in Form von zwei oder mehreren parallelen Linien auf (Abb. 8,3; 9,4; 10,12–13), in einem Fall als Gittermuster (Abb. 9,6). Auffällig ist die Kombination von Ritzlinien mit quer an diese angesetzten, kurzen Strichen oder begleitenden Stichen (Abb. 10,8.12; 11,2). Bei den Stichverzierungen sind große,

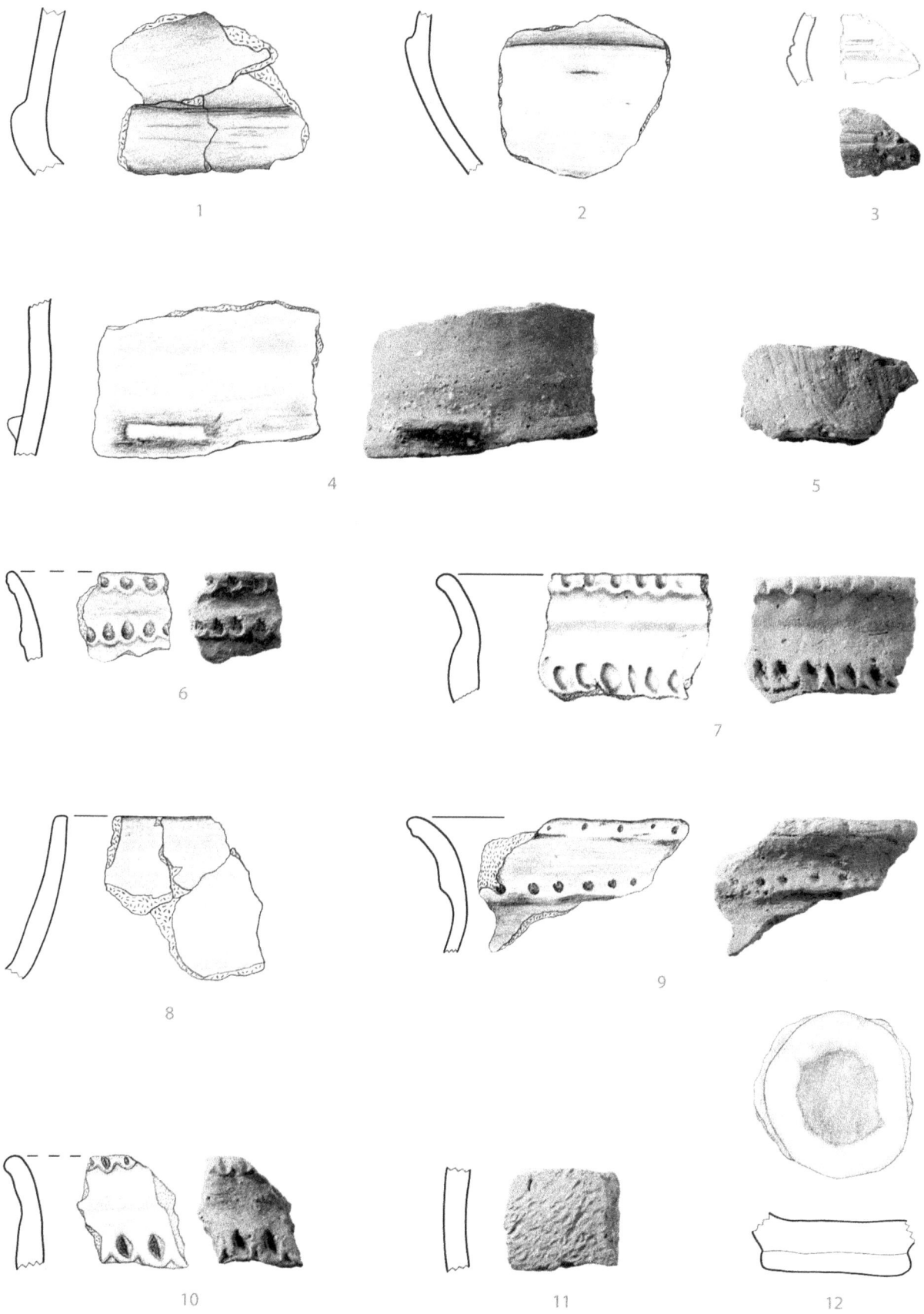

Abb. 8. Keramik aus Fläche 1. M. 1:2.

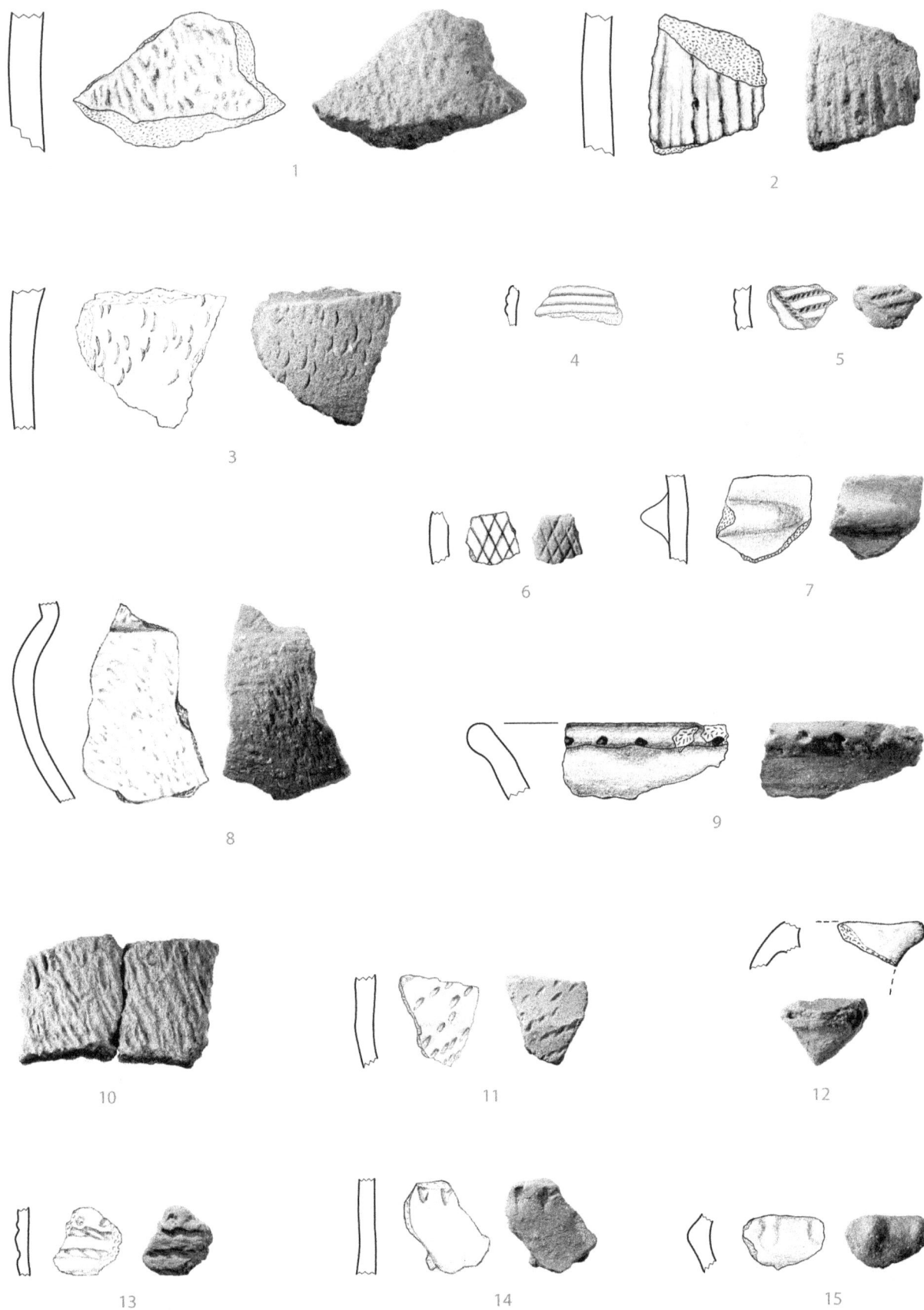

Abb. 9. Keramik aus Fläche 1 (1–10) und Fläche 2 (11–15). M. 1:2.

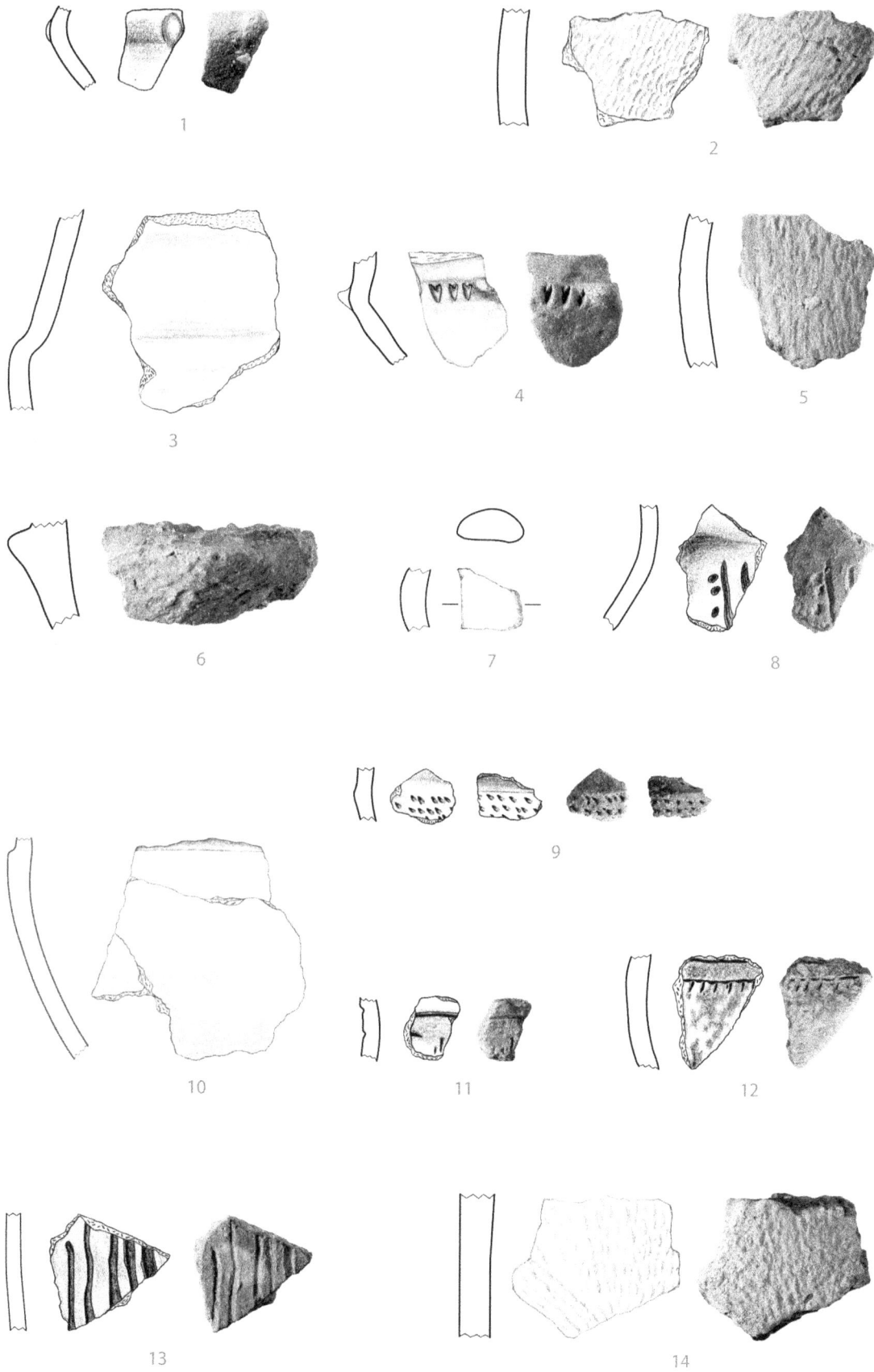

Abb. 10. Keramik aus Fläche 2. M. 1:2.

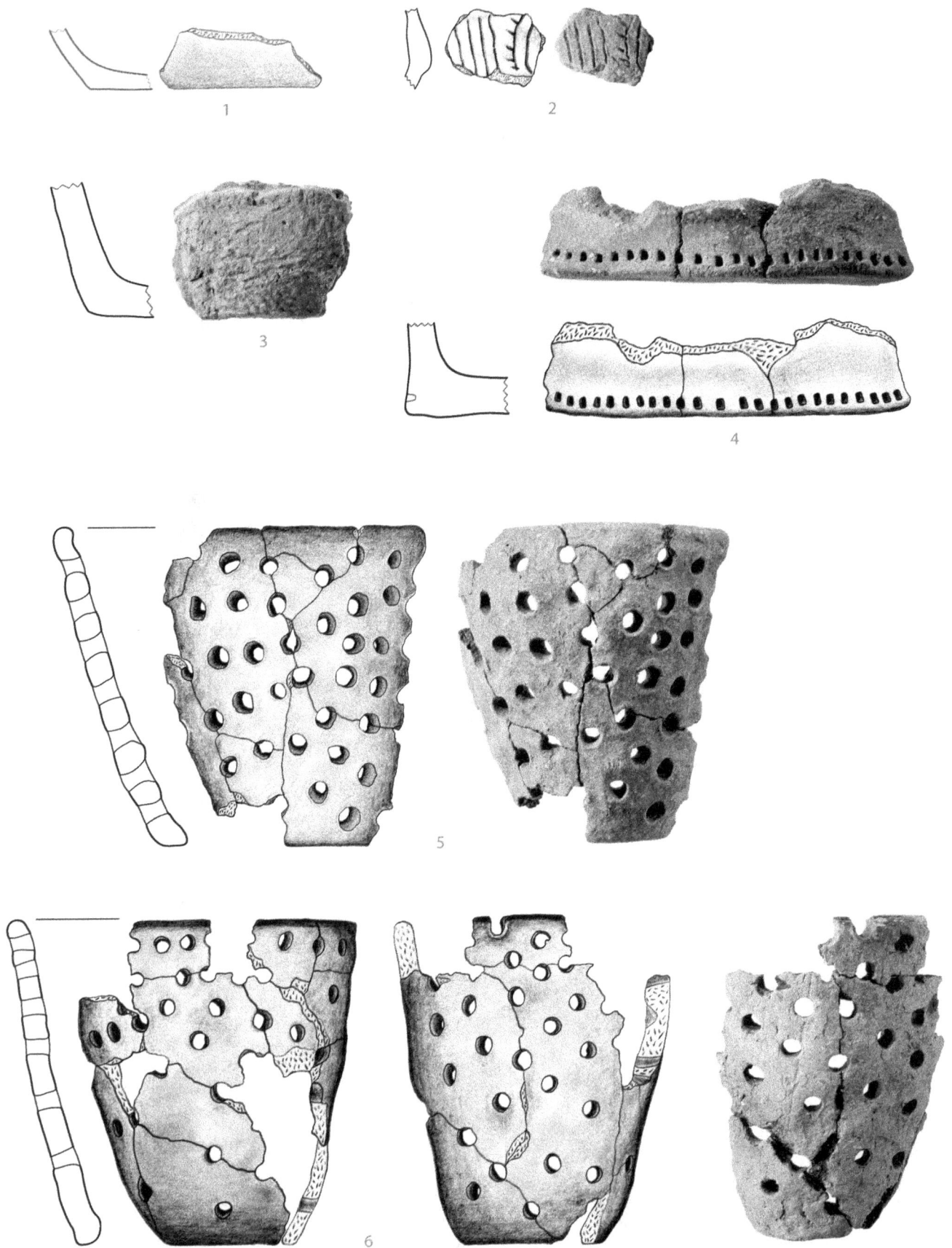

Abb. 11. Keramik aus Fläche 2 (1–3) und Fläche 1, D5–6 (4–6). M. 1:2.

tiefe Stiche mit dreieckiger Form (Abb. 9,14; 10,4) von kleinen, flächig angeordneten (Abb. 9, 11; 10,9) zu unterscheiden. Auffällig und ungewöhnlich ist ein steilwandiges, flachbodiges Gefäß mit umlaufenden, tiefen, rechteckigen Einstichen am Fuß unmittelbar über dem Boden (Abb. 11,4). An zwei Scherben ist Schnurverzierung zu beobachten (Abb. 9,5.13); in einem Fall liegt dabei wohl ein mit Schnurlinien gefülltes Dreiecksmuster oder ein ausgespartes (Winkel-) Band in einer schraffurgefüllten Zone vor. Singulär ist eine flächige Verzierung mit gebogenen, möglicherweise mit dem Fingernagel angebrachten Eindrücken (Abb. 9,3).

Häufig zu beobachten sind dagegen „funktionale" Oberflächenbehandlungen und plastische Elemente. Insbesondere gilt dies für „Matten"-Rauhung der Außenseite (Abb. 8,11; 9,1.8.10; 10,2.5.6.14; 11,3) oder seltener Besenstrich (Abb. 8,5; 9,2.). Relativ häufig treten plastische Leisten auf, die mit Fingertupfen bzw. Fingernageleindrücken (Abb. 8, 6–7.10) oder mit tiefen runden Einstichen dekoriert sind (Abb. 8,9; 9,9). Hinzu treten kurze, grifflappenartige Leisten (Abb. 8,4; 9,7), Knubben (Abb. 9,15; 10,1.4.6) und Henkel, die mit dem Ansatz-Fragment eines Bandhenkels (Abb. 9,12) und einem weiteren, medialen Henkelbruchstück (Abb. 10,7) belegt sind.

Außergewöhnliche Fundstücke sind zwei Siebgefäße, die jeweils etwa zur Hälfte rekonstruiert werden konnten (Abb. 11,5–6). Beide waren stark fragmentiert und lagen unmittelbar beieinander in der Mittelgrube von Fläche 1; dass es sich um zwei Gefäße handelt, ist aber anhand der zusammengesetzten Teile unzweifelhaft. Die Profile sind jeweils vollständig, beide Gefäße weisen eine konische Form auf und besitzen zwei Öffnungen. Über die gesamte Gefäßwandung ziehen sich in relativ regelmäßigen Abständen ca. 5–8 mm große Durchlochungen. Wie stark ausgeprägte Grate an der Innenseite der Löcher zeigen, wurden sie von außen nach innen in den weichen Ton eingestochen. Siebgefäße sind im Spät- und Endneolithikum weit verbreitet; auch aus der Altgrabung in Burgerroth liegen einige Fragmente vor (Spennemann 1984, 129 f.; Taf. 56, 514–521). Die Variante mit Durchlochungen auf der gesamten Höhe des Gefäßes ist aus der Chamer Kultur belegt, wogegen die bernburger Siebgefäße in der Regel nur zwei umlaufende Durchlochungszonen an den beiden Mündungen aufweisen (Matuschik 1990, 176–184; Taf. 146; Spennemann 1984, 129 f.). Die Funktion der Siebgefäße wird seit langem kontrovers diskutiert (ebd. mit weiterer Literatur). Das Fehlen von Schmauch- oder sekundären Brandspuren an den Exemplaren aus Burgerroth spricht gegen eine Deutung als Feuerstulpen oder Räuchergefäße. Plausibler erscheint der Einsatz bei der Nahrungsmittelverarbeitung, wobei die oft vorgebrachte ausschließliche Funktionszuweisung zur Milchwirtschaft bzw. Käseherstellung zu einseitig erscheint – eher ist an Siebe mit einer Vielzahl von Einsatzmöglichkeiten zu denken.

Die Keramik aus Burgerroth findet zahlreiche Parallelen in den benachbarten spätneolithischen bzw. frühendneolithischen Kulturgruppen[4] Süd- und Mitteldeutschlands sowie Böhmens (Goldberg III, Cham, Wartberg, Bernburg, Řivnáč u. a.; vgl. bereits Spennemann 1984, 137–142; Spennemann 1985). Allerdings fällt es schwer, an Einzelstücken Merkmale namhaft zu machen, die exklusive Charakteristika für bestimmte Kulturgruppen darstellen würden – die meisten Regionen weisen vielmehr ein im Typenbestand recht ähnliches Spektrum auf, das sich vor allem anteilsmäßig unterscheidet (vgl. Pape 1978, 124–167; Matuschik 1999, 89 f.; Abb. 13–14).

Das wohl augenfälligste Merkmal der Keramik aus Burgerroth ist die Oberflächenrauhung durch „Matten-" bzw. Textilabdrücke oder Schnurabrollung[5]. „Mattenrauhung" stellt ein charakteristisches Element der Kulturen Goldberg III und Wartberg dar, sie tritt aber auch in der Chamer Kultur und der

---

4   Die Nomenklatur der Periodenbenennung ist uneinheitlich: Die genannten Gruppen werden in regionaler Tradition oder autorenspezifisch dem Spätneolithikum oder Endneolithikum zugeordnet. Für Burgerroth erscheint in Anbetracht der sehr jungen Datierung der Befunde und dem Vorliegen schnurkeramischer Elemente (s. u.) eine Zuordnung zum Endneolithikum gerechtfertigt. Allerdings ist auch die Präsenz älterer, ins Spätneolithikum zurück reichender Traditionen im Fundmaterial unverkennbar, die noch einem vor-becherzeitlichen Kulturmilieu zuzurechnen sind. Um diesem Übergangscharakter Rechnung zu tragen erscheint eine Ansprache als „frühes Endneolithikum" angebracht.

5   Zur Diskussion über das Herstellungsverfahren der so genannten „Mattenrauhung" s. Spennemann 1984, 107 und Matuschik 1999, 72 f.

mitteldeutschen Bernburger Kultur auf[6]; innerhalb der chronologischen Entwicklung dieser Gruppen ist sie vor allem für die jeweils jüngere Entwicklungsphase kennzeichnend. Die Rauhung bleibt stets auf den Unterteil und den Bauch der Gefäße beschränkt und endet an oder kurz über der Schulter, was auch im stark fragmentierten Burgerrother Material in zumindest einem Fall nachvollziehbar ist (Abb. 9,8). Die in Burgerroth nur selten auftretende Besenstrichrauhung (Abb. 8,5; 9,2) ist vor allem in der Chamer Kultur und den östlich an diese anschließenden Gruppen Řivnáč und Jevišovice geläufig, nicht dagegen in Goldberg III (Burger 1988, 147 f.; Matuschik 1999, 72 f.; 83–85; Schlichtherle 1999, 44; Gohlisch 2006, 184).

Henkel, Ösen und Grifflappen finden sich in fast allen spätneolithischen und frühendneolithischen Gruppen, wobei Henkel im Norden und Osten häufiger und breite Bandhenkel insbesondere für die Bernburger Kultur kennzeichnend sind (Matuschik 1990, 491; 495; Torres-Blanco 1994, 161 f.; 169–172; Dirks 2000, 41–67; Gohlisch 2006, 181 f.). Die beiden Henkelfragmente aus den Sondagen 2013 (Abb. 9,12; 10,6) sind zu klein für eine nähere Ansprache, aus der Altgrabung liegen aber Bandhenkel vor, die Bernburger Merkmale aufweisen (Spennemann 1984, Taf. 43; ders. 1985, 136 Abb. 4,1–3.6–10).

Unter den Verzierungen befinden sich wenige diagnostische Merkmale, die eine konkretere Spezifizierung über das allgemein spätneolithische bis frühendneolithische Substrat hinaus erlauben. Die Betonung des Bauchknicks durch Stiche wie bei Abb. 10,4 ist in der Chamer Kultur geläufig, wobei die Stiche vielfältige Formen annehmen können (sog. „Formstiche": Burger 1988, 57; 71–73; Taf. 36). Die gitterartige Ritzlinienschraffur Abb. 9,6 könnte in einem am Schulterbereich des Gefäßes umlaufenden Band zu verorten sein, wie es bei Stücken aus der Altgrabung vorliegt (Spennemann 1984, Taf. 47, 380–381). Dieses Motiv findet sich vor allem in Bernburg und Wartberg, aber auch in Goldberg III und seltener in Cham (Spennemann 1985, 148 Anm. 4; Matuschik 1990, 490; 496; Torres-Blanco 1994, 161 f.; 171 Taf. 3,13; Schlichtherle 1999, 39 f.; Abb. 7,10; Gohlisch 2006, 184).

Plastische Leisten sind ein weit verbreitetes Element und als solches kaum kulturspezifisch. Eine charakteristische Ausprägung nehmen sie aber in der Chamer Kultur an (besonders in der älteren und mittleren Phase), wo sie meist mit tiefen Kerben oder Fingertupfen dekoriert sind und oft in Gruppen mehrerer Leisten die Gefäßoberfläche gliedern (Burger 1988, 56; Matuschik 1990, 434–436; Matuschik 1999, 73; 84 f.; Gohlisch 2006, 174–177). Typische „Chamer Leisten" traten in den Sondagen nicht auf und sind auch im Fundmaterial der Altgrabung nur sehr vereinzelt vorhanden (z. B. Spennemann 1984, Taf. 47,389). Die Scherben mit fingertupfen- oder einstichdekorierten Leisten und Rändern (Abb. 8,6–7.9–10; 9,9) weisen dagegen in einen anderen kulturellen Zusammenhang: Sie finden sehr gute Vergleiche in schnurkeramischer Siedlungsware, etwa vom Motzenstein in Oberfranken oder aus der Nordostschweiz (Abb. 12, 2–4. 6. 8; vgl. Seregély 2008, 48–50; Taf. 23,9; 26,8; 28,4; 36,6; Hardmeyer 1992, Abb. 4; dies. 1993, 296 f.; 312; Bleuer u. a. 1993, bes. Taf. 61–63; 65–69; 74). In den Ufersiedlungen des Zürichsees sind Töpfe mit Fingertupfen- und einstichverzierten Leisten zahlreich vertreten und nehmen in der mittleren bis jüngeren Schnurkeramik anteilsmäßig gegenüber den Wellenleistentöpfen zu (Hardmeyer 1992, 180–185; dies. 1993, 328–333). Nicht nur die Leistenverzierung findet in den Burgerrother Stücken gute Vergleiche, sondern auch die charakteristische Form mit geschwungenem Halsbereich und ausziehendem Rand (bes. Abb. 8,9).

Schnurverzierung ist als namengebendes Zierelement für die Schnurkeramik charakteristisch, allerdings auch bereits in den spät-/frühendneolithischen Kulturgruppen verbreitet. Die Scherbe Abb. 9,13 weist mindestens drei parallele Schnurabdruck-Linien auf, die von relativ großen, runden Einstichen begleitet werden und stammt mit dieser Kombination sehr wahrscheinlich von einem schnurkeramischen Becher oder einer Amphore (vgl. z. B. Hardmeyer 1993, 297 Abb. 429 f.; Beran 1999, Taf. 87,18–19; 88,18–19.21; Seregély 2008, 120; Taf 42,13; 50,4). Die Schnurabdruck-Verzierung der Scherbe Abb. 9,5 ist entweder als Dreieck mit paralleler Schrägschraffur oder als ausgespartes (Winkel-) Band zu rekonstruieren. Dreiecksmotive sind bereits in den spät-/frühendneolithischen Kulturgruppen überregional geläufig, ausgesparte Winkelbänder besonders in Bernburg; die Verzierungen werden jedoch in aller Regel

---

6   Burger 1988, 58; 154; Taf. 37; 74; Matuschik 1990, 434–436; Matuschik 1992, 219; Matuschik 1999, 72 f.; 83–85; Schlichtherle 1999, 39; 44; Dirks 2000, 71–79; Torres-Blanco 1994, 161 f.; 172 Taf. 4,1–2; Raetzel-Fabian 2001, 111.

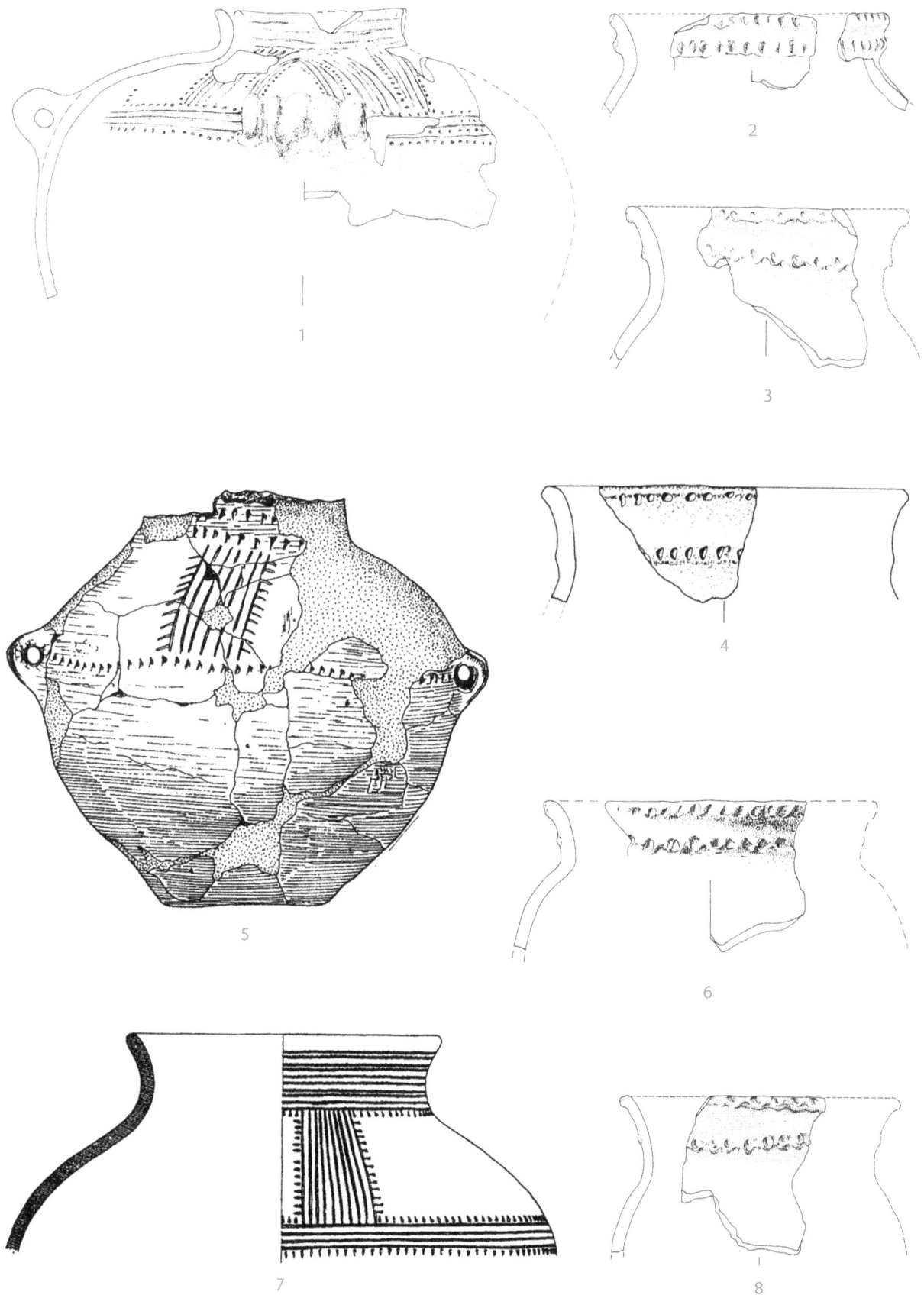

Abb. 12. Vergleichsfunde zur schnurkeramischen Siedlungsware aus Burgerroth: 1–2; 6 Zürich-„KanSan" (Bleuer u. a. 1993, Taf. 73; 68,7; 62,5); 3; 8 Zürich-Mozartstraße (Hardmeyer 1993, Taf. 104,7. 13); 4 Wattendorf-Motzenstein (Seregély 2008, Taf. 23,9); 5 Kleinromstedt-Verbotener Weg (Furholt 2003, Taf. 92,5); 7 Vinelz-„Alte Station" (ebd. Taf. 186,10).

mit Ritzlinien oder in Furchenstich ausgeführt (Burger 1988, 126 f.; Matuschik 1990, 434–436; 503–519; Matuschik 1992, 217 f.; Matuschik 1999, 72 f.; 85; Schlichtherle 1999, 39; 42 Abb. 9,13; Gohlisch 2006, 177; 183). Schnurgefüllte Dreiecke sind dagegen in der Schnurkeramik ein weit verbreitetes Motiv und treten vor allem an der Schulter von Bechern und Amphoren als unterer Abschluss der horizontal verzierten Halszone auf (vgl. z. B. Beran 1999, Taf. 86,4–5.13–14.20; 89,14). Becher mit ausgespartem Winkelband auf der schnurschraffierten Halszone sind im nahe gelegenen Taubertal belegt (Dresely 2004, Taf. 31,3; 33,1.3) Eine Zuordnung der Scherbe zur Schnurkeramik ist somit sehr wahrscheinlich. Dennoch soll nicht unerwähnt bleiben, dass Dreiecke und ausgesparte Winkelbänder mit Schnurlinien-Schraffur auch in der Kugelamphorenkultur sehr häufig zu finden sind (Beier 1988, z. B. Taf. 24,13; 35,8.10; 36,4; 40,4; 45,1; 49,10; 57,11; 68,3; 77,9). In Mitteldeutschland ist die Kugelamphorenkultur eng mit der Bernburger Kultur verbunden (Beier 1996), die ihrerseits wieder ein starkes Einflusselement in Burgerroth darstellt – vielleicht deutet sich hier, entgegen der näher liegenden Verbindung zur Schnurkeramik, auch ein Bezug von Burgerroth zur Kugelamphorenkultur an.

Ebenfalls der Schnurkeramik zuweisen lässt sich die Scherbe Abb. 10,8, auf der ein Band aus mindestens zwei relativ breiten und tiefen Ritzlinien von großen, runden Einstichen begleitet wird. Die Scherbe Abb. 10,13 weist dieselbe Machart und ein Band aus fünf entsprechenden Ritzlinien auf und könnte von demselben Gefäß stammen. Das Motiv breiter, punktbegleiteter Linienbänder ist kennzeichnend für schnurkeramische Strichbündelamphoren; auch das konkave, am Bandende abknickende Profil passt gut hierzu (Abb. 12,1; vgl. z. B. Hardmeyer 1992, Abb. 2–3; dies. 1993, 296 Abb. 428; 319 Abb. 466; Beran 1999, Taf. 88,17. 20; Seregély 2008, Taf. 33,10).

In dieselbe Richtung weisen Bänder aus mehreren Ritzlinien mit außen angesetzten kurzen Strichen, die auf zwei sehr ähnlichen und wahrscheinlich von demselben Gefäß stammende Scherben vorliegen (Abb. 10,12; 11,2). Neben der o. g. Einstichbegleitung ist diese „gefiederte" Dekoration des Linienbandes bei schnurkeramischen Strichbündelamphoren gängig (Abb. 12,5.7; vgl. z. B. Furholt 2003, Taf. 92,5; 179,7; 186,10).

Neben den vielfältigen Verbindungen zu den benachbarten Kulturgruppen des Spät- bzw. frühen Endneolithikums ist das Keramikmaterial aus den Sondagen somit durch ein hohes Maß an schnurkeramischen Elementen geprägt. Hierdurch setzt es sich auch von den Altfunden ab, bei denen die spätneolithischen Bezüge klar überwiegen und schnurkeramische Merkmale nur eine untergeordnete Rolle spielen. Die Inventare der beiden Grubenhäuser unterscheiden sich dabei nur geringfügig voneinander. Auffällig ist, dass alle Belege für leistenverzierte schnurkeramische Siedlungsware aus Fläche 1 stammen (fünf Einzelscherben von mindestens drei Gefäßen: Abb. 8,6–7.9–10; 9,9); hinzu tritt die Scherbe mit schnurgefülltem Dreieck Abb. 9,5. Aus Fläche 2 stammen dagegen die kleine schnurverzierte Scherbe Abb. 9,13 sowie die Fragmente zweier Strichbündelamphoren (Abb. 10,8.12–13; 11,2).

Knochen und Geweih

Eine Besonderheit des Fundplatzes Burgerroth ist die durch das Muschelkalkmilieu bedingte exzellente Erhaltung des Knochen- und Geweihmaterials – eine Fundkategorie, die an vielen anderen Fundorten aufgrund ungünstiger Erhaltungsbedingungen gänzlich fehlt. Insgesamt liegen 4198 Objekte mit einem Gesamtgewicht von 10.231 g vor[7]. Wie das geringe Durchschnittsgewicht von 2,4 g bereits erahnen lässt, ist der Fragmentierungsgrad sehr hoch. Besonders hervorzuheben sind die zahlreichen Geräte aus Knochen und Geweih (Abb. 13–14). Neben Zwischenfuttern (Abb. 14,5–6) und Sprossenfassungen (Abb. 14,4) aus Geweih treten zahlreiche kleine Meißel (Abb. 13,10.14.22–23) und Beile (Abb. 13,9.12–13.15.17–18) aus Knochen auf. Dominiert wird das Gerätespektrum von Spitzen und pfriemartigen Geräten (beispielhaft abgebildet: Abb. 13,16.19.21). Daneben sind zahlreiche Stücke mit Modifikationsspuren vorhanden, die als Produktionsabfälle einzustufen sind und die Geweihverarbeitung vor Ort belegen (Abb. 14,1–3).

---

7   Eine archäozoologische Auswertung des Knocheninventars konnte bislang (aus primär finanziellen Gründen) noch nicht erfolgen.

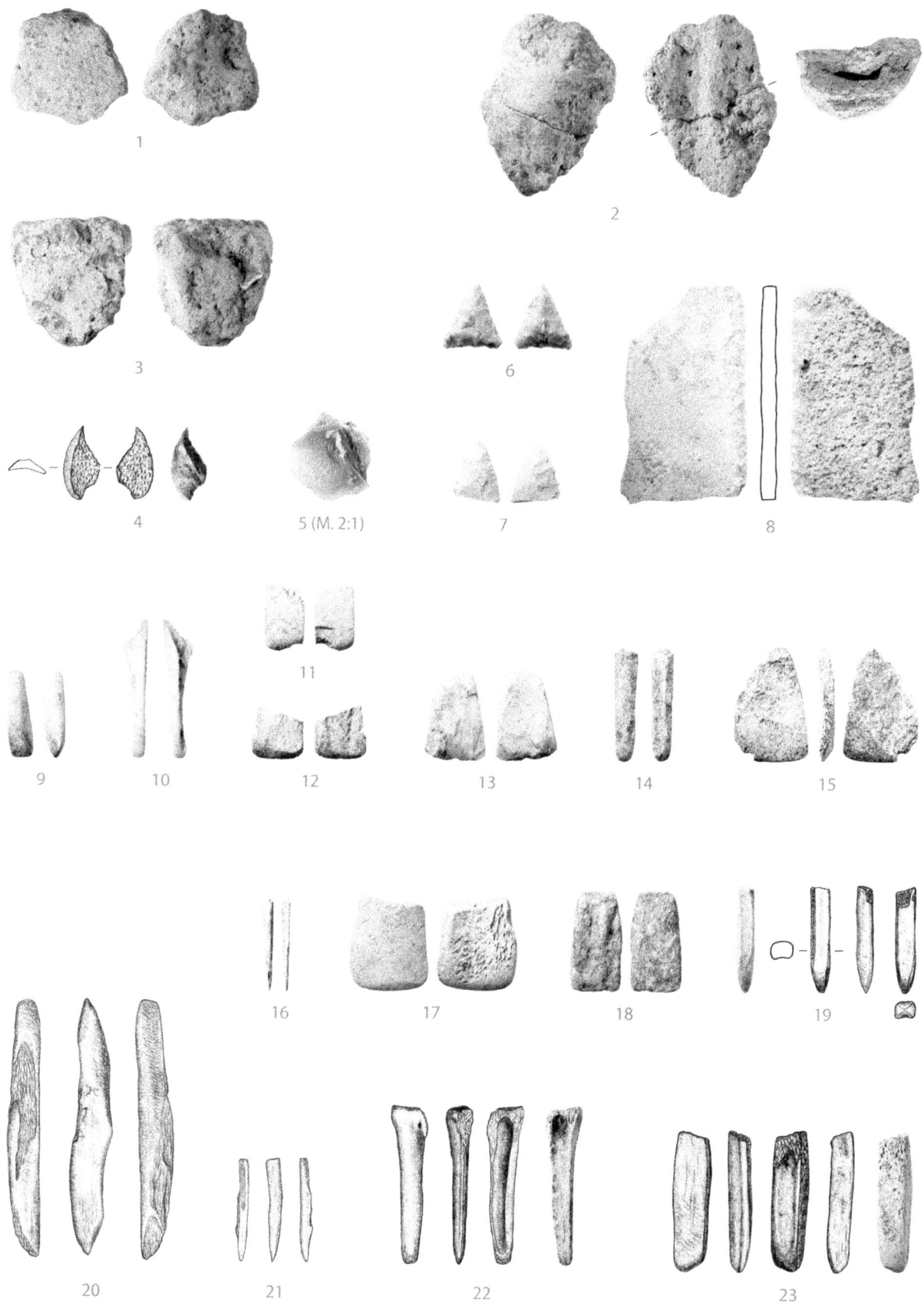

Abb. 13. Brandlehm (1–3), Felsgestein (4–5), Silex (6–8) und Knochenartefakte (9–23) aus Fläche 1 (3; 5–8; 9–13) und Fläche 2 (1–2; 4; 14–23). M. 1:2 und 2:1 (5).

5 (M. 1:3)

6 (M. 1:3)

Abb. 14. Geweihartefakte aus Fläche 1 (2; 6) und 2 (1; 3–5). M. 1:2 und 1:3 (5–6).

Spitzen und Pfrieme sind eine relativ unspezifische, diachron geläufige Geräteform, auch die zahlreichen Knochenbeile sind eine weit verbreitete Erscheinung des Jung- bis Endneolithikums. Ein beson-
deres Kennzeichen des Materials aus Burgerroth ist das häufige Auftreten von Zwischenfuttern aus Hirsch-
geweih. Die Altgrabung erbrachte insgesamt 32 Exemplare (Spennemann 1984, 80); bei den Sondagen 2013
kamen drei weitere hinzu, davon eines zu großen Teilen und eines annähernd vollständig erhalten (Abb.
14,5–6). Es handelt sich durchweg um Zwischenfutter mit einfachem, rechteckigem Zapfen, umlaufendem
Absatz und Kranz ohne Dorn (vgl. Billamboz/Schlichtherle 1985, 164 Abb. 1). Diese Form steht am Ende
der Entwicklung der neolithischen Zwischenfutter (ebd. Abb. 2; 9–10) und tritt in Oberschwaben in der
Goldberg III-Gruppe, am Bodensee und in der Nordostschweiz in horgener und schnurkeramischen
Kontexten in großer Zahl auf (ebd.; Schlichtherle 1999, 42–45; Abb. 11). Mit dem häufigen Vorkommen
von Hirschgeweih-Zwischenfuttern zeigt Burgerroth sehr deutliche Verbindungen zum oberschwäbisch-
schweizerischen Verbreitungsgebiet dieser Geräte. In den östlich und nördlich benachbarten Regionen
treten Zwischenfutter dagegen nur noch sporadisch auf; einzelne Beispiele liegen aus der Chamer und
Wartberg-Kultur vor (Matuschik 1990, 206–209; 495–499; Taf. 157,8–11).

Silex und Felsgestein

In auffälligem Gegensatz zur Häufigkeit der Knochen- und Geweihartefakte steht die geringe Zahl der
Silex- und Felsgesteingeräte. Hervorzuheben sind zwei trianguläre Silexpfeilspitzen (Abb. 13,6–7) sowie ein
Gerät mit bifaziell retuschierter Kante aus Plattenhornstein (Abb. 13,8). Steinbeile sind nur in Form einiger
kleiner Fragmente belegt (Abb. 13,4), vollständige Geräte nicht vorhanden. Beim Schlämmen von Sedi-
mentproben für archäobotanische Analysen wurde ein Abspliss aus einem hellgrünen, durchscheinenden
Gestein entdeckt, bei dem es sich nach mineralogischen Analysen um Nephrit handelt.[8] Der Abspliss zeigt
an einer Seite Reste einer geschliffenen Oberfläche und einer Schliffkante (Abb. 13,5) und stammt somit
sehr wahrscheinlich von einem Beil. Das Rohmaterial Nephrit tritt vor allem im Kontext der jungneolithischen „Jade"-Beile auf, die allerdings einige Jahrhunderte vor der spät-/endneolithischen Besiedlung von
Burgerroth verbreitet waren (Pétrequin u. a. 2010). Die Vermutung liegt nahe, dass hier ein Fragment eines
Altstücks seinen Weg in die Grubenfüllung gefunden hat. Jungneolithische Präsenz ist auf dem Bergsporn
durch einige wenige Michelsberger Scherben belegt (Spennemann 1984, 132; Abb. 74,1–11; 75).

Brandlehm

Aus beiden Grubenhäusern liegt Brandlehm vor, zumeist in relativ stark fragmentierter Form. Einige
Stücke dieser oft vernachlässigten Fundgattung zeigen auffällige Merkmale: So ist mehrfach eine ge-
glättete Oberfläche zu beobachten, die sich auf eine Seite des Lehmbrockens beschränkt, wogegen die
andere Seite unregelmäßig geformt ist und teils Abdrucknegative aufweist. Hier handelt es sich offenbar
um glatt verstrichenen Wandverputz. In einigen Fällen ist die glattere Seite weißlich gefärbt (Abb. 13,1.3)
– während nicht auszuschließen ist, dass dies auf die Lagerung im Boden zurückzuführen ist, legt die
Korrelation mit der geglätteten Seite die Vermutung nahe, dass hier ein heller Verputz mit Zusatz von
Kalk o. ä. aufgebracht wurde.

Ein Brandlehmfragment verdient besondere Aufmerksamkeit (Abb. 13,2). Es ist an der Außenseite
rundlich geformt, die Oberfläche ist glatt verstrichen. An der Rückseite weist das Stück eine unregelmäßige
Bruchfläche und ein Abdrucknegativ bzw. eine Durchlochung auf. Die Negativform verläuft geradlinig,
symmetrisch, ist in der Mitte ca. 14 mm breit und wird zur einen Seite deutlich, zur anderen nur wenig
breiter; diese Form spricht für eine Deutung als Durchlochung. Das Stück kann mit einiger Wahrscheinlichkeit als Webgewicht angesprochen werden; seine Form ist rund bis oval mit längs verlaufender, senk-
rechter Durchlochung zu rekonstruieren. Webgewichte sind bereits seit dem 4. Jt. v. Chr. bekannt. Während
zunächst eher kegel- oder birnenförmige Gewichte auftreten, finden sich rundliche, senkrecht durchlochte
Formen vor allem in endneolithischen Kontexten, etwa in horgener und schnurkeramischen Siedlungen in

---

8   Für die mineralogische Expertise gilt mein Dank Prof. Dr. Ulrich Schüssler, Universität Würzburg.

der Schweiz (Hafner/Suter 2005, Abb. 5A; Suter 1987, 142; Taf. 79,6–10; 81,8–9) oder in der Chamer Kultur (Matuschik 1990, 190–192; Taf. 29,2; 149; Matuschik 1991, Abb. 4,16–17; Matuschik 1999, 74 Abb. 4,16–17).

Archäobotanische Untersuchungen (Christoph Herbig)

Während der Grabung im Jahr 2013 wurden Bodenproben für eine archäobotanische Großrestanalyse aus den Verfüllungen der Grubenhäuser genommen. Ziel der archäobotanischen Untersuchungen war es, einerseits Informationen zu Landwirtschaft und Umwelt für die spät-/endneolithischen Siedlungsphasen von Burgerroth zu gewinnen, andererseits sollte kurzlebiges Pflanzenmaterial (z.B. Getreidekörner) für eine ^{14}C-Datierung der archäologischen Strukturen bereitgestellt werden.

Die fünf untersuchten Bodenproben mit einem Gesamtvolumen von 28,8 l wurden durch eine dreiteilige Siebkolonne (DIN-Maschenweiten 2; 1 und 0,5 mm) flotiert und die Fraktionen getrocknet. Aus den ausgeschlämmten und getrockneten Fraktionen wurden mit einer Federstahlpinzette unter einer Stereolupe bei 6,3- bis 40-facher Vergrößerung alle bestimmbaren Reste ausgelesen und diese mit Hilfe der Vergleichssammlung des Archäobotanischen Labors am Institut für Archäologische Wissenschaften/ Abt. Vor- und Frühgeschichte der Goethe-Universität Frankfurt am Main sowie anhand einschlägiger Bestimmungsliteratur (z. B. Cappers u. a. 2006; Knörzer 2007) bestimmt.

Neben Silexsplittern, Keramik- und Felsgesteinabschlägen, Stücken von verziegeltem Lehm, Knochen und Geweihfragmenten, Fischresten, einem verkohlten Insektenrest, Mollusken und einem Stück verkohlten Nagerkot fanden sich in den Proben kleine Holzkohlen[9] und insgesamt 90 verkohlte Pflanzenreste (Tab. 1). Dabei konnten sechs Resttypen bis auf die Art (inkl. vel, cf.[10]), weitere drei Resttypen bis zur Gattung bestimmt werden. Neben der geringen Fundzahl und den damit verknüpften niedrigen, im einstelligen Bereich liegenden Funddichten, zeigt die schlechte Erhaltung der Reste das geringe Potential des Fundplatzes für archäobotanische Großrestuntersuchungen. Bei 39% der Funde (35 Reste) handelt es sich um nicht weiter bestimmbare Pflanzendiasporen. Weitere 45% der Funde (41 Reste) stammen von Getreide, wobei von dieser Fundmenge wiederum 76% so schlecht erhalten waren, dass eine Bestimmung nicht mehr möglich war (Cerealia indet.). Schließlich sind die Befunde rezent gestört, was schon auf der Grabung in Form von Mäuse- und Regenwurmgängen auffiel. In den Proben gefundene Störungszeiger sind Regenwurmeier, Mäuseknochen, Nagerkot, Mollusken sowie etliche rezente Pflanzenreste wie verschiedene Diasporen[11], Getreidehalme und Rhizome.

Nachweise für prähistorische landwirtschaftliche Aktivitäten in Burgerroth konnten dennoch in Form von Getreideresten und Ackerunkräutern erbracht werden. War, wie oben erwähnt, der Hauptteil der Getreidefunde nicht weiter bestimmbar, konnten am Fundplatz die beiden „klassischen" neolithischen Spelzweizen Einkorn (*Triticum monococcum*) und Emmer (*Triticum dicoccon*) anhand von Hüllspelzenbasen nachgewiesen werden. Bei der Untersuchung von Getreideabdrücken im keramischen Material der Grabungen 1919–1921 konnte durch Hopf und Kraus (1984, 199 f.) ebenfalls Emmer an Scherben identifiziert werden. Außerdem wurde bei den aktuellen Untersuchungen ein Korn und ein Spindelstück von wohl Nacktweizen (Saat- oder Hartweizen [*Triticum cf. aestivum/durum*]) identifiziert. Aufgrund der schlechten Erhaltung bzw. einer nicht eindeutigen Ausprägung des Spindelstücks muss jedoch eine Artbestimmung ausbleiben. Hartweizen sind in Goldberg III-Siedlungen in Oberschwaben sowie in schnurkeramischen Schichten am Bodensee nachgewiesen (Herbig 2009), während Saat-Weizen dort unbekannt ist. Für Bayern, Hessen und Mitteldeutschland ist der archäobotanische Forschungsstand für das 3. vorchristliche Jahrtausend nicht ausreichend, um allgemein gültige Aussagen bezüglich des Vorhandenseins von Nacktweizen bzw. der Getreidespektren treffen zu können (Lüning 2000; Haas u. a. 2002).

---

9   Die maximale Kantenlänge der Holzkohlen betrug 5 mm. Aufgrund der geringen Größe der Objekte war keine Bestimmung möglich.

10 *vel* lat. oder; *cf. confer* lat. vergleiche.

11 Gänsefuß (*Chenopodium* spec.), Gräser (Poaceae), Feld/Hainsimse (*Luzula campestris/multiflora*), Klee (*Trifolium* spec.), Birke (*Betula* spec.), Schafgarbe (*Achillea* spec.), Vogelmiere (*Stellaria media*), Leimkraut (*Silene* spec.), Grüne Borstenhirse (*Setaria viridis*), Gebräuchlicher Erdrauch (*Fumaria officinalis*), Melde (*Atriplex* spec.).

Fläche			1	1	1	1	2	
Quadrat			D5	D5	D5	D5	E3	
Befund			18	9	13	13	14	
Planum			9–10	4–5	5–6	6–7	2–3	
Probenvolumen (l)			5,0	3,8	3,5	6,5	10,0	
Kulturpflanzen	**Resttyp**	**Summe**						
Triticum cf. *aestivum/durum*	Frucht/Samen	1	1					wohl Saat- oder Hartweizen
Triticum cf. *aestivum/durum*	Spindelglied	1				1		wohl Saat- oder Hartweizen
Triticum dicoccon	Hüllspelzbase	3				1	2	Emmer
Triticum monococcum	Hüllspelzbase	3	2			1		Einkorn
Triticum sp.	Spindelglied	1		1				Weizen
Triticum sp.	Frucht/Samen	1				1		Weizen
Cerealia	Frucht/Samen	30	9	1	9	5	6	Getreide
Cerealia	Halmfragment	1		1				Getreide
Diverses								
Agrostemma githago	Frucht/Samen	1				1		Kornrade
Cerastium sp.	Frucht/Samen	1		1				Hornkraut
Cerealia/Fabaceae	Frucht/Samen	6				6		Getreide/Hülsenfrucht
Corylus avellana	Frucht/Samen	2				2		Hasel
Poaceae	Frucht/Samen	1		1				Süßgras
cf. *Prunus spinosa*	Frucht/Samen	2	1			1		Schlehe
Indeterminatae	Frucht/Samen	35	2	6	4	5	18	Nicht Bestimmbar
Vicia sp.	Frucht/Samen	1				1		Wicke
Materialklassen								
Holzkohle			v	+	+	+	+	+	Holzkohle
Knochen/Geweih			+	+	+	+	+	+	Knochen/Geweih
Nagerkot, verkohlt					1			Nagerkot
Mollusken			+	+		+	+	Mollusken
Insektenrest, verkohlt			1					Insektenrest
Fischreste				+				Fischreste
Keramik			+	+		+	+	Keramik
verziegelter Lehm			+	+			+	verziegelter Lehm
Felsgesteinabschlag			1					Felsgesteinabschlag
Silex				+		+	+	Silex
	Summe	90	15	10	14	22	29	
	Funddichte/ pro Liter		3	2,6	4	3,4	2,9	

Tab. 1. Burgerroth, Sondagegrabung 2013. Archäobotanische Untersuchungen.

Als in Burgerroth nachgewiesene Unkräuter sind Hornkraut (*Cerastium* spec.), Wicke (*Vicia* spec.) und Kornrade (*Agrostemma githago*) anzusprechen. Der Fund eines Samens der letztgenannten Art ist bemerkenswert. Jüngst legte Hellmund (2008) eine Übersicht zu neolithischen Belegen von Kornrade in Europa vor: Grund waren Funde dieser Art in Sachsen-Anhalt: Neben einem Einzelfund aus einem Steinkammergrab der Walternienburg/Bernburger Kultur bei Ditfurt im nördlichen Harzvorland, wurde ein Massenfund von Kornrade, vermischt mit Resten von Emmer und Einkorn, in einer Getreidedarre der Bernburger Kultur/Schnurkeramik in Burgliebenau im Saalekreis dokumentiert. Auch in den Feuchtboden-siedlungen Südwestdeutschlands und im Schweizer Mittelland häuften sich in den letzten Jahren die Funde von Kornrade (Herbig 2009), weshalb angenommen werden darf, dass dieses großfrüchtige Nelkengewächs während des Jung- bis Endneolithikums von Mitteldeutschland bis ins Alpenvorland verbreitet war. Da die Kornrade heutzutage als typisches Wintergetreideunkraut gilt, diskutiert Hellmund für den Fundkontext aus Burgliebenau eine mögliche Kultivierung von Emmer und Einkorn als Wintergetreide. Inwiefern eine Ansprache der Art als Wintergetreideunkraut zutrifft, muss jedoch ungewiss bleiben, da die Kornrade auch im Sommergetreide wachsen kann (Oberdorfer 2001, 360). Nach Kroll (2016, 157) ist *Agrostemma* zudem vor allem an freidreschende Getreide wie Nacktweizen sowie Roggen und deren Aufbereitung angepasst. Somit bedarf es bezüglich der Frage, ob die Kornrade von Beginn an ein Wintergetreideunkraut war, der Auffindung weiterer ungereinigter Getreidevorräte. Schließlich sind mit Schlehe (cf. *Prunus spinosa*) und Hasel (*Corylus avellana*) in Burgerroth zwei Sammelpflanzen im Fundspektrum vertreten.

Abschließend kann festgehalten werden, dass Burgerroth trotz seines eher schlechten Potentials für archäobotanische Großrestuntersuchungen dennoch einige interessante Aspekte bezüglich Kultur- und Wildpflanzen im Spät-/Endneolithikum lieferte: Das Auffinden von Getreideresten und Unkräutern belegt ackerbauliche Aktivitäten an diesem Fundplatz. Außerdem liegen mit Nacktweizen und Kornrade seltene Funde für diese Zeitscheibe in Unterfranken vor.

Datierung

Während die an der Keramik fassbaren spätneolithischen Traditionen auf den Anfang des dritten Jahrtausends v. Chr. oder sogar noch das Ende des 4. Jahrtausends verweisen, belegt die Präsenz schnurkeramischer Siedlungsware eine Datierung frühestens ins zweite Viertel des dritten Jahrtausends. Diese junge Zeitstellung wird auch durch Radiokarbondatierungen an Getreidekörnern aus der Verfüllung der beiden Grubenhäuser gestützt (Abb. 15). Eine Probe aus der Mittelgrube von Fläche 1 ergab ein kalibriertes Datum von 2568–2346 cal BC (95,4% Wahrscheinlichkeit; Beta-372689: unkalibriert 3950±30 bp)[12]. Für Fläche 2 liegt ein etwas älteres Datum von 2666–2476 cal BC vor (90,9% Wahrscheinlichkeit; Beta-372690: 4050±30 bp). Eine weitere Probe aus dem Bereich der Mittelgrube von Fläche 1, allerdings aus einem höher liegenden Schichtkontext, datiert erstaunlicherweise in die Frühbronzezeit (MAMS-25467: 3598±27 bp; 2024–1891 cal BC, 95,4%); da keinerlei entsprechende Fundmaterialien vorliegen, ist zu vermuten, dass in der aus mehreren Getreidefragmenten zusammengesetzten Probe jüngere Reste sekundär (etwa durch Mäusegänge, s.o. Beitrag Herbig) eingemischt waren.

Auch die beiden erstgenannten, wohl zuverlässigen Daten sind bemerkenswert jung und fallen eindeutig in einen fortgeschrittenen Abschnitt des Endneolithikums. Zur schnurkeramischen Siedlungsware passen sie zeitlich sehr gut, für die frühendneolithischen Merkmale, die ja in beiden Grubenhäusern ebenfalls noch eindeutig fassbar sind, erscheinen sie dagegen ausgesprochen jung. Es scheint sich anzudeuten, dass in Burgerroth frühendneolithische Traditionen bis in die Mitte des dritten Jahrtausends v. Chr. und somit noch parallel zur frühen und mittleren Schnurkeramik fortbestanden.

Burgerroth im Rahmen des Spät- und Endneolithikums Nordbayerns

Vergleiche zum Burgerrother Inventar aus der Mainregion legte bereits Spennemann 1985 vor; auch nach über dreißig Jahren ist seiner Zusammenstellung leider nicht sehr viel Neues hinzuzufügen. Den besten regionalen Vergleich finden die Burgerrother Befunde in einem Grubenhaus aus Schwanfeld (Lüning 1999), dessen Fundmaterial mit starken Bernburger Elementen allerdings für eine etwas ältere Zeitstellung spricht (ebd. 453–459; 468 f.). Der zweite bedeutende Bernburger Fundkomplex des Maindreiecks stammt aus Prosselsheim bei Kitzingen (Spennemann 1985). Ein weiterer Fundplatz mit vier relativ kleinen Grubenhäusern, die von einer Palisadenanlage eingefasst werden, wurde jüngst im nur 15 km von Burgerroth entfernten Gollhofen ausgegraben (Beigel/Nadler 2013). Das spärliche Fundmaterial spricht aber auch hier für eine etwas frühere, noch spätneolithische Datierung. Zwei bedeutende Vergleichsfundorte finden sich in der Fränkischen Schweiz: Aus Voitmannsdorf stammt ein Siedlungsinventar mit deutlichen Bezügen zur Bernburger und Wartberg-Kultur (Dürr u. a. 2004). Am etwas jünger datierenden Motzenstein bei Wattendorf dagegen fand sich schnurkeramische Siedlungsware, und es wurde ein Siedlungsbefund ausgegraben, der als Haus mit eingetieftem Boden gedeutet wird (Seregély 2008, bes. 32–38; 126–128).

---

12   Kalibration mit OxCal 4.2.4 unter Verwendung der Kalibrationskurve IntCal13 Bronk Ramsey/Lee 2013; Reimer u. a. 2013.

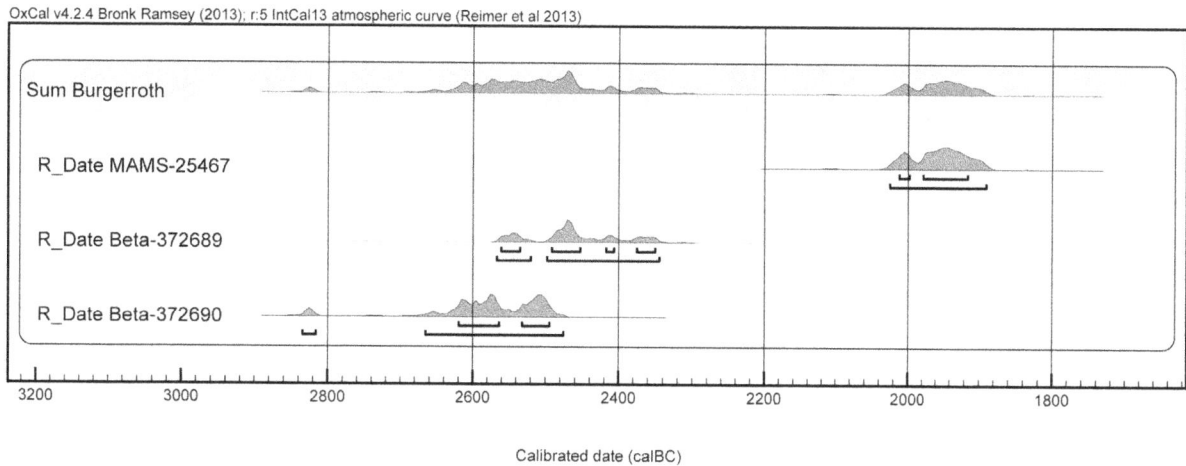

OxCal v4.2.4 Bronk Ramsey (2013); r:5 IntCal13 atmospheric curve (Reimer et al 2013)

Calibrated date (calBC)

Abb. 15. Radiokarbon-Datierungen der beiden sondierten Grubenhäuser. Kalibration mit OxCal v4.2.4.

Die ^{14}C-Daten sprechen für eine Datierung dieses Befundes zwischen spätem 27. und frühem 25. Jh. v. Chr. – die Besiedlung am Motzenstein ist damit gleichzeitig mit den Grubenhäusern aus Burgerroth, und auch die schnurkeramische Siedlungsware findet dort sehr gute Parallelen.

Im näheren Umfeld von Burgerroth ist die Schnurkeramik vor allem durch Gräber belegt. Besonders das Taubertal weist eine recht hohe Funddichte auf (Dresely 2004), aber auch im Maindreieck liegt eine Reihe von Fundplätzen vor (Bergrheinfeld, Wolkshausen, Buchbrunn u. a.; vgl. Seregély 2008, 158 f.). Hinzu treten als besondere Befundgattung die Dolinenverfüllungen aus Ergersheim in der Windsheimer Bucht, die unter anderem auch becherzeitliche Schichten enthielten und wichtige stratigraphische Informationen lieferten (Ullrich 2008). Nach den ^{14}C-Daten ist von einem vergleichsweise späten Beginn der Schnurkeramik in der Region Taubertal-Maindreieck im 27. Jh. v. Chr. auszugehen (Dresely 2004, 149; Seregély 2008, 179 f.), der aber dennoch vor oder allenfalls zeitgleich mit den Daten aus der Verfüllung der Burgerrother Grubenhäuser liegt.

Die Schwierigkeit einer eindeutigen Zuweisung des spät- bzw. frühendneolithischen Materials aus Burgerroth und den anderen nordbayrischen Fundkomplexen zu einer der Kulturen aus den umgebenden Regionen (vgl. bereits Matuschik 1990, 521; 526 f.; ders. 1999, 87) wurde verschiedentlich durch die Aussonderung einer eigenen Gruppe zu lösen versucht (z. B. Fischer 1981, 90: „Altenberg-Gruppe"; Burger 1988, 154–157: „Wartberg-Burgerroth-Gruppe"; Matuschik 1999; Gohlisch 2006, 150 f.; 155: „Burgerroth/ Altenberg-Gruppe"). Dieser Ansatz bleibt aber unbefriedigend, da, wie bereits Timo Seregély (2008, 155) zu Recht anmerkt, „eigene definierende Züge im Fundmaterial fehlen". Die schnurkeramische Siedlungsware aus Burgerroth dagegen fügt sich mit getupften Leisten, Schnurverzierung und Strichbündelamphoren nahtlos in das aus anderen Regionen wie Oberfranken und der Nordostschweiz bekannte Bild ein.

Fazit

Im spät- bzw. frühendneolithischen Material von Burgerroth werden vielfältige (über-) regionale Beziehungen fassbar, die in verschiedene Richtungen verweisen: Während in der Keramik Verbindungen zu allen Nachbarregionen und darunter insbesondere auch nach Norden zur Bernburger und Wartberg-Kultur vorliegen, zeigen die zahlreich auftretenden Hirschgeweih-Zwischenfutter eine deutliche Anbindung an den Kulturraum des südwestdeutsch-schweizerischen Voralpenraums. Eine eindeutige Zuweisung des Fundorts zu einer der etablierten Kulturgruppen des Spätneolithikums bzw. frühen Endneolithikums ist nicht möglich – und auch nicht sinnvoll. Die verschiedenen regionalen Gruppen sind durch zahlreiche gemeinsame Typen miteinander verbunden und unterscheiden sich kaum durch exklusive Merkmale, sondern vielmehr in der anteilsmäßigen Zusammensetzung des Typenspektrums, wobei die Übergänge zwischen den Regionen fließend sind. Eine vergleichende (über-) regionale Betrachtung, die der graduellen räumlichen Variation der materiellen Kultur gerecht wird, kann daher sinnvoll nur auf quantitativer Basis erfolgen. Hierfür liegen allerdings noch viel zu wenige Fundinventare mit ausreichendem Umfang vor – dies gilt derzeit auch noch für Burgerroth, das unter dem Aspekt der hohen Funddichte aber das Potential besitzt, sich zu einer wichtigen Referenz zu entwickeln.

Gegenüber den meisten anderen Fundorten aus der ersten Hälfte des dritten Jahrtausends v. Chr. zeichnen sich die Neufunde aus Burgerroth durch einen relativ hohen Anteil schnurkeramischer Siedlungsware innerhalb eines Fundkomplexes mit „spätneolithischer Befundstruktur" (Furholt 2008, 20) aus. Auch die Funde der Altgrabung weisen noch einen deutlich stärker spät- bzw. frühendneolithisch geprägten Charakter auf. Es entsteht der Eindruck, dass in Burgerroth eine gewisse zeitliche Tiefe der Entwicklung von einem regionalen kulturellen Substrat zur Schnurkeramik fassbar wird. Die Frage eines Nebeneinanders der spät- und endneolithischen Gruppen wird seit langem kontrovers diskutiert – in Burgerroth eröffnet sich ein neuer Zugang zu dieser Problematik mit neuen Perspektiven für die Deutung des Phänomens der endneolithischen Becherkulturen und die Bewertung ihrer Relation zu den regionalen Gruppen spätneolithischer Tradition.

Literatur

BEIER 1988: H.-J. Beier, Die Kugelamphorenkultur im Mittelelbe-Saale-Gebiet und in der Altmark. Veröff. Landesmus. Halle 41 (Berlin 1988).

BEIER 1996: H.-J. Beier, Siedlungen der Bernburger und der Kugelamphorenkultur im Mittelelbe-Saale-Gebiet. Ein Vergleich. In: H.-J. Beier (Hrsg.), Studien zum Siedlungswesen im Jungneolithikum. Beitr. Ur- u. Frühgesch. Mitteleuropas 10 (Weißbach 1996) 131–139.

BEIGEL/NADLER 2013: R. Beigel/M. Nadler, Ein Stützpunkt spätneolithischer Rindernomaden? Die Grabenanlage mit Grubenhäusern bei Gollhofen, Landkreis Neustadt a. d. Aisch-Bad Windsheim, Mittelfranken. Arch. Jahr Bayern 2013, 2013, 40–42.

BERAN 1999: J. Beran, Schnurkeramische Kultur. In: J. Preuß (Hrsg.), Das Neolithikum in Mitteleuropa. Kulturen-Wirtschaft-Umwelt vom 6. bis 3. Jahrtausend v. u. Z. Übersichten zum Stand der Forschung (Weissbach 1999) 95-106; Taf. 85-96; Karte 9.

BERSU 1937: G. Bersu, Altheimer Wohnhäuser vom Goldberg, OA. Neresheim, Württemberg. Germania 21, 1937, 149–158.

BILLAMBOZ/SCHLICHTHERLE 1985: A. Billamboz/H. Schlichtherle, Les gaines de hache en bois de cerf dans le Néolithique du sud-ouest de l'Allemagne. Contribution à l'histoire de l'emmanchement de la hache au nord des Alpes. In: H. Camps-Fabrer (Hrsg.), L'industrie en os et bois de cervidé durant le Néolithique et l'âge des métaux. Troisième réunion du Groupe de travail no. 3 sur l'industrie de l'os préhistorique, Aix-en-Provence, 26, 27, 28 octobre 1983 (Paris 1985) 162–189.

BLEUER U. A. 1993: E. Bleuer/Y. Gerber/C. Haenicke/B. Hardmeyer/M. Joos/A. Rast-Eicher/C. Ritzmann/J. Schibler (Hrsg.), Jungsteinzeitliche Ufersiedlungen im Zürcher Seefeld. Ausgrabungen Kanalisationssanierung 1986–1988 (Zürich Kan. San. Seefeld). Zürcher Denkmalpflege Arch. Monogr. 23 (Egg, Zürich 1993).

BRONK RAMSEY/LEE 2013: C. Bronk Ramsey/S. Lee, Recent and Planned Developments of the Program OxCal. Radiocarbon 55, 4, 2013, 720–730.

BURGER 1988: I. Burger, Die Siedlung der Chamer Gruppe von Dobl, Gemeinde Prutting, Landkreis Rosenheim und ihre Stellung im Endneolithikum Mitteleuropas. Materialh. Bayer. Vorgesch. A 56 (Fürth 1988).

CAPPERS U. A. 2006 : R. T. J. Cappers/R. M. Bekker/J. E. A. Jans, Digitale Zadenatlas van Nederland. Groningen Arch. Stud. 4 (Groningen 2006).

DEHN/SANGMEISTER 1954: W. Dehn/E. Sangmeister, Die Steinzeit im Ries. Katalog der steinzeitlichen Altertümer im Museum Nördlingen. Materialh. Bayer. Vorgesch. A 3 (Kallmünz/Opf. 1954).

DIRKS 2000: U. Dirks, Die Bernburger Kultur in Niedersachsen. Beitr. Arch. Niedersachsen 1 (2000).

DRESELY 2004: V. Dresely, Schnurkeramik und Schnurkeramiker im Taubertal. Forsch. u. Ber. Vor- u. Frühgesch. Baden-Württ. 81 (Stuttgart 2004).

DÜRR U. A. 2004: A. Dürr/J. Müller/A. Riedmüller/W. Schulz/T. Seregély/A. Tillmann, Die endneolithische Siedlung Voitmannsdorf, Lkr. Bamberg. Ergebnisse der Lehr- und Forschungsgrabung 2001. www.jungsteinsite.de / Journal Neolithic Arch. 6, 2004, 1–34.

FISCHER 1981: U. Fischer, Blick aus der Hessischen Senke auf Walterneinburg-Bernburg. Jahresschr. mitteldt. Vorgesch. 63, 1981, 89–97.

FURHOLT 2003: M. Furholt, Die absolutchronologische Datierung der Schnurkeramik in Mitteleuropa und Südskandinavien. Universitätsforsch. Prähist. Arch. 101 (Bonn 2003).

FURHOLT 2008: M. Furholt, Erscheinungen asynchroner kultureller Entwicklungen am Übergang vom Spät- zum Endneolithikum in Mitteleuropa. Eine Untersuchung der Siedlungsfunde mit Schnurkeramik. In: W. Dörfler/J. Müller (Hrsg.), Umwelt – Wirtschaft – Siedlungen im dritten vorchristlichen Jahrtausend. Internationale Tagung Kiel 4.–6. November 2005. Offa Bücher 84 (Neumünster 2008) 9–34.

GOHLISCH 2006: T. H. Gohlisch, Die Grabungsbefunde und die Keramik der endneolithischen Siedlung von Dietfurt a.d. Altmühl, Lkr. Neumarkt i.d. OPf. Arch. Main-Donau-Kanal 17 (Rahden/Westf, Erlangen-Nürnberg 2006).

HAAS U. A. 2003: J. N. Haas/T. Giesecke/S. Karg, Die mitteleuropäische Subsistenzwirtschaft des 3. und 2. Jahrtausends v.Chr. aus paläoökologischer Sicht. In: J. Müller (Hrsg.), Vom Endneolithikum zur Frühbronzezeit: Muster sozialen Wandels? Tagung Bamberg 14. – 16. Juni 2001. Universitätsforsch. Prähist. Arch. 90 (Bonn 2002) 21–28.

HELLMUND 2008: M. Hellmund, The Neolithic records of *Onopordum acanthium*, *Agrostemma githago*, *Adonis* cf. *aestivalis* and *Claviceps purpurea* in Sachsen-Anhalt. Vegetation history and Archaeobotany 17, 2008, 123–130.

HAFNER/SUTER 2005: A. Hafner/P. J. Suter, Neolithikum: Raum/Zeit-Ordnung und neue Denkmodelle. Arch. Kanton Bern 6B, 2005, 431–498.

HARDMEYER 1992: B. Hardmeyer, Die Schnurkeramik in der Ost-Schweiz. In: M. Buchvaldek (Hrsg.), Die kontinentaleuropäischen Gruppen der Kultur mit Schnurkeramik. Schnurkeramik-Symposium 1990. Praehistorica 19 (Praha 1992) 179–187.

HARDMEYER 1993: B. Hardmeyer, Die Schnurkeramik. In: E. Bleuer/B. Hardmeyer (Hrsg.), Zürich «Mozartstrasse». Neolithische und bronzezeitliche Ufersiedlungen. 3: Die neolithische Keramik. Zürcher Denkmalpflege Arch. Monogr. 18 (Egg, Zürich 1993) 292–340.

HASENFRATZ/SCHNYDER 1998: A. Hasenfratz/M. Schnyder, Das Seebachtal. Eine archäologische und paläoökologische Bestandesaufnahme. Arch. Thurgau 4 (Frauenfeld 1998).

HECHT 2007: D. Hecht, Das schnurkeramische Siedlungswesen im südlichen Mitteleuropa. Eine Studie zu einer vernachlässigten Fundgattung im Übergang vom Neolithikum zur Bronzezeit (Heidelberg 2007).

HECHT 2008: D. Hecht, Siedlungen der Schnurkeramik im südlichen Mitteleuropa. Siedlungsverteilung und Hausbau. In: W. Dörfler/J. Müller (Hrsg.), Umwelt – Wirtschaft – Siedlungen im dritten vorchristlichen Jahrtausend. Internationale Tagung Kiel 4.–6. November 2005. Offa Bücher 84 (Neumünster 2008) 253–263.

HERBIG 2009: C. Herbig, Archäobotanische Untersuchungen in neolithischen Feuchtbodensiedlungen am westlichen Bodensee und in Oberschwaben. Frankfurter Arch. Schr. 10 (Frankfurt 2009).

HIETKAMP/HANÖFFNER 2005: K. Hietkamp/A. Hanöffner, Mühlheim an der Donau Stetten (Lkr. Tuttlingen). Fundber. Baden-Württemberg 28, 2, 2005, 61–67.

HOPF/KRAUS 1984: M. Hopf/G. Kraus, Appendix A. Botanische Untersuchungen. In: D. R. Spennemann, Burgerroth. Eine spätneolithische Höhensiedlung in Unterfranken. BAR Internat. Ser. 219 (Oxford 1984) 199–203.

KNÖRZER 2007: K.-H. Knörzer, Geschichte der synanthropen Flora im Niederrheingebiet. Rhein. Ausgr. 61 (Mainz 2007).

KROLL/REED 2016: H. Kroll/K. Reed, Die Archäobotanik. Feudvar III. Würzburger Stud. Vor- u. Frühgesch. Arch. 1 (Würzburg 2016).

LINK 2013: T. Link, Neues vom Alten Berg – Untersuchungen auf einer spätneolithischen Höhensiedlung bei Burgerroth, Stadt Aub, Landkreis Würzburg, Unterfranken. Arch. Jahr Bayern 2013, 2013, 37–40.

LÜNING 1999: J. Lüning, Ein Grubenhaus der Bernburger Kultur aus Schwanfeld, Landkreis Schweinfurt. In: F.-R. Herrmann (Hrsg.), Festschrift für Günter Smolla. Mat. Vor- u. Frühgesch. Hessen 8 (Wiesbaden 1999) 415–469.

LÜNING 2000: J. Lüning, Steinzeitliche Bauern in Deutschland. Die Landwirtschaft im Neolithikum. Universitätsforsch. prähist. Arch. 58 (Bonn 2000).

MATUSCHIK 1990: I. Matuschik, Die neolithische Besiedlung in Riekofen-"Kellnerfeld" – Beiträge zur Kenntnis des Spätneolithikums im südlichen Bayern (Freiburg 1990).

MATUSCHIK 1991: I. Matuschik, Grabenwerke des Spätneolithikums in Süddeutschland. Fundber. Baden-Württemberg 16, 1991, 27–55.

MATUSCHIK 1992: I. Matuschik, Die Chamer Kultur Bayerns und ihre Synchronisation mit den östlich und südlich benachbarten Kulturen. Stud. Praehist. 11–12, 1992, 200–220.

MATUSCHIK 1999: I. Matuschik, Riekofen und die Chamer Kultur Bayerns. In: H. Schlichtherle/M. Strobel (Hrsg.), Aktuelles zu Horgen - Cham - Goldberg III - Schnurkeramik in Süddeutschland. Rundgespräch Hemmenhofen 26. Juni 1998. Hemmenhofener Skripte 1 (Freiburg 1999) 69–97.

MATUSCHIK/SCHLICHTHERLE 2009: I. Matuschik/H. Schlichtherle, Zeitgenossen des Gletschermannes in Baden-Württemberg 3400–2800 v. Chr. Arch. Inf. Baden-Württ. 56 (Freiburg 2009).

MENTH 1985: G. Menth, St. Kunigund auf dem Altenberg. Aub, Ortsteil Burgerroth, Kirchenstiftung Buch (Wolfratshausen 1985).

OBERDORFER 2001: E. Oberdorfer, Pflanzensoziologische Exkursionsflora 8 (Stuttgart 2001).

PAPE 1978: W. Pape, Bemerkungen zur relativen Chronologie des Endneolithikums am Beispiel Südwestdeutschlands und der Schweiz. Tübinger Monogr. Urgesch. 3 (Tübingen 1978).

PESCHECK 1958: C. Pescheck, Katalog Würzburg I. Die Funde von der Steinzeit bis zur Urnenfelderzeit im Mainfränkischen Museum. Materialh. Bayer. Vorgesch. A 12 (München 1958).

PÉTREQUIN U. A. 2010: P. Pétrequin/S. Cassen/L. Klassen, Zwischen Atlantik und Schwarzem Meer. Die großen Beile aus alpinem Jadeit im 5. und 4. Jt. v. Chr. In: Badisches Landesmuseum/C. Lichter (Hrsg.), Jungsteinzeit im Umbruch: Die »Michelsberger Kultur« und Mitteleuropa vor 6000 Jahren (Darmstadt 2010) 191–197.

RAETZEL-FABIAN 2001: D. Raetzel-Fabian, Der nordwestliche Nachbar: Neue Aspekte zur Wartbergkultur. In: T. H. Gohlisch/L. Reisch (Hrsg.), Die Stellung der endneolithischen Chamer Kultur in ihrem räumlichen und zeitlichen Kontext. Erlangen 26.–28.3.1999. Koll. Inst. Ur- u. Frühgesch. Erlangen 1 (Büchenbach 2001) 107–119.

REIMER U. A. 2013: P. J. Reimer/E. Bard/A. Bayliss/J. W. Beck/P. G. Blackwell/C. Bronk Ramsey/P. M. Grootes/T. P. Guilderson/H. Haflidason/I. Hajdas/C. Hatté/T. J. Heaton/D. L. Hoffmann/A. G. Hogg/K. A. Hughen/K. F. Kaiser/B. Kromer/S. W. Manning/M. Niu/R. W. Reimer/D. A. Richards/E. M. Scott/J. R. Southon/R. A. Staff/C. S. M. Turney/J. van der Plicht, IntCal13 and Marine13 Radiocarbon Age Calibration Curves 0-50,000 Years cal BP. Radiocarbon 55, 4, 2013, 1869–1887.

REINECKE 1924: P. Reinecke, Der spätneolithische Altheimer Kulturkreis. Bayer. Vorgeschichtsfreund 4, 1924, 13–16.

RINNE 2014: C. Rinne, Der Steinkuhlenberg – Die befestigte Siedlung auf dem mehrperiodigen Fundplatz bei Derenburg. Journal Neolithic Arch., 2014, 1–62.

SCHLICHTHERLE 1999: H. Schlichtherle, Die Goldberg III Gruppe in Oberschwaben. In: H. Schlichtherle/M. Strobel (Hrsg.), Aktuelles zu Horgen - Cham - Goldberg III - Schnurkeramik in Süddeutschland. Rundgespräch Hemmenhofen 26. Juni 1998. Hemmenhofener Skripte 1 (Freiburg 1999) 35–48.

SEREGÉLY 2008: T. Seregély, Wattendorf-Motzenstein: eine schnurkeramische Siedlung auf der Nördlichen Frankenalb. Studien zum dritten vorchristlichen Jahrtausend in Nordbayern. In: T. Seregély (Hrsg.), Endneolithische Siedlungsstrukturen in Oberfranken I. Universitätsforsch. Prähist. Arch. 154 (Bonn 2008) 13–531.

SPENNEMANN 1984: D. R. Spennemann, Burgerroth. Eine spätneolithische Höhensiedlung in Unterfranken. BAR Internat. Ser. 219 (Oxford 1984).

SPENNEMANN 1985: D. R. Spennemann, Zum Einfluß der Bernburger Kultur auf das späte Jungneolithikum in Mainfranken und dem Untermaingebiet. Jahresschr. mitteldt. Vorgesch. 68, 1985, 131–155.

SUTER 1987: P. J. Suter, Zürich, "Kleiner Hafner". Tauchgrabungen 1981–1984. Ber. Zürcher Denkmalpfl. Monogr. 3 (Zürich 1987).

TORRES-BLANCO 1994: M. Torres-Blanco, Bernburger Kultur (BeK). In: H.-J. Beier/R. Einicke (Hrsg.), Das Neolithikum im Mittelelbe-Saale-Gebiet und in der Altmark. Eine Übersicht und ein Abriß zum Stand der Forschung. Beitr. Ur- u. Frühgesch. Mitteleuropas 4 (Willkau-Hasslau 1994) 159–177.

ULLRICH 2008: M. Ullrich, Endneolithische Siedlungskeramik aus Ergersheim, Mittelfranken. Untersuchungen zur Chronologie von Schnurkeramik und Glockenbechern an Rhein, Main und Neckar. Universitätsforsch. Prähist. Arch. 160 (Bonn 2008)

Thomas Link
Landesamt für Denkmalpflege im Regierungspräsidium Stuttgart
Ref. 82 - Denkmalfachliche Vermittlung
Berliner Straße 12
73728 Esslingen am Neckar
thomas.link@rps.bwl.de

Christoph Herbig
Am Dorf 12
63517 Rodenbach
herbig.archaeobot@gmx.de

J. Pechtl / T. Link / L. Husty (Hrsg.), Neue Materialien des Bayerischen Neolithikums. Tagung im Kloster Windberg vom 21. bis 23. November 2014. Würzburger Studien zur Vor- und Frühgeschichtlichen Archäologie 2 (Würzburg 2016) 127–138.

Irlbach-„Am Auwald" – Ein Grabenwerk der Glockenbecherkultur?

Peer Fender

Zusammenfassung

Das bereits seit längerem bekannte Grabenwerk von Irlbach-„Am Auwald" konnte im Jahr 2010 auf weiteren 20 m untersucht werden. Hierbei war es möglich, neben einem dritten Durchgang auch die Reste von zwei Palisaden im Inneren der Anlage freizulegen. Zudem konnte erstmals ein größeres Keramikinventar geborgen werden, welches hier vorgelegt wird. Die bisherige Datierung der Anlage in die Zeit der Altheimer Kultur muss auf Grundlage des Fundmaterials hinterfragt werden. So lassen sich einige Objekte nur schwer dem Jungneolithikum zuordnen. Anhand von Vergleichsfunden wird eine mögliche glockenbecherzeitliche Datierung des Grabenwerks diskutiert, wenngleich eine gesicherte Ansprache nicht möglich erscheint.

Abstract

In 2010 the already known ditched enclosure of Irlbach-„Am Auwald" was excavated further. An additional 20 m of the inner ditch could be unearthed. Beside a third entrance remains of two palisades were excavated. Furthermore, it was possible to retrieve a large amount of pottery from the inner ditch, which will be presented in this article. Until recently, the site was attributed to the Altheim culture. The new findings do question this dating, since there are some objects that can hardly be found at other sites of the Altheim group. It might be possible to correlate some finds with the Bell-Beaker culture, although this is not a safe dating.

Einleitung

Die Ortschaft Irlbach liegt im Landkreis Straubing-Bogen im Bereich der Niederung des gleichnamigen Baches unmittelbar vor dessen Mündung in die Donau. Im Rahmen der Erschließung des Baugebiets „Am Auwald" wurden bereits im Jahr 2000 erste Ausgrabungen vorgenommen. Es konnte eine Besiedlung des Platzes während des Alt- bis Jungneolithikums, sowie vereinzelt der vorchristlichen Metallzeiten und des frühen Mittelalters festgestellt werden. Da die Fundstelle bereits seit längerem durch Lesefunde bekannt war, wurden im Zuge der Ausschreibung des Baugebiets zunächst die Erschließungsstraßen untersucht, welche eine teilweise beträchtliche Befunddichte erbrachte (Abb. 1). Neben vielen Gruben und Pfostenstandspuren konnten auch die Reste zweier vermeintlich neolithischer Grabenwerke dokumentiert werden. Im westlichen Bereich wurden zwei offensichtlich kreisförmig verlaufende Spitzgräben samt eines Palisadengräbchens aufgedeckt. Viele der Keramikfunde aus den Grabenverfüllungen waren rillen- beziehungsweise schraffenverziert und gehören damit dem Oberlauterbacher Stil an. Diese Funde und Befunde sprechen für eine Deutung als mittelneolithische Kreisgrabenanlage (Koch 2005, 29–30; Husty 2009, 67–75).

Im östlichen Bereich der untersuchten Fläche wurden zwei Gräben freigelegt, welche im Abstand von rund 5 m annähernd parallel in Richtung Nordnordost-Südsüdwest verlaufen. Zunächst war nur ein Durchgang im mutmaßlich inneren Graben bekannt, wobei eine gesicherte Ansprache einzelner Bereiche als Innen- beziehungsweise Außenbereich zu diesem Zeitpunkt noch nicht getroffen werden konnte. Als im Jahr 2004 drei Parzellen im Rahmen einer Bebauung untersucht werden mussten, konnten beide Gräben weiterverfolgt werden. Es wurde zudem ein zweiter Durchgang entdeckt, diesmal im äußeren Graben. Bei beiden Gräben handelte es sich um Sohlgräben, die noch 1,7–1,8 m tief erhalten waren.

Abb. 1. Übersichtsplan der Grabungen im Neubaugebiet Irlbach – „Am Auwald". Verändert nach Husty 2009, Abb. 9.

Unter den wenigen klar ansprechbaren Funden der Grabenverfüllungen befinden sich ein Arkadenrand sowie das Fragment eines Gefäßes mit Fingertupfenverzierung (Koch 2005, Abb. 18,3.6). Beide Objekte scheinen auf der Abbildung einigermaßen verrollt zu sein und wurden der Altheimer Kultur zugesprochen. Wie nicht anders zu erwarten, enthielt die Verfüllung auch älteres Material, in diesem Fall Funde der Münchshöfener Kultur und des Südostbayerischen Mittelneolithikums, sowie eine teilweise erhaltene Paukenschüssel der Michelsberger Kultur (Koch 2005, Abb. 19). Problematisch hingegen sind die Funde eines spätneolithischen Einsatzbeilchens, sowie zwei Fragmente eines stark sandig gemagerten Gefäßes, die wohl der Chamer Gruppe zuzurechnen sind (Koch 2005, Abb. 18,2.5). Aufgrund des Zeitdrucks bei der Ausgrabung wurde die Grabenverfüllung nicht stratigraphisch getrennt, sodass hier ein gemischter Fundkomplex entstand. Vor dem Hintergrund der Bauform des Grabenwerks wird bisher allgemein eine Datierung in die Zeit der Altheimer Kultur bevorzugt (Koch 2005, 27–29). Zueinander versetzte Grabendurchbrüche kennen wir jedoch bei den Altheimer Anlagen nur vom Grabenwerk in Ergolding-West, welches auch nur im Luftbild vorliegt (Christlein/Braasch 1982, 46, Abb. 29). In allen anderen Fällen liegen die Zugänge auf einer Linie. Auch weist die Anlage von Irlbach bisher nicht die typisch rechteckig bis trapezförmige Gestalt auf, was jedoch in erster Linie dem Stand der Ausgrabungen vor Ort geschuldet ist. Eine Ansprache der Anlage als altheimzeitlich aufgrund ihrer Form und der Vorlage von zwei

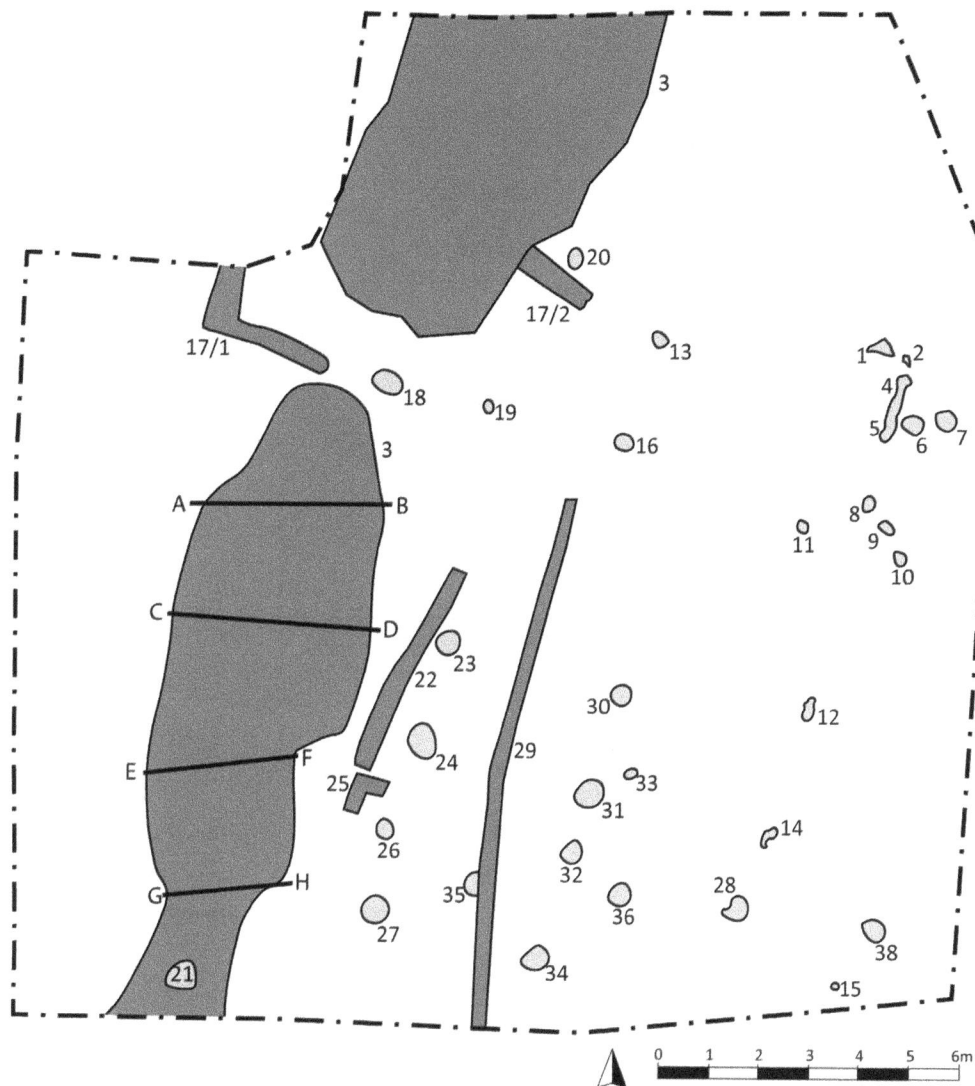

Abb. 2. Befundplan der Parzelle 963/12 auf Basis der Grabungsdokumentation der Firma ArcTron.

Keramikfragmenten erscheint zwar durchaus möglich, wird aber durch die vermeintlichen Funde der Chamer Gruppe zumindest in Frage gestellt.

Die Befunde der Parzelle 963/12

Im September 2010 wurde im Vorfeld einer Bebauung auf der Parzelle 963/12 durch die Firma ArcTron eine archäologische Planumsdokumentation und Ausgrabung der Befunde durchgeführt. Aufgrund der Lage der Parzelle stand zu vermuten, dass weitere Teile des möglicherweise altheimzeitlichen Grabenwerkes angeschnitten werden. Auf einer Fläche von etwa 360 m² konnten 37 Befunde dokumentiert werden (Abb. 2).

Wie durch die Grabungen auf den Nachbarflächen zu erwarten, konnte der innere Graben (Befund 3) nach dem Abtrag einer mächtigen Humusschicht auf weiteren 20 m verfolgt werden. Bei Koch (2005, 28 Abb. 17) sind die Gräben mit den Befundnummern 141 und 388 versehen. Zudem kam ein dritter Durchgang zu Tage. Das Profil des Grabens stellte sich jedoch als recht unregelmäßig dar. Im überwiegenden Bereich handelte es sich um einen bis zu 4,8 m breiten Spitzgraben mit einer Tiefe von 1–1,1 m. Im südlichen Bereich ging dieser in einen noch 1,6 m breiten Sohlgraben über, dessen Tiefe lediglich 20 cm betrug. Während die Grabensohle von sterilem, eingeschwemmtem Material bedeckt war, wies der

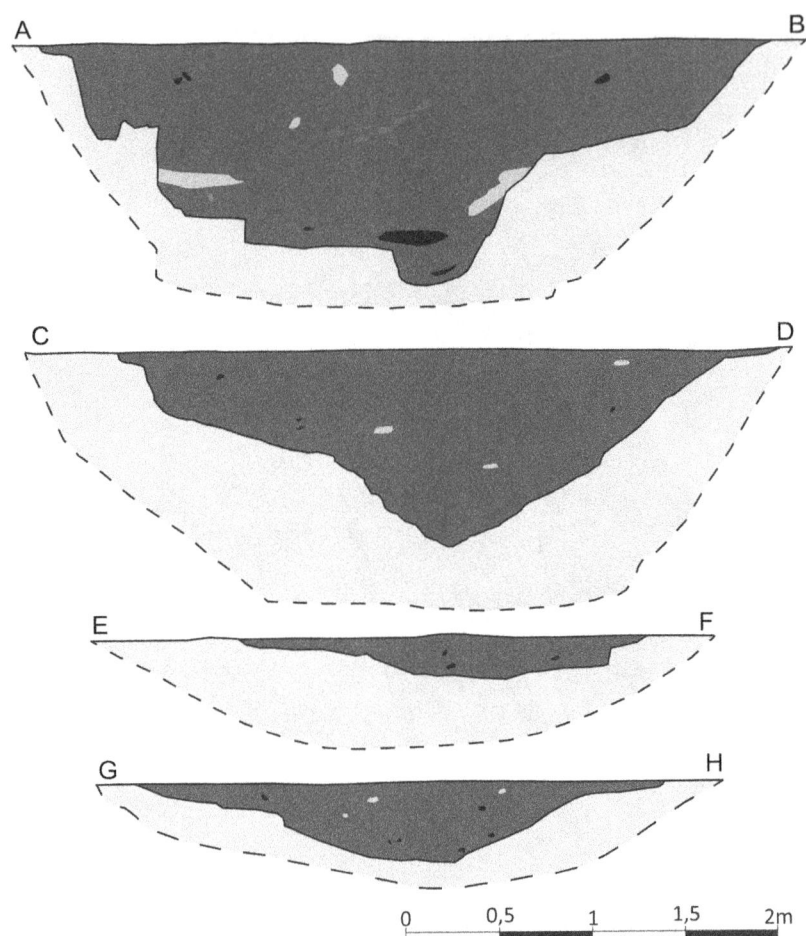

Abb. 3. Profilschnitte durch den Graben Befund 3. Zur Lage siehe Abb. 2. Verändert nach Niederfeilner 2010.

Graben selbst eine sehr homogene fundführende Verfüllung auf. Das Fundmaterial, überwiegend Keramik, wurde bei der Entnahme nach Tiefen getrennt. Passscherben aus unterschiedlichen Tiefen zeugen aber von einer sehr einheitlichen Verfüllung (Niederfeilner 2010, 6–8).

Parallel zum Graben konnten im Inneren der Anlage zwei Gräbchen (Befunde 22 mit 25 und 29) dokumentiert werden. Das rechteckige, 10–25 cm tiefe Profil lässt eine Deutung als Fundamentgräbchen für eine Palisade gerechtfertigt erscheinen. So kann jetzt auch relativ gesichert von der Innenseite des Grabenwerks gesprochen werden. Der 5,2 m lange Pfostengraben Befund 22 mit 25 befindet sich mit einem Abstand von 0,4 m direkt hinter dem inneren Graben. Der Pfostengraben Befund 29 ist mit 10 m etwa doppelt so lang und liegt 2,5 m hinter dem inneren Graben. Lediglich die identische Ausrichtung lässt auf eine Zeitgleichheit schließen.

Sämtliche dokumentierten Pfostengruben weisen einen Durchmesser von 0,34–0,6 m auf. Zudem lassen sich für einige Pfosten auch Reihen erschließen. So dürften die Befunde 23-24-26-27 und 30-31-32-34 vermutlich zu einem NW–SO orientiertem Gebäude gehört haben. Es fanden sich jedoch nur in Befund 32 vier unverzierte Wandscherben, die das Gebäude allgemein ins Neolithikum datieren lassen. Eine zeitliche Tiefe lässt sich mit dem Befund 35 fassen. Die Pfostengrube wird vom Palisadengraben 29 geschnitten. Ebenfalls älter als das Grabenwerk ist der Pfostengraben 17/2, der von Befund 3 geschnitten wird. Die durch die Befundnummer postulierte Zugehörigkeit der Befunde 17/1 und 17/2 zu einer Struktur muss aufgrund des fehlenden Anschlusses und der Fundleere leider offen bleiben.

Deutlich jünger und in die Hallstattzeit zu datieren sind die Scherbennester 1, 2 und 21. Diese spärlichen Befunde lassen zwar keine Gebäuderekonstruktion zu, belegen aber eine Besiedlung während der vorrömischen Eisenzeit (Niederfeilner 2010, 10–11).

Die Funde

Die Keramik hat mit knapp 98% (702 Scherben) den größten Anteil am Fundgut der Parzelle 963/12. Sie kommt innerhalb der Grabungsfläche jedoch nicht gleichmäßig vor. Vertreten ist sie in nur 9 der 37 Befunde, außerdem noch im Baggerabhub des Oberbodens und in Form von Lesefunden. 85% des Materials stammen aus dem Graben (Befund 3).

Neben der Keramik fand sich nur wenig weiteres Material. Zu erwähnen sind hier acht Silexfragmente unterschiedlicher Färbung, von denen keines mehr als vier Gramm wiegt. Sie stammen zu gleichen Teilen aus dem hallstattzeitlichen Scherbennest Befund 2 und dem Graben Befund 3.

Hinzu kommen mehrere Tierknochen, die nicht einzeln aufgenommen wurden, da sie vielfach sehr stark fragmentiert waren. Die größte Menge mit 314 g stammt hier, wie auch schon bei der Keramik, aus dem Graben Befund 3. Weitere Tierknochen stammen aus dem Bereich des hallstattzeitlichen

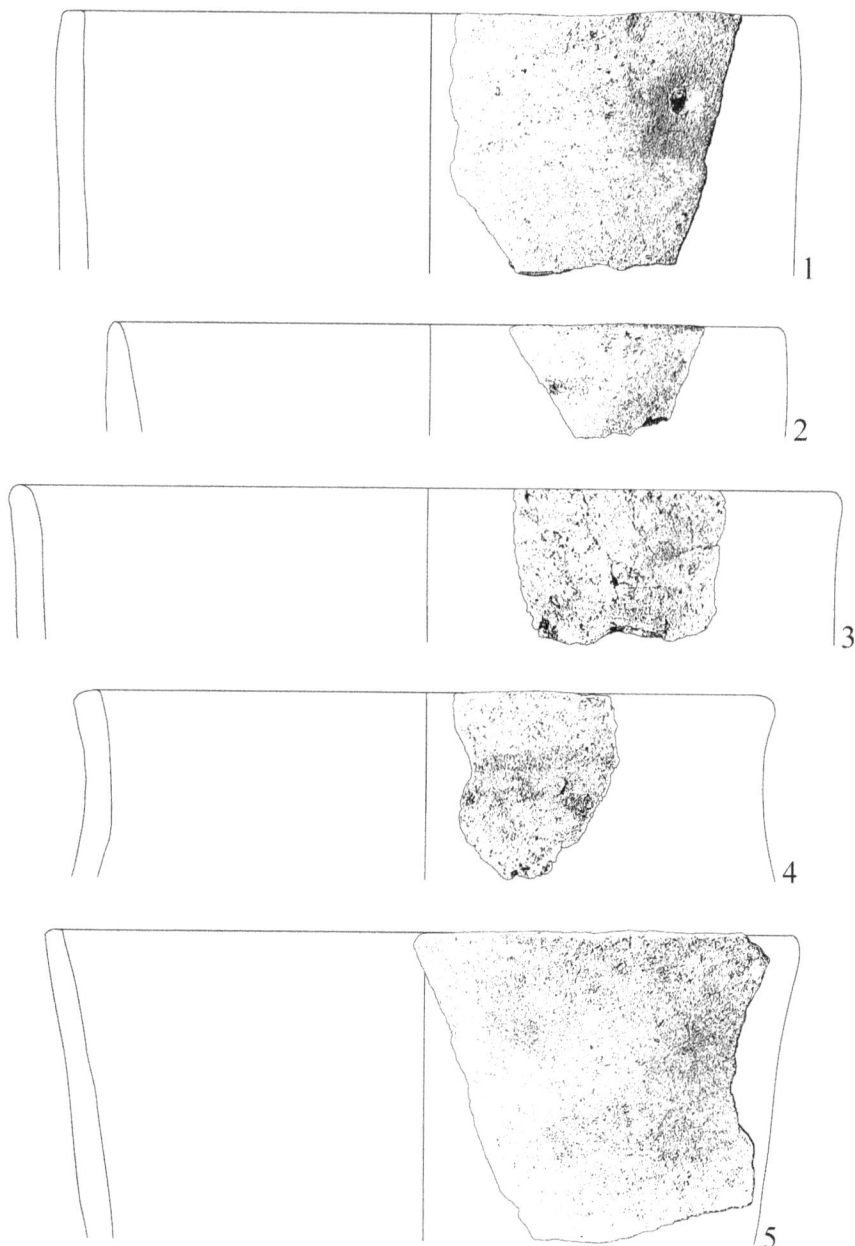

Abb. 4. Gefäßränder mit rekonstruiertem Durchmesser aus Befund 3. Maßstab 1:2.

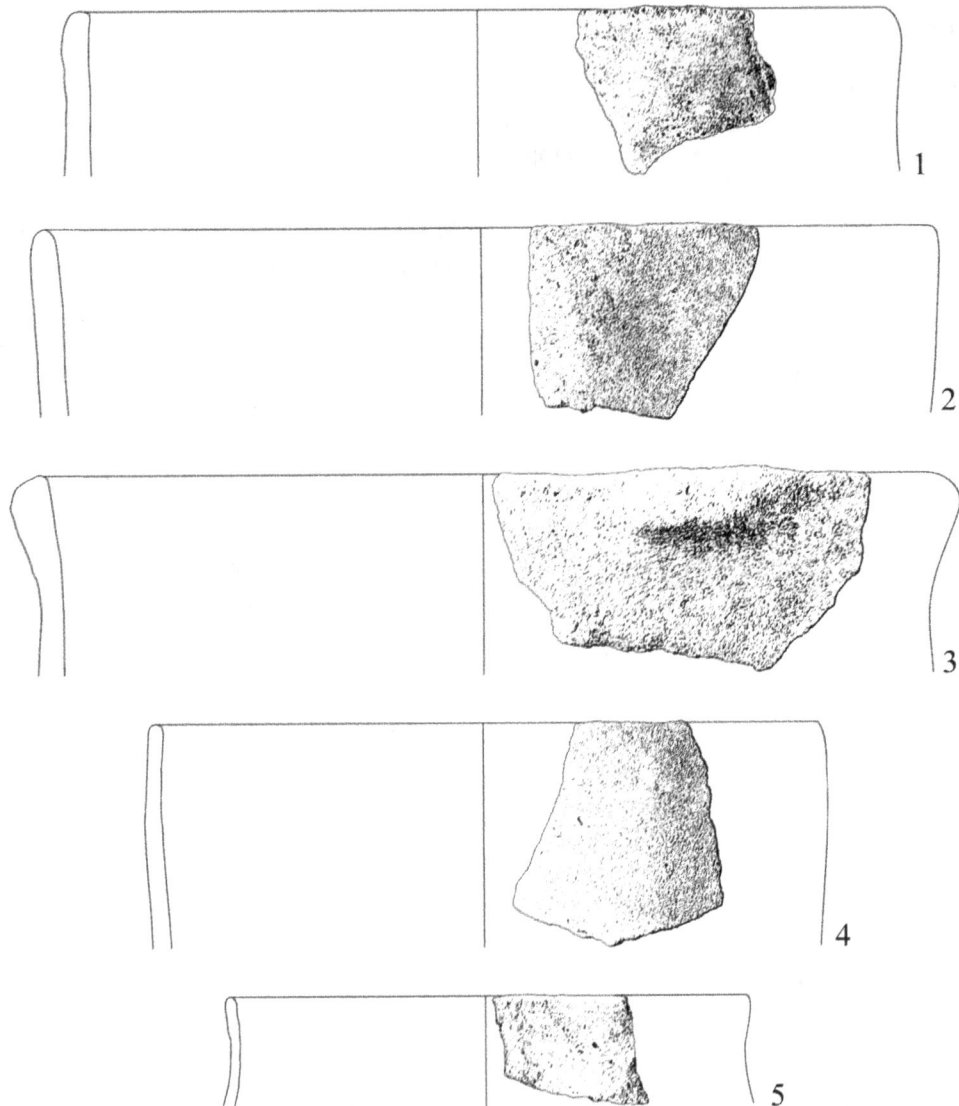

Abb. 5. Gefäßränder mit rekonstruiertem Durchmesser aus Befund 3. Maßstab 1:2.

Scherbennestes Befund 1, dem Palisadengräbchen Befund 4 sowie dem Pfostenloch Befund 9. In diesen drei Befunden fanden sich jedoch nur Fragmente mit bis zu 20 g Gewicht. Auf eine Bestimmung der Knochen wurde aufgrund der genannten Fragmentierung verzichtet.

Zusätzlich konnten aus dem Graben Befund 3 noch 330 g Hüttenlehm geborgen werden.

Keramik

Bezüglich der Keramik wird im Folgenden lediglich das Material aus dem Graben untersucht, da es sich hierbei offenbar um einen in sich geschlossenen Fundkomplex handelt. Wie bereits erwähnt, wurde das Material nach drei Tiefen getrennt entnommen (Bef. 3.1=0–40 cm; 3.2=40–60 cm; 3.3=60–90cm), spiegelt aber einen einheitlichen Verfüllungshorizont wider und scheint innerhalb sehr kurzer Zeit in den Graben gelangt zu sein. Auch im Profil ließen sich keine unterschiedlichen Schichten erkennen (Abb. 3).

Die Magerung wurde im Vorfeld in grob, mittelfein und fein unterteilt. Scherben mit Magerungspartikeln unter 2 mm Größe sind mit 25% vertreten. Die restlichen Objekte besitzen eine mittelfeine Magerung, bei der vereinzelt auch Partikel von mehr als 2 mm Größe vorkommen. Fragmente mit einer groben Magerung, bei welcher Korngrößen jenseits von 2 mm klar überwiegen, konnten nicht festgestellt werden.

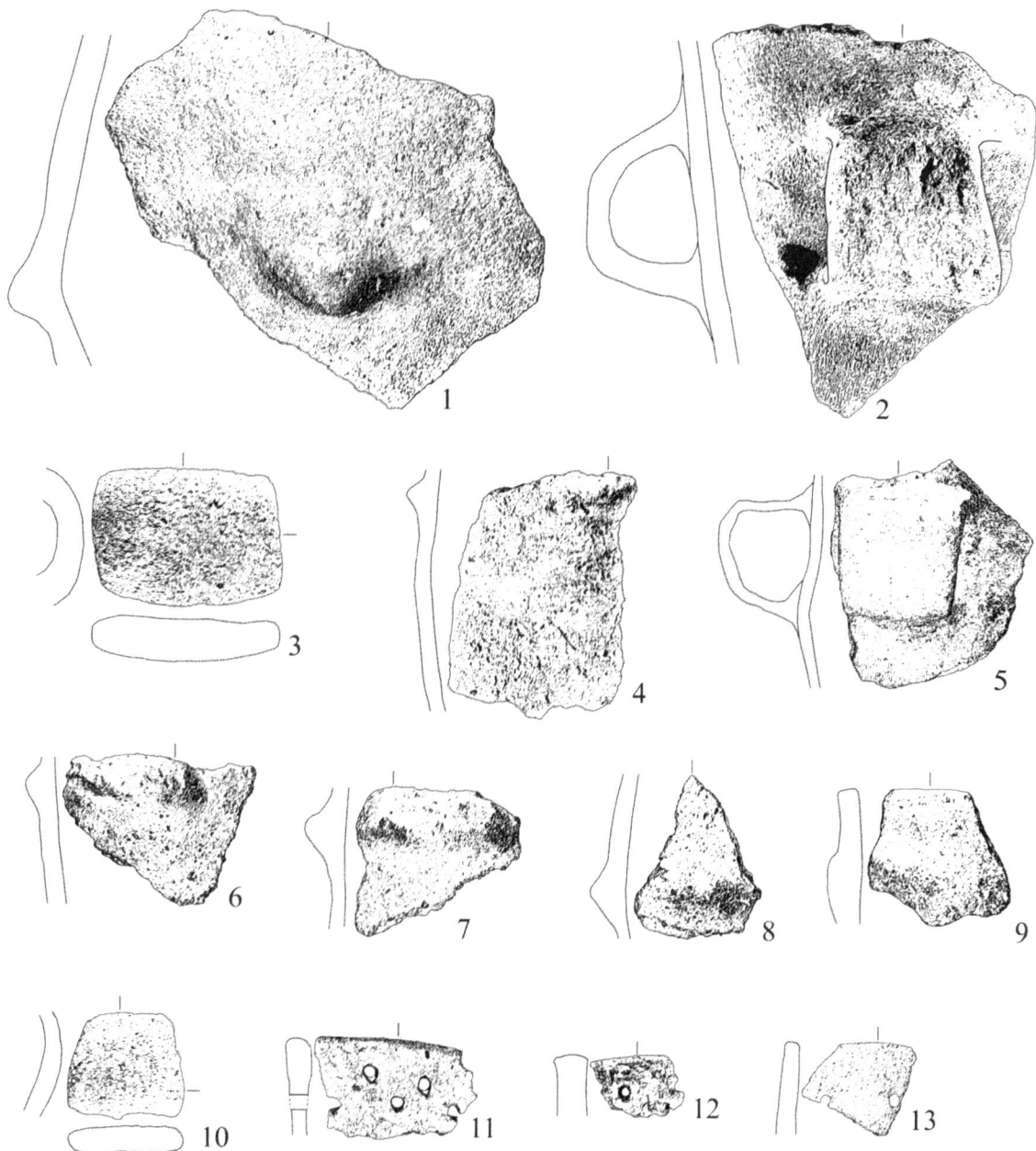

Abb. 6. Verschiedene Keramikfragmente aus Befund 3. Maßstab 1:2.

Dieses Fehlen von Keramik mit grober Magerung spiegelt sich auch in der Wandungsstärke wider. Diese konnte bei 592 Scherben gemessen werden, wobei 86% im Bereich zwischen 3 mm und 6 mm liegen. Zudem sind, wie zu erwarten, die Stücke feiner Magerung tendenziell dünner als die mittelfein gemagerten.

Der Brand fand zumeist oxidierend statt, wie 82% der Funde belegen. Die restlichen Stücke weisen durch ihren leicht dunkleren Ton auf einen weniger stark oxidierenden Brennvorhang hin, wobei die Farbskala prähistorischer Keramik generell sehr weit gefächert ist und die Ansprache daher subjektiv bleiben muss. Es kann jedoch festgehalten werden, dass der Großteil der Keramik im rötlichen Farbspektrum lag.

Randscherben machen 11% der Keramik aus (67 Fundstücke). In 21 Fällen (teilweise wurden mehrere Randstücke zusammengesetzt) ließ sich der Randdurchmesser bestimmen. Dieser schwankt zwischen 10–26 cm. Eine Untersuchung der Randformen scheint aufgrund der geringen Fragmentgröße zu unsicher (Abb. 4 und 5). Bodenscherben kommen mit 23 Stück zu 4% vor. Der Bodendurchmesser konnte in 8 Fällen

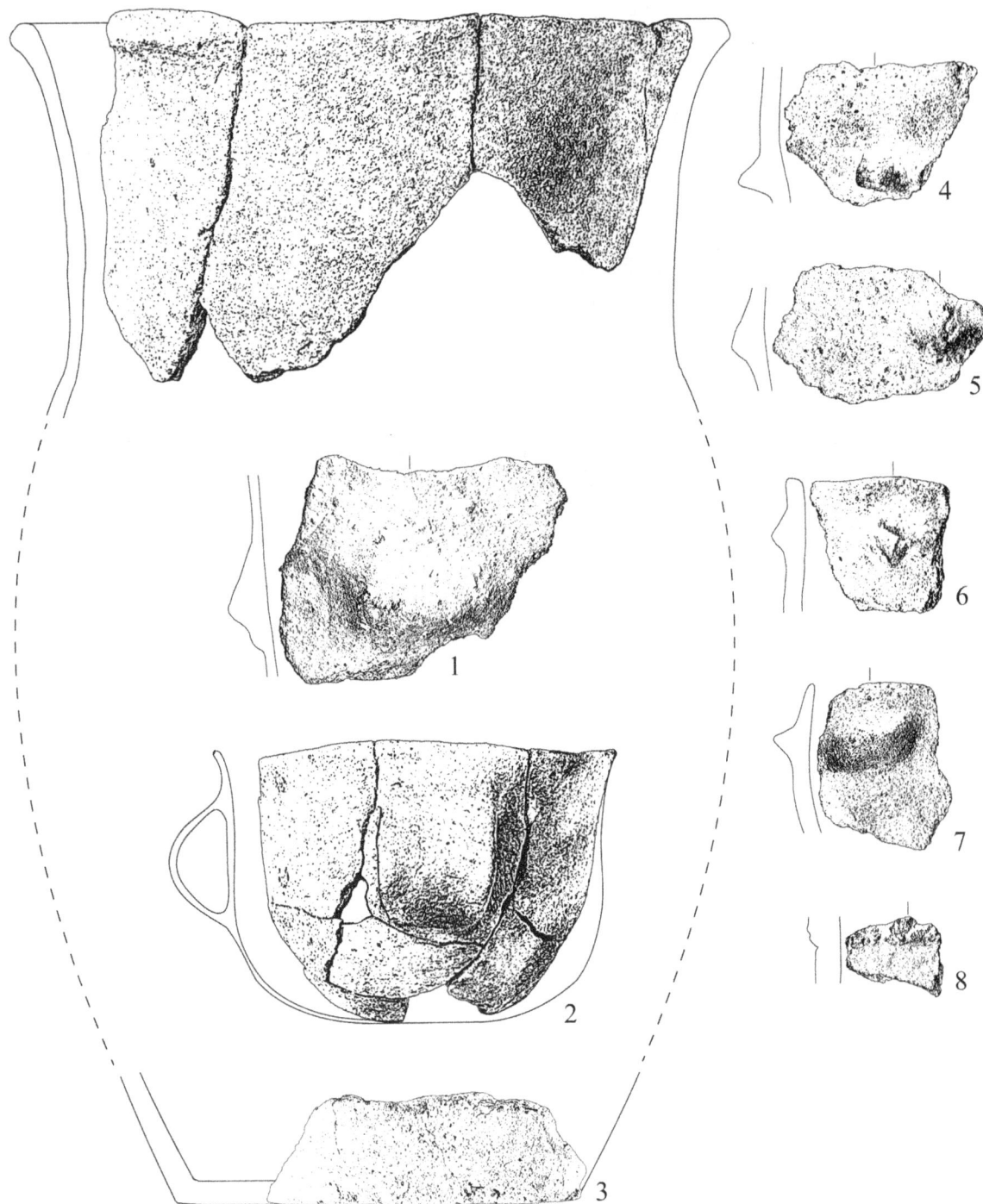

Abb. 7. Knubbenfragmente und rekonstruierte Gefäße aus Befund 3. Maßstab 1:2.

ermittelt werden und schwankt zwischen 12–24 cm, wobei nur ein Gefäß 24 cm Durchmesser aufweist. Alle anderen Böden liegen zwischen 12–16 cm und weisen somit eine relativ starke Einheitlichkeit auf (Abb. 8).

Drei Henkel sind noch komplett erhalten (Abb. 6,2.5; 7,2), von zwei weiteren wurden Fragmente gefunden (Abb. 6,3.10). Alle Henkel sind als einfache Bandhenkel ausgeführt. Nur bei einem Stück ist der Rand erhalten und die Position des Henkels kann als unterrandständig klassifiziert werden.

Insgesamt kann der Keramik eine deutliche Verzierungsarmut attestiert werden. Es finden sich lediglich unterschiedlich breite Knubben, die sowohl randständig als auch unterrandständig oder am

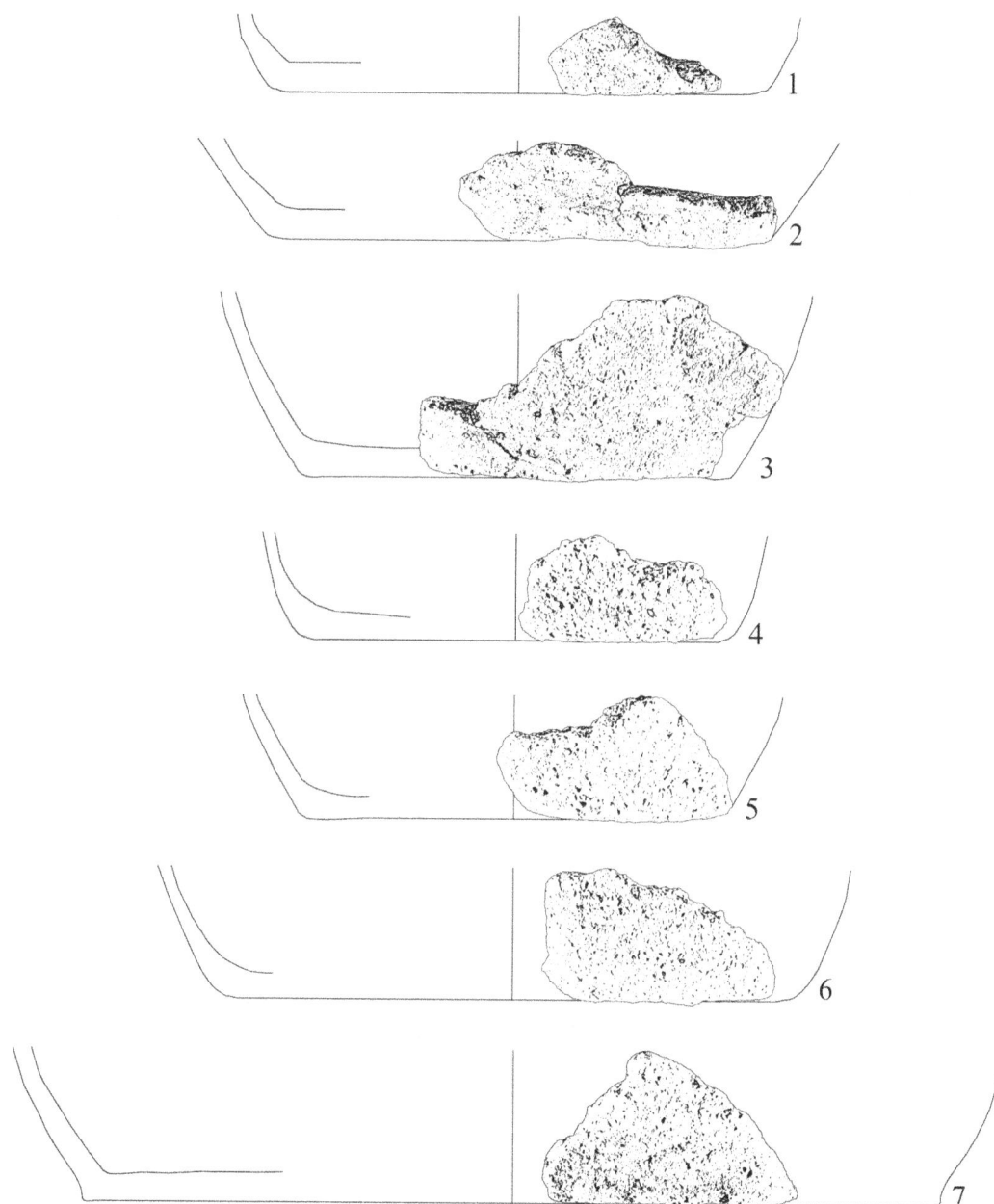

Abb. 8. Gefäßböden mit rekonstruiertem Durchmesser aus Befund 3. Maßstab 1:2.

Gefäßumbruch sitzen können. In acht Fällen finden sich Wandscherben ohne Profilierung mit einer Knubbe, zwei weitere weisen zwei direkt nebeneinander platzierte Knubben auf (Abb. 5,3; 6,1. 6–8; 7,3–7). Zu erwähnen ist noch eine Knubbe unmittelbar neben einem Henkel, die als Nietimitat gedeutet werden kann (Abb. 6,2). Solche Imitate von Metallgefäßen sind ab dem Jungneolithikum immer wieder im Keramikspektrum belegt.

Weiterhin kommen noch drei mehrfach durchlochte Randfragmente vor. Diese können am ehesten als Siebgefäße gedeutet werden, wenngleich sich keine Gefäßform bestimmen ließ (Abb. 6,11–13).

Aufgrund der lediglich ausschnitthaften Entnahme von Fundmaterial aus dem Graben ließen sich leider zu wenige Gefäße soweit rekonstruieren, dass Aussagen über das Formenspektrum möglich sind. Die meisten Bodenfragmente deuten jedoch auf eher mittelgroße Gefäße hin.

Altheim- oder Glockenbecherkultur?

Die Anlage gilt nach den bisherigen Erkenntnissen der Vorberichte zu einigen Rettungsgrabungen als Grabenwerk der Altheimer Kultur. Eine Ansprache erfolgte vor allem aufgrund zweier Keramikfragmente mit Arkadenrand, welche der jungneolithischen Kultur zugeordnet wurden. Arkadenrand und Fingertupfenzier sind jedoch kein Alleinstellungsmerkmal der Altheimer Kultur. Auch während anderer Epochen wie etwa der Glockenbecherzeit kommt diese Zierweise vor (Heyd 2004, 161–164). Zudem wurde bereits darauf hingewiesen, dass die bisher publizierte Keramik einen verrollten Eindruck macht.

Bereits bei der ersten Freilegung der Anlage wurde auf vermeintliche chronologische Probleme hingewiesen, da ein im Graben gefundenes Einsatzbeilchen möglicherweise der Chamer Kultur zuzurechnen sei (Koch 2005, 29). Wie bereits erwähnt, wurde aber aufgrund der Form des Grabenwerkes eine Datierung in die Altheimer Zeit bevorzugt.

Nun liegt erstmals eine größere Zahl an Fundstücken vor und stellt die bisherige Datierung in Frage. Während die Altheimer Keramik typischerweise reduzierend gebrannt ist, weist das Fundmaterial aus dem Grabenwerk von Irlbach-„Am Auwald" fast ausschließlich oxidierend gebrannte, stark orange-rötlich gefärbte Keramik auf. Zudem ist an der Altheimer Gebrauchskeramik oft die Herstellung mittels Wulsttechnik noch deutlich zu erkennen. An der untersuchten Keramik konnte eine solche Machart jedoch in keinem Fall festgestellt werden, obwohl es sich offensichtlich ebenfalls um einfache Gebrauchs- und Vorratskeramik handelt. Ebenso fehlt die fast schon typische Oberflächenrauung mittels Schlickauftrag bei Vorratsgefäßen. Auch die an altheimzeitlichen Fundorten regelmäßig anzutreffende Verzierung der Keramik mit Arkadenrädern konnte in diesem Abschnitt des Grabenwerks von Irlbach bei 67 Randstücken kein einziges Mal nachgewiesen werden.

Einen neuen Datierungsansatz könnte eine Tasse (Abb. 7,2) liefern, welche als einziges Gefäß zuverlässig rekonstruiert werden kann. Das Gefäß zeichnet sich durch ein schwach S-förmiges Profil sowie einen sehr dünnen, unterrandständigen Bandhenkel aus. Gute Vergleichsobjekte hierfür finden sich in der Glockenbecherkultur, so etwa in den Grabinventaren von Burgweinting (Bosch 2008, Taf. 21,2) oder Dietfurt a. d. Altmühl (Bosch 2008, Taf. 31,3). Auch ein Becher aus Brandýsek lässt sich hier anschließen (Bosch 2008, Taf. 100,1). Jedenfalls scheint diese besonders dünnwandige Tasse, mit ebenso dünnem Bandhenkel nicht in das Formenspektrum der Altheimer Kultur zu passen.

Als zweite Gefäßform lässt sich mit deutlich größerem Unsicherheitsfaktor ein gestrecktes und leicht bauchiges Vorratsgefäß mit randständigen Knubben definieren (Abb. 7,3). Auch hierfür existieren in der Gebrauchskeramik der Glockenbecherkultur Beispielfunde (Bosch 2008, Taf. 100,4). Ebenso lässt sich die weiter oben angesprochene Verzierung mit Nietimitationen im Fundgut der Glockenbecher Kultur wiederfinden, wie das Grab 1 aus Oggau zeigt (Bosch 2008, Taf. 94 B1). Auch finden sich sämtliche Knubbenverzierungen sowie die Henkel im Spektrum der glockenbecherzeitlichen Siedungskeramik wieder und stellen kein Problem für eine Datierung in diese Epoche dar (Heyd 2004, 164; Abb. 4).

Klare Vergleichsfunde lassen sich jedoch nur begrenzt ausmachen, da das Fundmaterial der Glockenbecherkultur fast ausschließlich durch Grabfunde überliefert ist. Diese folgen bekanntermaßen jedoch einem ganz eigenen Fund- und Formenkanon. Denkt man an die Glockenbecherkultur, erwartet man zunächst reich verzierte Glockenbecher. Die offensichtliche Verzierungsarmut am Fundplatz ist jedoch nur auf den ersten Blick verwunderlich. Ebenfalls in der Gemeinde Irlbach und in räumlicher Nähe zum Grabenwerk befindet sich ein glockenbecherzeitlicher Friedhof. Die hier freigelegten Beigaben weisen ebenfalls kaum verzierte Keramik auf und werden an das Ende der Glockenbecherzeit in die Phase der sogenannten Begleitkeramik datiert (Böhm/Heyd 1991, 98–99).

Handelt es sich bei dem Grabenwerk von Irlbach-„Am Auwald" also um eine Anlage der Glockenbecherkultur? Form und Topographische Lage der Befunde lassen zunächst auf einen Bau der Altheimer Kultur schließen. Hier finden sich inzwischen eine Vielzahl an vergleichbaren Anlagen aus ganz Niederbayern. Entsprechende Erdwerke der Glockenbecherzeit fehlen hingegen fast gänzlich. Lediglich ein Fundplatz mit einem möglicherweise glockenbecherzeitlichen Grabenwerk ist bislang bekannt. In Aiterhofen-Ödmühle konnte ein Graben angeschnitten werden, auf dessen Sohle Fragmente eines Glockenbechers gefunden wurden (Christlein 1976, Abb. 2).

Während einiges gegen eine Datierung in das Jungneolithikum zu sprechen scheint, ist die vorgeschlagene Zuordnung zur Glockenbecherkultur noch keineswegs gesichert. Trotz einiger Schnitte durch den Graben war es nicht möglich, eine ausreichende Menge an Material zu gewinnen, um eine größere Anzahl an Gefäßeinheiten zu rekonstruieren. Hier scheint es bei weiteren Grabungen im Bereich des Grabenwerks nötig, im größeren Umfang Funde zu bergen. Inwieweit sich die Knochenfunde für eine ^{14}C-Analyse eignen, ist nicht sicher, hier scheint aber Potenzial vorhanden zu sein, um eine klare Datierung der Anlage zu gewinnen. Auch die Durchsicht des Altmaterials und ein Vergleich mit den Funden aus dem glockenbecherzeitlichen Gräberfeld von Irlbach erscheinen lohnenswert.

Literatur

Böhm/Heyd 1991: K. Böhm/V. Heyd, Der Glockenbecher-Friedhof von Irlbach, Lkr. Straubing-Bogen. In: K. Schmotz (Hrsg.), Vorträge des 9. Niederbayerischen Archäologentages (Buch am Erlbach 1991) 97–109.

Bosch 2008: T. L. Bosch, Archäologische Untersuchungen zur Frage von Sozialstrukturen in der Ostgruppe des Glockenbecherphänomens anhand des Fundgutes. Dissertation Regensburg 2008. Online-Publ.: urn:nbn:de:bvb:355-opus-12922.

Christlein 1976: R. Christlein, Neue Funde der Glockenbecherkultur aus Niederbayern. Jahresber. Hist. Ver. Straubing 79, 1976, 35–76.

Christlein/Braasch 1982: R. Christlein/O. Braasch, Das unterirdische Bayern. 7000 Jahre Geschichte und Archäologie im Luftbild (Stuttgart 1982).

Heyd 2004: V. Heyd, Das Spektrum der Glockenbecher-Siedlungskeramik in Süddeutschland und die chronologische Stellung der Siedlungsstellen. In: V. Heyd/L. Husty/L. Kreiner, Siedlungen der Glockenbecherkultur in Süddeutschland und Mitteleuropa. Arb. Arch. Süddeutschlands 17 (Büchenbach 2004) 155–179.

Husty 2009: L. Husty, Neues zur mittelneolithischen Kreisgrabenanlage von Irlbach, Lkr. Straubing-Bogen. In: L. Husty/M. M. Rind/K. Schmotz (Hrsg.), Zwischen Münchshöfen und Windberg. Gedenkschrift für Karl Böhm. Studia honoraria 29 (Rahden/Westf 2009) 67–79.

Koch 2005: H. Koch, Neolithische Erdwerke aus Irlbach. Arch. Jahr Bayern 2004 (2005) 27–30.

Niederfeilner 2010: A. Niederfeilner, Grabungsbericht, Irlbach-„Am Auwald", Parzelle 963/12 (Straubing 2010).

Peer Fender
Vorgeschichtliches Seminar
Philipps-Universität Marburg
Biegenstraße 11
35032 Marburg

J. Pechtl / T. Link / L. Husty (Hrsg.), Neue Materialien des Bayerischen Neolithikums. Tagung im Kloster Windberg vom 21. bis 23. November 2014. Würzburger Studien zur Vor- und Frühgeschichtlichen Archäologie 2 (Würzburg 2016) 139–147.

Die Bestattungen der Glockenbecherkultur in der Münchner Schotterebene – im Vergleich mit Niederbayern

Miriam Kehl

Zusammenfassung

Die besten Informationen zur Glockenbecherkultur in Südbayern stammen vor allem aus dem sehr gut erforschten Gebiet Niederbayerns, speziell des Gäubodens. Dagegen wurde die Region um München in den letzten Jahrzenten kaum zusammenfassend für diesen Zeitabschnitt bearbeitet. Seit der im Jahr 2000 publizierten Monografie von Volker Heyd „Die Spätkupferzeit in Süddeutschland" kamen weitere bedeutungsvolle Funde im Raum Münchens zu Tage, die Anlass dazu gaben, die glockenbecherzeitlichen Gräber in der Mikroregion der Münchner Schotterebene aufzuarbeiten. Als Vergleichsregion bot sich das Gebiet Niederbayerns an, um ein umfassenderes Bild über die glockenbecherzeitlichen Bestattungssitten in Südbayern zu erlangen. Diese Untersuchung wurde im Rahmen meiner Magisterarbeit an der Ludwig-Maximilians-Universität München durchgeführt[1]. Der Vergleich der beiden Mikroregionen auf den Ebenen der Gräberfeldstrukturen, der Grabbefunde und der Grabbeigaben hat gezeigt, dass trotz gewisser regionaler Eigenheiten im archäologischen Material in den beiden Kleinräumen ein gemeinsames Bestattungswesen vorgeherrscht hat. Diese gleichartige kulturelle Auffassung findet zudem überregionalen Anschluss an die Bestattungssitten in den Gebieten der Ostgruppe des Glockenbecherphänomens.

Abstract

Up to now the best information on the Bell Beaker Culture in Southern Bavaria came from the region of Lower Bavaria, in particular the so-called "Gäuboden". In contrast, the area of the Munich gravel plain was hardly explored during the last decades. Since Volker Heyds monograph on the late Copper Age in Southern Germany, published in 2000, new cemeteries in the area around Munich were excavated and provided the opportunity to examine the Bell Beaker graves of the Munich microregion. To receive a more comprehensive impression of the Bell Beaker burial customs in Southern Bavaria, the newly discovered cemeteries of the Munich gravel plain were compared with the known grave fields of Lower Bavaria. These analyses were the scope of my M. A. thesis at the Ludwig-Maximilians-Universität München. The comparison of the two microregions regarding cemetery site structures, grave features and grave goods proved that, despite some local characteristics, shared burial customs prevailed in both areas, which also showed strong superregional connections to the Eastern Group of the Bell Beaker Phenomenon.

[1]   Mein besonderer Dank gilt Frau Prof. Dr. Carola Metzner-Nebelsick für die ausgezeichnete Betreuung meiner Magisterarbeit, sowie der Archäologischen Staatssammlung München und dem Bayerischen Landesamt für Denkmalpflege für die Unterstützung bei der Materialaufnahme.

Einleitung

Das Glockenbecherphänomen ist hinsichtlich verschiedener Aspekte in der Forschung bereits vielfach diskutiert worden und dennoch kommen immer wieder Funde zu Tage, die weitere Einblicke in diesen Zeitabschnitt geben. Durch die Jahrzehnte lange Forschung lässt sich das archäologische Material dieses Phänomens sehr gut innerhalb seines großen geografischen Verbreitungsgebiets lokal einordnen. So bieten der Glockenbecher selbst und die ihn begleitenden Gefäße aufgrund unterschiedlicher Formgestaltungen und Verzierungen einen idealen Anhaltspunkt für eine regionale Differenzierung. Doch die Forschung der letzten Jahre zeigte beispielsweise auch im Grabbau oder in den nicht-keramischen Funden auf bestimmte geografische Gebiete begrenzte Eigenheiten auf (Vander Linden 2004, Fig. 2). Auch auf der Münchner Schotterebene sind in den letzten Jahren zum Teil außergewöhnliche Funde und Grabbefunde entdeckt worden. Dieser bislang kaum zusammenfassend untersuchte Raum wurde anhand von 131 Gräbern, darunter 62 erstmalig aufgenommene Bestattungen, neu aufgearbeitet und mit den 237 publizierten Gräbern aus Niederbayern verglichen.

Die frühesten Radiokarbondaten aus glockenbecherzeitlichen Befunden stammen aus dem atlantischen Raum und datieren um 2900 v. Chr. (Müller/van Willingen 2001, 75). H. Case (2004, 12) vermutet den Ursprung des Phänomens im Gebiet der Targusmündung in Portugal; von dort breitete es sich in Richtung Osten aus, da in ganz Mitteleuropa die frühesten absoluten Daten erst bei etwa 2500 v. Chr. liegen (Müller/van Willingen 2001, 75). In diesen Zeitraum ist auch die archäologisch gut abgrenzbare Region der sogenannten Ostgruppe einzuordnen. Sie erstreckt sich über Böhmen und Mähren, Ungarn, Niederösterreich, Südbayern und Teile Mitteldeutschlands. Die untersuchten Gräber aus der Münchner Schotterebene und Niederbayern gehören demnach geografisch zu den westlichsten Ausläufern der Ostgruppe.

Für Südbayern wurde mit V. Heyds Arbeit im Jahr 2000 erstmals ein umfangreiches Werk zur Schnurkeramik und der Glockenbecherkultur mit dem Hauptfokus auf Bayern und Baden-Württemberg vorgelegt. Der Schwerpunkt der Arbeit lag jedoch auf der Erstellung einer relativen Chronologie für Süddeutschland anhand der Keramikfunde aus Siedlungs-, Grab- und Hortkontexten sowie Einzelfunden. Dabei blieb eine detaillierte Auswertung der Befunde außen vor. Dies sollte mit dem Vergleich der beiden bayerischen Mikroregionen auf den vier Betrachtungsebenen der Gräberfelder, Grabbefunde, Bestattungen und Funden nachgeholt werden.

Chronologische Einordnung der untersuchten Gräber

Aufgrund zu weniger ^{14}C-Daten für den süddeutschen Raum ist eine genaue absolutchronologische Einordnung der Gräber im Zeitraum von etwa 2500–2000 v. Chr. nicht möglich. In den letzten Jahrzenten wurde versucht, die Glockenbecherkultur relativchronologisch zu gliedern. Es zeigte sich, dass besonders die Entwicklung der Keramik von chronologischem Wert ist, während die nicht keramischen Funde wie beispielsweise Knöpfe, bogenförmige Anhänger oder Armschutzplatten typologisch über die Jahrhunderte hinweg weitgehend unverändert blieben. Sowohl die älteren relativchronologischen Ansätze von J. Sangmeister (1964, 87–89), P. Schröter (1969, 50–51) und J. Bill (1976, 85–93) als auch die jüngste von V. Heyd (2000, 310–318) herausgearbeitete Unterteilung der Glockenbecherkultur in Süddeutschland sehen im Keramikspektrum eine Entwicklung von überwiegend verzierten Glockenbechern hin zu einer Dominanz von Tassen und Schalen. Diese Entwicklung wird von den genannten Autoren in eine divergierende Anzahl an Stufen unterteilt. Die von Heyd erarbeitete relative Abfolge sieht wie bei Sangmeister und Bill eine Dreiteilung der Glockenbecherkultur in eine ältere (A1), mittlere (A2a/A2b) und jüngere Stufe (B1–B2) vor, wobei die mittlere und jüngere Stufe noch einmal unterteilt werden.

Ob die von Heyd erarbeitete Gliederung tatsächlich die chronologische Abfolge der Keramik widerspiegelt, muss kritisch hinterfragt werden. Zunächst gilt es zu beachten, dass die Seriation für die relativchronologische Analyse auf der Basis von Funden erfolgte, die sowohl aus Siedungs-, Grab-, und Hortkontexten stammen, und keine Trennung der Quellengattungen unternommen wurde (Heyd 2000, 141–155; Abb. 19). Da das Glockenbecherphänomen noch immer überwiegend durch seine Grabbefunde

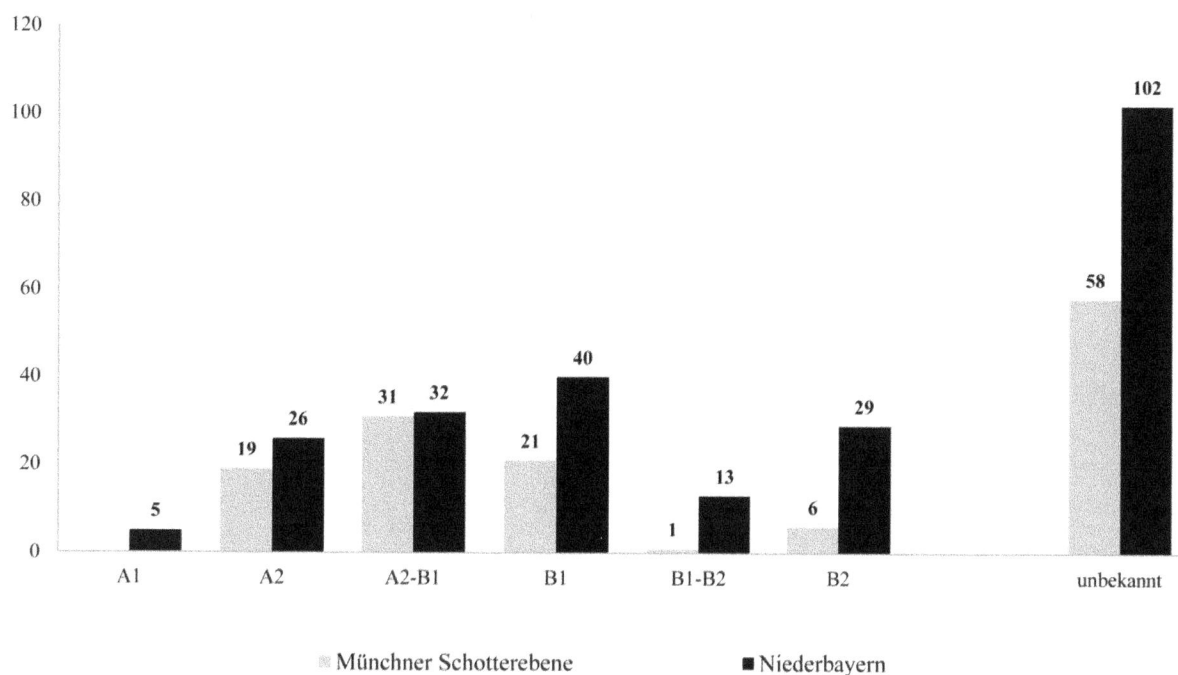

Abb. 1. Chronologische Verteilung der Gräber in den Stufen nach Heyd (2000).

archäologisch in Erscheinung tritt, stammt die Mehrheit der ausgewerteten Gefäße aus Grabzusammen-
hängen. Dies hat zur Folge, dass die Beigaben nicht allein unter einem chronologischen Gesichtspunkt
betrachtet werden können, sondern immer auch einem sozialen Aspekt unterliegen (Bosch 2008, 201).
Dadurch können verschiedenartig gestaltete Gefäßformen möglicherweise auch Ausdruck einer sozialen
Gliederung der glockenbecherzeitlichen Gesellschaft sein und kein Indikator für eine zeitlich bedingte
Veränderung. Ein weiteres Problem ergibt sich aus den unterschiedlichen Quantitäten der von Heyd verwendeten Daten. Dies ist besonders für die älteste Stufe A1 relevant, die Heyd (2000, 302) ausschließlich
am Gefäßtypus des maritim monoton verzierten Glockenbechers festmacht und die lediglich durch 13
Befunde definiert wird (Heyd 2000, 200, 302). Zudem muss das Auftreten eines maritim monoton verzierten Bechers in einem Grab nicht automatisch chronologisch begründet sein, sondern kann durchaus
soziale Hintergründe haben und beispielsweise eine Verbindung des Individuums in westliche Regionen
anzeigen. Um sicher prüfen zu können, ob die festgelegten Stufen eine rein zeitliche Entwicklung darstellen, bräuchte es letztendlich eine Reihe an ^{14}C-Daten.

Versucht man die Gräber der Münchner Schotterebene und Niederbayerns trotz einiger Unsicher-
heiten anhand der von Heyd postulierten Stufen in eine relativchronologische Abfolge zu bringen, lässt
sich eine divergierende Belegungszeit für beide Regionen erkennen (Abb. 1). Die früheste Stufe A1 ist
bislang in der Münchner Schotterebene nicht nachweisbar und auch in Niederbayern nur sehr schwach
vertreten. Den Belegungshöhepunkt erreicht die Münchner Schotterebene am Übergang von der mittleren
zur jüngeren Stufe. In dieser Zeit sind beide Referenzregionen gleich stark belegt. Der niederbayerische
Raum erreicht seinen Belegungshöhepunkt jedoch erst mit Beginn der jüngeren Stufe B1 und ist noch
bis zur jüngeren Stufe B2 relativ stark vertreten. Die Anzahl der Gräber in der Münchner Schotterebene
nimmt dagegen bis zur Stufe B2 so stark ab, dass sie kaum noch vertreten sind. Bei einem Vergleich der
beiden Regionen wird ersichtlich, dass die Belegung der Münchner Schotterebene später beginnt als die
Niederbayerns und auch früher zu ihrem Ende kommt. Diese Auswertung darf jedoch nur als Tendenz
beziehungsweise vorläufiges Ergebnis betrachtet werden, da zum einen die von Heyd festgelegten Stufen
noch weitgehend hypothetisch sind und zum anderen in beiden Regionen eine hohe Anzahl an nicht
näher datierbaren Gräbern vorliegt.

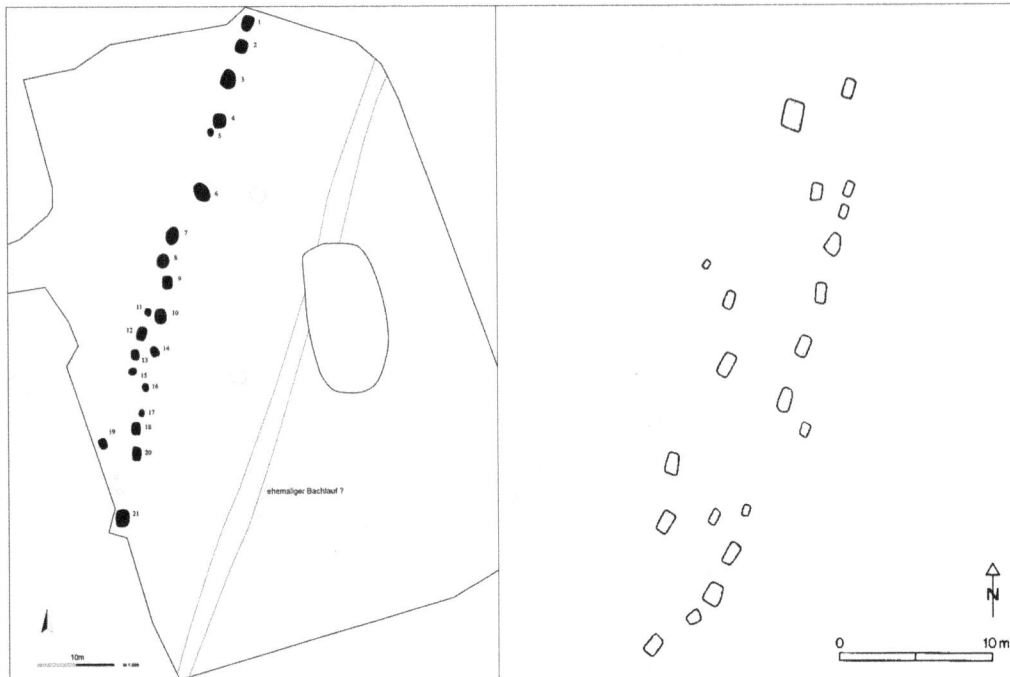

Abb. 2. Links: Gräberfeld von Esting-Olching (nach Schefzik 2000/2001, Abb. 2); rechts: Gräberfeld von Aiterhofen (Christlein/ Braasch 1982, Abb. 75,3).

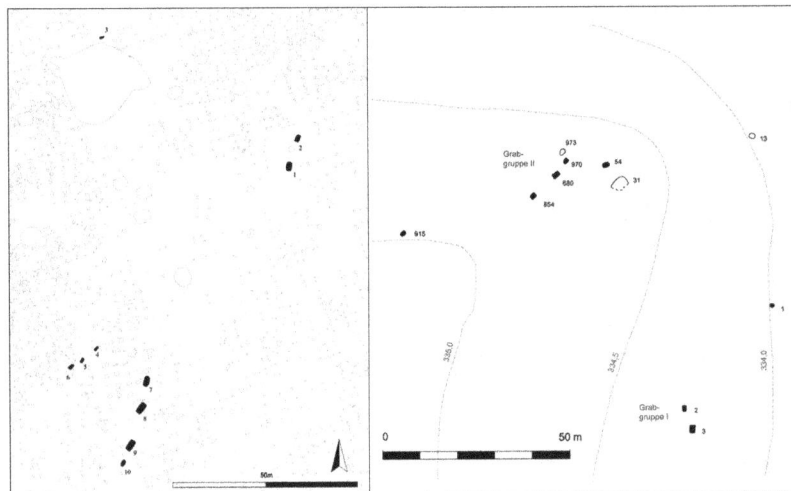

Abb. 3. Links: Gräberfeld von Kirchheim-Heimstetten „Sportpark"; Rechts: Gräberfeld von Hochwegfeld/Straubing-Alburg (Möslein 2005, Abb. 3).

Ausprägungen der glockenbecherzeitlichen Bestattungssitten in Südbayern

Auf Ebene der Gräberfelder sind die Größen der bayerischen glockenbecherzeitlichen Nekropolen im überregionalen Vergleich verhältnismäßig klein. Grablegen mit einem Ausmaß wie in den böhmisch-mährischen Fundplätzen Pavlov I (43 Gräber; Bosch 2008, 191), Šlapanice II (59 Gräber; Bosch 2008, 41), Brno-Holásky II (60 Gräber; Bosch 2008, 93) oder Budapest „Békásmegyer" (154 Gräber; Bosch 2008, 39) lassen sich in Bayern bislang nicht finden. Die größten bayerischen Nekropolen stellen Irlbach mit 24 Gräbern (Böhm/Heyd 1991) und Buxheim (Rieder 1998) mit 25 Gräbern dar. Üblicher sind in diesem

Raum kleinere Grabgruppen zwischen fünf und zehn Gräbern, neben einem parallel dazu auftretenden hohen Anteil an mutmaßlichen Einzelbestattungen. Dieses Bild ergibt sich auch bezüglich der Gräberfelder der Münchner Schotterebene und Niederbayerns. In beiden Regionen treten am häufigsten kleine Grabgruppen mit 2–3 Gräbern oder mittelgroße Grabgruppen mit 4–9 Gräbern auf. Parallel dazu ist in den Gebieten auch ein hoher Anteil an Einzelbestattungen vertreten. Eine Analyse der Gräberfelder in der Münchner Schotterebene hat gezeigt, dass der Abstand zwischen den Gräbern einer Grabgruppe bis zu 5 m oder mehr betragen kann. Zusätzlich dazu lag über die Hälfte aller aufgedeckten Grabgruppen und Einzelgräber so nah an den Grabungsgren-

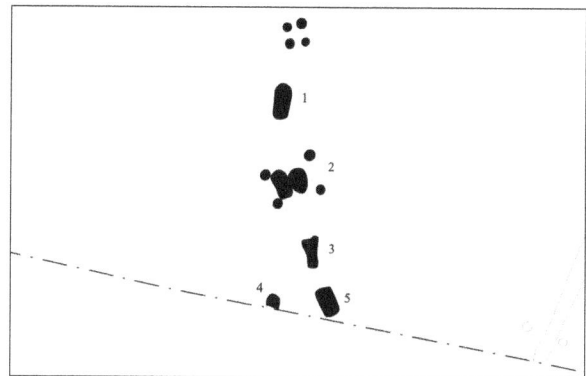

Abb. 4. Pfostenstrukturen im Gräberfeld von Pliening-EDEKA Geltingerstraße.

zen, dass man nicht sicher von einer vollständigen Erfassung des ganzen Bestattungsareals ausgehen kann. Dies legt nahe, dass die große Anzahl der vermeintlichen Einzelbestattungen möglicherweise Teile einer nicht vollständig erfassten Grabgruppe sind. In beiden Regionen sind große Gräberfelder mit über zehn Bestattungen selten, doch treten sie in Niederbayern tendenziell öfter auf und heben sich zudem in der Anzahl an Gräbern von den großen Gräberfeldern in der Münchner Schotterebene ab. Bezüglich der Struktur der Nekropolen hat sich gezeigt, dass in beiden Regionen zwei Gräberfeldmuster auftreten können:

1. Gräberfelder in denen die Gräber perlenschnurartig in N-S Richtung aufgereiht sind, wobei auch einzelne Bestattungen von der Grabreihe abweichen können (Abb. 2)
2. Gräberfelder, die aus mehreren kleinen Grabgruppen bestehen, die zum Teil in beträchtlichen Entfernungen zueinander liegen (Abb. 3).

Um Gräberfeldstrukturen nach Muster 2 sichtbar machen zu können, sind großflächige Grabungen nötig, wie es unter anderem in Germering-Golfplatz Erweiterung (20 ha; Guckenbiehl/Hurka/Obermeier 2014, 45), Kirchheim-Heimstetten „Sportpark" (17 ha) oder Straubing-Alburg „Hochwegfeld" (7,2 ha; Möslein 2005, 39) der Fall war. Dieses Gräberfeldmuster wirft ein neues Licht auf die häufig auftretenden kleinen Grabgruppen. Möglicherweise handelt es sich dabei nur um den Ausschnitt eines sich über einen größeren Raum erstreckendes Gräberfelds, dass aus mehreren Grabgruppen besteht.

Nicht nur bezüglich der Gräberfeldstruktur, sondern auch hinsichtlich der Grabbefunde weisen beide Kleinräume große Gemeinsamkeiten auf. So zeichnen sich die Gräber meist durch rechteckige Gruben mit abgerundeten Ecken ab. Trotz der überwiegenden Flachgräber sind in beiden Regionen auch aufwendige Grabbauten beobachtet worden. Neben Holzverkleidungen und Konstruktionen innerhalb der Grabgrube wie zum Beispiel in Aiterhofen (Christlein 1976, 11) oder Osterhofen-Altenmarkt (Schmotz 1991, Abb. 10; 11a–b; 12a), sind einige Gräber obertägig markiert durch Grabhügel, einzelne Pfostensetzungen oder als „Totenhütten" bezeichnete mehrfache Pfostensetzungen. Kreisgräben als Überreste von aufgeschütteten Grabhügeln sind für beide Kleinräume bereits bekannt, wie etwa in Straubing-Öberau, Grab 13 (Engelhardt 1991, Abb. 4) oder Germering-Obere Bahnhofstraße, Befund 3 (Guckenbiehl/Piller 2007, 30). Pfostensetzungen oder Totenhütten sind dagegen sowohl in der Münchner Schotterebene als auch in Niederbayern bislang nur selten dokumentiert worden, zum Beispiel in Aufhausen (Kreiner u. a. 1999, Abb. 15). Einige neue Befunde aus der Münchner Schotterebene mit einzelnen oder mehrfachen Pfostensetzungen belegen nun, dass die wenigen bereits bekannten Pfostensetzungen aus Grabkontexten in Niederbayern keine lokalen Einzelfälle darstellen. Herausragend ist in diesem Zusammenhang das Gräberfeld von Pliening-EDEKA Geltingerstraße. Der Grabgruppe ist nicht nur ein Vierpfostenbau vorgelagert, auch das am reichsten ausgestattete Grab der Gruppe ist von einem Vierpfostenbau umgeben (Abb. 4). Die Sitte einzelne Pfosten in den Gräberfeldern zu setzen oder über die Gräber eine Art Totenhütte zu errichten, tritt in der anschließenden Frühbronzezeit vermehrt auf (Massy 2012, 338–339; Abb. 2–4) und findet womöglich in der Glockenbecherzeit ihre Anfänge.

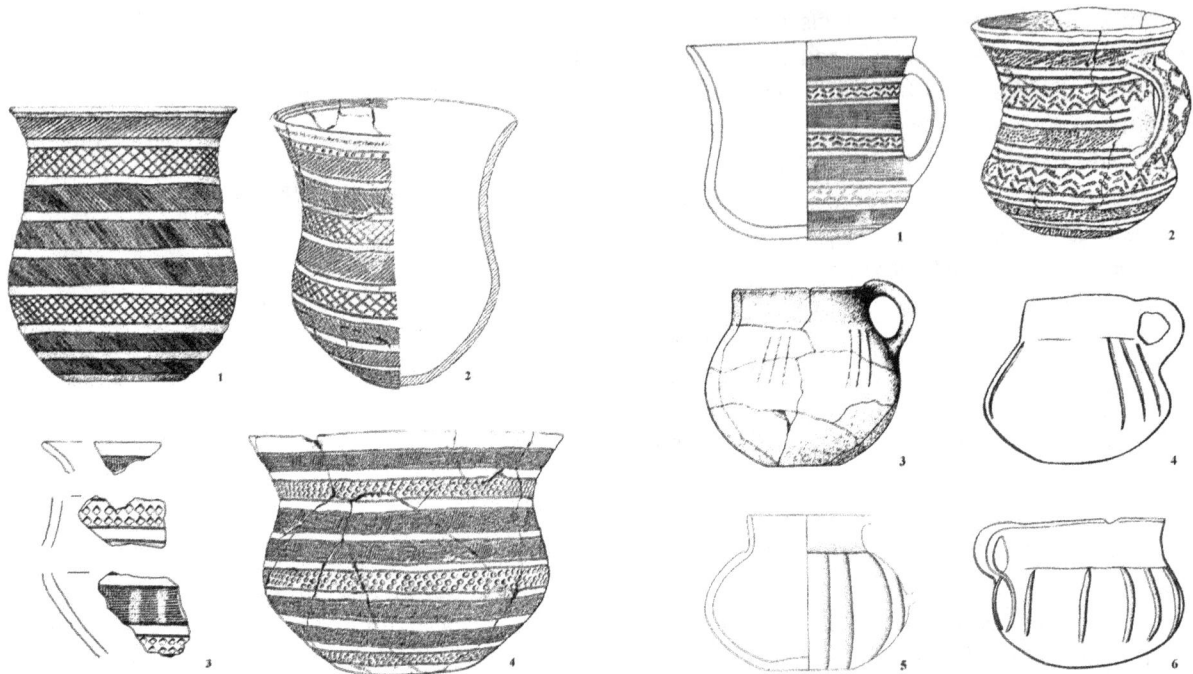

Abb. 5. 1 Atting (Engelhardt 2006, Abb. 35,3); 2 Prag (Hájek 1962, ČS 11,2); 3 Künzing Grab 5 (Schmotz 1992, Abb. 7); 4 Letonice (Hájek 1962, ČS 15,6).

Abb. 6. 1 Künzing Grab 7 (Schmotz 1992, Abb. 10); 2 Sulejovice (Hájek 1962, ČS 17,5); 3 Irlbach Bef. 2 (Koch 2006, Abb. 26,4); 4 unbekannter böhmischer Fundplatz (Hájek 1968, Taf. VI,1); 5 Pliening-EDEKA Geltingerstr. Grab 4; 6 unbekannter böhmischer Fundplatz (Hájek 1968, Taf. VI,9).

Die obertägige Markierung einzelner Gräber spiegelt sich zudem auch in Bestattungen wider, die durch Grabmanipulationen gestört wurden. Dabei handelt es sich oft um gezielte Eingriffe, die häufig auf den Oberkörper ausgerichtet sind. So muss zum einen das Grab gut sichtbar gewesen sein und zum anderen muss auf Grund der bipolaren Bestattungsweise zu dieser Zeit bekannt gewesen sein, ob es sich bei dem Verstorbenen um ein männliches oder weibliches Individuum gehandelt hat.

Die glockenbecherzeitlichen Bestattungen werden üblicherweise als N-S ausgerichtete bipolare Hockerbestattungen niedergelegt, wie es auch im Untersuchungsgebiet der Fall ist. Bislang ist nur eine einzige Bestattung in gestreckter Rückenlage aus diesem Raum bekannt (Schefzik/Volpert 2003, 16). Eine leichte Abweichung der N-S Ausrichtung nach Osten oder Westen ist dagegen in beiden Regionen nicht unüblich. Seltener kommt es zu einer vollständigen O-W-Orientierung wie es eigentlich für die Schnurkeramik üblich ist. In beiden Mikroregionen gibt es einzelne Fälle mit solch einer extremen Abweichung, wie in Straubing-Öberau (Engelhardt 1989, Abb. 5; 8) und Kirchheim-Heimstetten „Sportpark". Neben Befunden, bei denen die Individuen nach schnurkeramischer Tradition ausgerichtet sind, gibt es ebenfalls Gräber, in denen die Verstorbenen zwar O-W orientiert, aber nicht nach den Regeln der Schnurkeramik und mit glockenbecherzeitlichen Beigaben niedergelegt wurden.

Neben den für diesen Raum üblichen Körperbestattungen treten in beiden Mikroregionen vereinzelt auch Brandbestattungen auf. Die zwei Brandbestattungen aus der Münchner Schotterebene sind sich im Befund und ihren Beigaben relativ ähnlich. Beide sind durch eine einzelne Pfostensetzung markiert und unter anderem mit Miniaturtassen ausgestattet. Dagegen sind die Brandbestattungen aus Niederbayern wesentlich uneinheitlicher und individueller ausgeprägt. Auffällig in beiden Gebieten sind jedoch Gefäße, die vermutlich als Urnen gedient haben, wie Schalen, hohe schlanke Becher oder Amphoren. Die für Süddeutschland unüblichen Amphoren treten dagegen in den glockenbecherzeitlichen Brandbestattungen in Mähren regelhaft als Urnen auf (Dvořák 1992, Taf.13; 20; 27; 72). Die Brandbestattungen der Münchner Schotterebene und Niederbayerns könnten möglicherweise Ausdruck eines engen Kontakts einzelner

Individuen mit den östlichen Verbreitungsgebieten wie Mähren oder Ungarn sein, in denen Brandbestattungen zu dieser Zeit wesentlich häufiger sind (Ungarn 90% und Mähren 23%: Havel 1987, 106; 114). Doppel- und Nachbestattungen sind im Verbreitungsgebiet des Glockenbecherphänomens durchaus bekannt, in den untersuchten Mikroregionen treten sie jedoch selten auf. Dabei kann es sich um die Bestattungen eines Erwachsenen mit Kind, zweier Erwachsener oder auch zweier Kinder handeln.

Kinderbestattungen sind verhältnismäßig selten dokumentiert, was erstaunlich ist, da die Kindersterblichkeit in der Vorgeschichte vermutlich wesentlich höher war, als es sich im archäologischen Befund abzeichnet. Bemerkenswert sind die außergewöhnlich reich ausgestatteten Kindergräber aus Germering-Radweg (Guckenbiehl/Schreiber 2009, 32) und Landau-Südost (Husty 2004, 26). Die zum Teil exzeptionellen Beigaben der beiden Kinderbestattungen, wie zum Beispiel die silbernen Lockenringe des 10-jährigen Jungen aus Germering-Radweg, deuten eine Vererbbarkeit des ökonomischen Wohlstands in beiden Gebieten an. Ein reiches Kindergrab aus Lechovice mit goldenen Lockenringen und einem Kupferdolch zeigt zudem, dass dies auch in anderen Regionen der Ostgruppe der Fall war (Schwarz 2008, 173).

Auch das Fundspektrum beider Mikroregionen zeigt eine enge Verbindung zueinander und belegt ein gemeinsames Bestattungswesen. Darüber hinaus wird die Verbindung zur Ostgruppe durch die Grabbeigaben verstärkt sichtbar. Zu den Verzierungsmotiven der Glockenbecher aus den Mikroregionen und ihrer Komposition lassen sich beinahe identische Stücke aus dem böhmisch-mährischen Raum finden (Abb. 5), gleiches gilt für verzierte Tassen (Abb. 6). Ähnlich verhält es sich mit den nicht-keramischen Funden. So verbinden die verzierten, V-förmig durchbohrten Knöpfe, 4-fach durchlochten Armschutzplatten, Pfeilspitzen, bogenförmigen Anhänger, Dolche und die äußerst selten auftretenden Goldbleche (in Niederbayern aus Aufhausen II, Grab 1 und Landau-Südost ,Grab 9 und aus der Münchner Schotterebene aus Pliening-EDEKA Geltingerstr., Grab 2 bekannt) nicht nur die beiden Mikroregionen miteinander, sondern finden ihre besten Parallelen im böhmisch-mährischen Raum. Einen auffälligen Unterschied im Fundspektrum stellen die bislang nur aus der Münchner Schotterebene bekannten Miniaturgefäße und intentionell unbrauchbar gemachten Gefäße dar. Auch unterscheiden sich die beiden Kleinräume in der Quantität bestimmter Funde. Sowohl die Anzahl der verzierten Glockenbecher als auch der Pfeilspitzen, V-förmig durchbohrten Knöpfe und der bogenförmigen Anhänger ist im niederbayerischen Raum, besonders im Gäuboden, wesentlich höher. Die Gräber aus Niederbayern scheinen diesbezüglich tendenziell reicher ausgestattet zu sein, als diejenigen in der Münchner Schotterebene. Dabei gilt es jedoch zu bedenken, dass die Mengenverteilung der aus Knochen gefertigten Knöpfe und bogenförmigen Anhänger möglicherweise ein verzerrtes Bild wiedergibt. Da sich Knochenobjekte im Schotter der Münchner Ebene nicht gut erhalten und oft nur schlecht zu erkennen sind, wurden in der Vergangenheit vermutlich einige dieser Objekte nicht dokumentiert.

Die Auswertung statusanzeigender Beigaben unter Berücksichtigung traditionell geschlechtsspezifischer Aspekte hat gezeigt, dass es vereinzelt Ausnahmen von der üblichen geschlechtsspezifischen Ausstattung gibt. Statusobjekte wie zum Beispiel bogenförmige Anhänger, Armschutzplatten und Dolche gelten als Beigaben mit männlicher Konnotation. Sie lassen sich jedoch in beiden Regionen auch in Frauenbestattungen finden. Insgesamt sind aus beiden Arbeitsgebieten sieben Frauenbestattungen bekannt, die vom üblichen Beigabenschema abweichen, wovon fünf aus der Münchner Schotterebene und zwei aus Niederbayern stammen. In Maisach, Grab 1, Esting-Olching, Grab 20 (Schefzik 2000/2001, 54) und Künzing, Grab 6 (Schmotz 1992, 50) tragen Frauen bogenförmige Anhänger, die sehr selten in Frauengräbern auftreten (Bosch 2008, 43). Anders als bei den bogenförmgen Anhängern gelten Armschutzplatten und Dolche als wesentlich eindeutigere „männliche Beigaben". Umso erstaunlicher ist der Befund aus Pliening-EDEKA Geltingerstr., Grab 2, in dem eine archäologisch und anthropologisch bestimmte Frau die bislang längste bekannte Armschutzplatte innerhalb des untersuchten Gebiets bei sich trug. Ähnlich bemerkenswert ist die Frauenbestattung aus Landau-Südost, Grab 7 (Husty 2004, 31) mit einer Dolchbeigabe. Armschutzplatten und Dolche sind demnach nicht ausschließlich in Männergräbern zu finden und nicht zwingend an das Geschlecht gebunden. Geht man davon aus, dass diese Objekte eine bestimmte Position oder Funktion des Trägers in der Gesellschaft markiert haben, dann steckt hinter ihrer Verteilung womöglich keine geschlechtsspezifische Beigabensitte, sondern eher eine gesellschaftliche Aussage. Die durch Dolche oder Armschutzplatten angezeigte besondere Position beziehungsweise Funktion wurde möglicherweise zwar überwiegend durch Männer in der Gesellschaft ausgefüllt, konnte in seltenen Fällen jedoch auch von einer Frau eingenommen werden.

Von kleinen lokalen Eigenheiten in den Befunden und Funden abgesehen, lässt sich somit ein für beide Mikroregionen gemeinsames Bestattungswesen nachweisen, welches dem großen kulturellen Rahmen der Ostgruppe anzuschließen ist.

Literatur

BILL 1976: J. Bill, Die Glockenbecherkultur in der Schweiz und den angrenzenden Regionen. Helvetia Arch. 27/28, 1976, 85–93.

BOSCH 2008: T. Bosch, Archäologische Untersuchungen zur Frage der Sozialstrukturen in der Ostrguppe des Glockenbecherphänomens anhand des Fundgutes. Diss. Univ. Regensburg 2008. urn:nbn:debvb:355-opus-12922.

BÖHM/HEYD 1991: K. Böhm/V. Heyd, Der Glockenbecher-Friedhof von Irlbach, Lkr. Straubing-Bogen. In: K. Schmotz (Hrsg.), Vorträge des 9. Niederbayerischen Archäologentages (Deggendorf 1991) 97–109.

CASE 2004: H. Case, Beakers and the Beaker Culture. In: J. Czebreszuk (Hrsg.), Similar but different. Bell Beakers in Europe (Poznań 2004) 11–34.

CHRISTLEIN 1976: R. Christlein, Neue Funde in Niederbayern 1976. Jahresber. Hist. Ver. Straubing u. Umgebung 79, 1976, 35–76.

CHRISTLEIN/BRAASCH 1982: R: Christlein/O. Braasch, Das unterirdische Bayern. 7000 Jahre Geschichte und Archäologie im Luftbild (Stuttgart 1982).

DVOŘÁK 1992: P. Dvořák, Die Gräberfelder der Glockenbecherkultur in Mähren. Teil 1: Bez. Blansko, Brno-meste, Brno-venko. Katalog der Funde (Brno 1992).

ENGELHARDT 1989: B. Engelhardt, Die endneolithischen/frühbronzezeitlichen Gräber von Straubing-Öberau. Jahresber. Hist. Ver. Straubing und Umgebung 1989, 33–36.

ENGELHARDT 1991: B. Engelhardt, Ein Friedhof der Glockenbecherkultur von Straubing-Öberau, In: K. Schmotz (Hrsg.), Vorträge des 9. Niederbayerischen Archäologentages (Deggendorf 1991) 85–96.

ENGELHARDT 2006: B. Engelhardt, Bemerkungen zu den neu entdeckten Glockenbechergräbern von Atting „Aufeld". Arch. Jahr Bayern 2005 (2006) 31–34.

GUCKENBIEHL/PILLER 2007: M. Guckenbiehl/C. Piller, Gräber der Kupferzeit aus Germering. Arch. Jahr Bayern 2006 (2007) 30–32.

GUCKENBIEHL/SCHREIBER 2009: M. Guckenbiehl/J. Schreiber, Ein neues kupferzeitliches Grab im Münchner Westen. Arch. Jahr Bayern 2008 (2009) 31–33.

GUCKENBIEHL/HURKA/OBERMEIER 2014: M. Guckenbiehl/D. Hurka/ H. Obermeier, Gräber am Golfplatz und Brunnen unter der Straße – Neue kupferzeitliche Befunde aus Germering. Arch. Jahr Bayern 2013 (2014) 45–47.

HÁJEK 1962: L. Hájek, ČS 11–ČS 20: Die Glockenbecherkultur in Böhmen und Mähren. Inventaria Arch. 2 (Bonn 1962).

HÁJEK 1968: L. Hájek. Kultura zvoncovitých pohárů v Čechách. Archeologické studijní materiály 5 (Praha 1968).

HAVEL 1987: J. Havel, Pohrební ritus kultury zvoncovitých poháru v Cechách a na Morave [The Burial Rite of the Bell Beaker Culture in Bohemia and Moravia]. Praehistorica 7, 1978, 91–117.

HEYD 2000: V. Heyd, Die Spätkupferzeit in Süddeutschland. Untersuchungen zur Chronologie von der ausgehenden Mittelkupferzeit bis zum Beginn der Frühbronzezeit im süddeutschen Donaueinzugsgebiet und den benachbarten Regionen bei besonderer Berücksichtigung der keramischen Funde. Saarbrücker Beitr. Altkde. 73 (Bonn 2000).

HUSTY 2004: L. Husty, Glockenbecherzeitliche Funde aus Landau a. d. Isar. In: V. Heyd/L. Husty/L. Kreiner (Hrsg.), Siedlungen der Glockenbecherkultur in Süddeutschland und Mitteleuropa. Arb. Arch. Süddeutschlands 17 (Erlangen 2004) 15–102.

KREINER/PLEYER/HACK 1999: L. Kreiner/R. Pleyer/S. Hack, Ein reiches Brandschüttungsgrab der Glockenbecherkultur aus Aufhausen. Arch. Jahr Bayern 1998 (1999) 26–28.

KOCH 2006: H. Koch, Neue Grabfunde der Glockenbecherkultur aus Irlbach. Arch. Jahr Bayern 2005 (2006) 25–28.

MASSY 2012: K. Massy, Die Gräber der frühen und mittleren Bronzezeit in der westlichen Münchner Schotterebene unter besonderer Berücksichtigung der frühen Bronzezeit. Arch. Inf. 35, 2012, 337–341.

MÖSLEIN 2005: S. Möslein, Endneolithische Grabfunde vom Hochwegfeld in Straubing Alburg, Niederbayern. In: K. Schmotz (Hrsg.), Vorträge des 23. Niederbayerischen Archäologentages (Rahden/Westf. 2005) 39–55.

MÜLLER/VAN WILLIGEN 2001: J. Müller/S. van Willingen, New radiocarbon evidence for European Bell Beakers and the consequences for the diffusion of the Bell Beaker Phenomenon. In: F. Nicolis (Hrsg.), Bell Beakers today. Pottery, people, culture, symbols in prehistoric Europe. Proceedings of the international colloquium Riva del Garda 11–16 May 1998 (Trento 2001) 59–80.

RIEDER 1998: K. H. Rieder, Zwei neue Bestattungsplätze der späten Glockenbecherkultur aus Etting und Buxheim. Arch. Jahr Bayern 1997 (1998) 65–68.

SANGMEISTER 1964: E: Sangmeister, Die Glockenbecher im Oberrheintal. Jahrb. RGZM 11, 1964, 81–114.

SCHEFZIK 2000/2001: M. Schefzik, Die glockenbecherzeitlichen „Reihengräber" von Esting, Lkr. Fürstenfeldbruck, Ber. Bayer. Bodendenkmalpfl. 41/42, 2000/01, 39–55.

SCHEFZIK/VOLPERT 2003: M. Schefzik/H.-P. Volpert, Vivamus – Ausgrabungen in Unterbiberg, Lkr. München 1995 und 2001. Die vorgeschichtlichen Gräber, Siedlungen und das spätantike Gräberfeld am Hachinger Bach (Volkenschwand 2003).

SCHMOTZ 1991: K. Schmotz, Ein neues glockenbecherzeitliches Gräberfeld von Osterhofen-Altenmarkt, Lkr. Deggendorf. In: K. Schmotz (Hrsg.), Vorträge des 9. Niederbayerischen Archäologentages (Deggendorf 1991) 111–129.

SCHMOTZ 1992: K. Schmotz, Eine Gräbergruppe der Glockenbecherkultur von Künzing, Lkr. Deggendorf. In: K. Schmotz (Hrsg.), Vorträge des 10. Niederbayerischen Archäologentages (Deggendorf 1992) 41–68.

SCHRÖTER 1969: P. Schröter, Ein Glockenbecherfund von Neuburg an der Donau, Ende der Jungsteinzeit. Neuburger Kollektaneenbl. 122, 1969, 47–54.

SCHWARZ 2008: M. Schwarz, Studien zur Sozialstruktur der Glockenbecherkultur im Bereich der Ostgruppe auf Grundlage der Grabfunde. Saarbrücker Beitr. Altkde. 85 (Bonn 2008).

VANDER LINDEN 2004: M. Vander Linden, Polythetic networks, coherent people. A new historical hypothesis for the Bell Beaker Phenomenon. In: J. Czebreszuk (Hrsg.), Similar but different. Bell Beakers in Europe (Poznań 2004) 33–60.

Miriam Kehl
Sandstr. 47
80335 München